U0935139

燕山大学（中国）住房金融与住房公积金研究中心立项研究课题

2019年度
全国住房公积金发展评价报告

王战洪　种占信　编著

燕山大学出版社
·秦皇岛·

图书在版编目（CIP）数据

2019 年度全国住房公积金发展评价报告 / 王战洪，种占信编著．—秦皇岛：燕山大学出版社，2021.4
ISBN 978-7-5761-0107-2

Ⅰ．①2… Ⅱ．①王… ②种… Ⅲ．①住房基金－公积金制度－研究报告－中国－2019 Ⅳ．①F299.233.1

中国版本图书馆 CIP 数据核字（2021）第 058057 号

2019 年度全国住房公积金发展评价报告
王战洪　种占信 编著

出 版 人：陈　玉
责任编辑：朱红波
封面设计：朱玉慧
出版发行：燕山大学出版社 YANSHAN UNIVERSITY PRESS
地　　址：河北省秦皇岛市河北大街西段 438 号
邮政编码：066004
电　　话：0335-8387555
印　　刷：秦皇岛墨缘彩印有限公司
经　　销：全国新华书店

开　　本：889mm×1194mm　1/16　　印　　张：14.75　　字　　数：354 千字
版　　次：2021 年 4 月第 1 版　　印　　次：2021 年 4 月第 1 次印刷
书　　号：ISBN 978-7-5761-0107-2
定　　价：180.00 元

编　委　会

目　　录

第一部分　2019年度全国住房公积金发展评价报告

第二部分　2019年度住房公积金研究报告

第一部分

2019年度全国住房公积金发展评价报告

燕山大学住房公积金研究中心
公积金信息化（西安）研究中心

2019年年末，全国共设有住房公积金管理中心341个。未纳入设区城市统一管理的分支机构139个，其中，省直分支机构24个，石油、电力、煤炭等企业分支机构71个，区县分支机构44个。全国住房公积金服务网点3350个。全国住房公积金管理机构从业人员4.42万人，其中：在编2.67万人，非在编1.75万人。

一、住房公积金缴存指标比较

住房公积金缴存指标分为5个二级指标：实缴单位数、实缴职工数、本年缴存额、缴存总额和缴存余额。缴存总额反映了该地方自建立住房公积金制度以来，单位和职工累计缴存的资金数额；而缴存余额则反映了该地方账面留置的住房公积金总额，是一个地方资金规模大小的客观反映。列表以缴存余额排序。

（一）全国住房公积金缴存情况

全国住房公积金缴存情况见表1-1-1。

2019年年末住房公积金实缴单位322.40万个，实缴职工14881.38万人，分别比上年增长10.57%和3.08%。实缴单位增速大于实缴职工增速，说明在建制方面，新增非公有制企业职工较多，个体工商户和自由职业者数量持续增加，受益人群增多。

当年住房公积金缴存额23709.67亿元，比上年增长12.61%。年末，住房公积金缴存总额169607.66亿元，比上年增长16.25%；缴存余额突破6万亿元，达到了65372.43亿元，比上年年末增长12.84%。

表1-1-1 2019年全国住房公积金缴存情况表

年度	实缴单位数（万个）	实缴职工数（万人）	本年缴存额（亿元）	缴存总额（亿元）	缴存余额（亿元）
2018	291.59	14436.41	21054.65	145899.77	57934.88
2019	322.40	14881.38	23709.67	169607.66	65372.43
年增长率（%）	10.57	3.08	12.61	16.25	12.84

（二）直辖市住房公积金缴存比较

直辖市住房公积金缴存情况见表1-1-2。

从5个缴存指标综合来看，北京、上海的体量远高于天津、重庆。其中本年缴存额北京2213.55亿元、上海1533.57亿元、天津526.80亿元、重庆429.50亿元；人均缴存额北京2.77万元、上海1.74万元、天津1.88万元、重庆1.61万元。在4个直辖市中，北京缴存水平最高，职工住房公积金更有获得感。

在4个直辖市中，上海实缴单位数、实缴职工数两项数据指标均高于北京，特别是实缴单位数高于北京一倍之多，但在本年缴存额、缴存总额、缴存余额上均低于北京，说明北京整体缴存水平较高，也可能与上海广建制、低缴存、中小企业较多有关。天津实缴单位数多于重庆近一倍，然而实缴职工数两地并没有明显差距，说明天津中小企业建制意愿比较强烈；总体来说天津体量高于重庆，从一定程度上反映了天津经济发展水平、人均年度可支配收入高于位于西部地区且建市晚的重庆。从缴存余额增量分析，四个直辖市同比增长均在10%以上。

表 1-1-2 2019 年直辖市住房公积金缴存比较表

城市	实缴单位数（个）	实缴职工数（万人）	本年缴存额（亿元）	缴存总额（亿元）	缴存余额（亿元）
北京市	206343	798.55	2213.55	15309.92	4844.99
上海市	426700	882.78	1533.57	11087.60	4721.13
天津市	70401	280.40	526.80	4488.20	1473.90
重庆市	39475	267.18	429.50	2912.75	1081.97

（三）各省、自治区和新疆生产建设兵团住房公积金缴存比较

1. 全国各省、自治区和新疆生产建设兵团住房公积金缴存比较

全国各省、自治区和新疆生产建设兵团住房公积金缴存情况见表1-1-3。

在28个省级单位中，广东省名列前茅，五项缴存指标均居首位，江苏省各项缴存指标均列第二位，山东省实缴职工数和缴存余额名列第三，而浙江省实缴单位数、本年缴存额和缴存总额三项指标居第三位。总体来看，各省级单位存在一定差距，东部省区缴存规模在全国排名靠前，这与经济发展水平有关；而缴存体量较小、缴存余额在百亿元的省级单位主要为西部欠发达地区。

从本年缴存额分析，首次实现当年缴存额超2000亿元的有2个，分别是广东、江苏；本年缴存额在1000亿～2000亿元之间的有3个，分别为山东、浙江、四川，四川省在今年首次进入千亿元行列；本年缴存额在500亿～1000亿元之间的有9个；在400亿～500亿元之间的有6个；在300亿～400亿元之间的有3个；在100亿～200亿元之间的有3个；在100亿元以下的有2个。

从缴存余额分析，广东省首次突破6000亿元位居第一；江苏省以4900.31亿元排名第二。缴存余额在3000亿～4000亿元之间的有3个；在2000亿～3000亿元之间的有5个；在1000亿～2000亿元之间的有13个；在1000亿元以下的有5个。

表 1-1-3 2019 年全国各省、自治区和新疆生产建设兵团住房公积金缴存比较表

序号	地区	实缴单位数（个）	实缴职工数（万人）	本年缴存额（亿元）	缴存总额（亿元）	缴存余额（亿元）
1	广东省	425747	2008.32	2590.26	17852.71	6023.97
2	江苏省	349211	1357.12	2039.80	13832.86	4900.31
3	山东省	167754	967.45	1307.97	9362.94	3846.75
4	浙江省	262823	867.70	1599.30	10979.20	3573.90
5	四川省	127368	693.09	1102.84	7508.42	3168.69

（续表）

序号	地区	实缴单位数（个）	实缴职工数（万人）	本年缴存额（亿元）	缴存总额（亿元）	缴存余额（亿元）
6	湖北省	77288	486.35	853.33	5650.01	2647.14
7	辽宁省	96335	508.93	781.22	7188.59	2614.86
8	河南省	80743	637.57	799.12	5361.21	2529.26
9	河北省	64087	494.09	655.17	5102.45	2223.61
10	湖南省	71774	456.02	683.69	4481.44	2146.83
11	安徽省	65531	437.33	686.97	5477.88	1800.82
12	福建省	124261	416.38	667.66	4790.01	1739.31
13	陕西省	62769	404.55	547.77	3787.94	1590.34
14	云南省	54312	278.67	546.22	3992.29	1539.32
15	黑龙江省	40416	283.08	428.75	3660.55	1492.27
16	内蒙古自治区	43242	244.07	393.14	3075.15	1406.11
17	江西省	47055	268.02	443.97	2807.83	1339.29
18	山西省	48027	333.80	412.24	3160.70	1268.70
19	新疆维吾尔自治区	34411	217.43	421.40	3145.07	1230.94
20	广西壮族自治区	55948	302.74	475.25	3402.97	1228.95
21	吉林省	41318	248.12	353.55	2839.28	1217.69
22	贵州省	48078	261.09	414.21	2469.33	1141.59
23	甘肃省	32514	193.46	300.85	2252.78	1051.32
24	海南省	30500	108.14	133.20	960.02	433.23
25	青海省	9736	54.52	117.76	880.73	329.73
26	宁夏回族自治区	9954	65.63	106.79	892.93	326.46
27	西藏自治区	4792	35.37	98.91	598.06	300.83
28	新疆生产建设兵团	5068	25.80	45.67	296.54	138.23

2. 东部各省住房公积金缴存比较

为了进行区域比较，将各省、自治区和新疆生产建设兵团划分为东部、中部和西部进行统计分析。东部各省住房公积金具体缴存情况见表 1-1-4。

在全国各省区数据中，按照缴存余额排序前 10 名省区中，有 6 个省位于东部地区。在 8 个东部省中，5 项统计数据指标均是广东省最多，江苏、山东和浙江各项指标位居前四。8 个东部省按照缴存余额数据分类，在千亿元以上的有 7 个省，其中，在 2000 亿元以上的有 6 个，海南省缴存余额最小，不到 500 亿元。

表 1-1-4 2019 年东部各省住房公积金缴存比较表

序号	地区	实缴单位数（个）	实缴职工数（万人）	本年缴存额（亿元）	缴存总额（亿元）	缴存余额（亿元）
1	广东省	425747	2008.32	2590.26	17852.71	6023.97
2	江苏省	349211	1357.12	2039.80	13832.86	4900.31
3	山东省	167754	967.45	1307.97	9362.94	3846.75
4	浙江省	262823	867.70	1599.30	10979.20	3573.90
5	辽宁省	96335	508.93	781.22	7188.59	2614.86
6	河北省	64087	494.09	655.17	5102.45	2223.61
7	福建省	124261	416.38	667.66	4790.01	1739.31
8	海南省	30500	108.14	133.20	960.02	433.23

3. 中部各省、自治区住房公积金缴存比较

中部各省、自治区住房公积金缴存情况见表 1-1-5。

中部省区共 10 个，分别为湖北省、河南省、安徽省、湖南省、黑龙江省、内蒙古自治区、吉林省、广西壮族自治区、江西省和山西省。河南省在实缴单位数和实缴职工数中最多，具有人口规模优势。湖北省本年缴存额、缴存总额及缴存余额三项数据指标均属最多，缴存总量和人均缴存水平位于中部地区首位。从缴存余额指标分析，缴存余额在 2000 亿元以上的有 3 个，其余 7 个省、自治区均在 1000 亿～2000 亿元之间。总体来看，中部省区发展相对均衡。

表 1-1-5 2019 年中部各省、自治区住房公积金缴存比较表

序号	地区	实缴单位数（个）	实缴职工数（万人）	本年缴存额（亿元）	缴存总额（亿元）	缴存余额（亿元）
1	湖北省	77288	486.35	853.33	5650.01	2647.14
2	河南省	80743	637.57	799.12	5361.21	2529.26
3	湖南省	71774	456.02	683.69	4481.44	2146.83
4	安徽省	65531	437.33	686.97	5477.88	1800.82
5	黑龙江省	40416	283.08	428.75	3660.55	1492.27
6	内蒙古自治区	43242	244.07	393.14	3075.15	1406.11
7	江西省	47055	268.02	443.97	2807.83	1339.29
8	山西省	48027	333.80	412.24	3160.70	1268.70
9	广西壮族自治区	55948	302.74	475.25	3402.97	1228.95
10	吉林省	41318	248.12	353.55	2839.28	1217.69

4. 西部各省、自治区和新疆生产建设兵团住房公积金缴存比较

西部各省、自治区住房公积金缴存情况见表1-1-6。

西部省区共10个，分别为四川省、云南省、陕西省、新疆维吾尔自治区、甘肃省、贵州省、

青海省、宁夏回族自治区、西藏自治区和新疆生产建设兵团。四川省五项数据指标在西部省、区中均遥遥领先。从缴存余额指标分析，西部地区缴存体量差距较大，最高缴存余额与最低缴存余额的比值（倍数）接近23，原因应与就业人口、经济发展水平等因素有关。其中缴存余额在3000亿元以上的仅四川省；缴存余额在1000亿～2000亿元之间的有5个省区；其余4个省区缴存余额在500亿元以下。

表 1-1-6 2019年西部各省、自治区和新疆生产建设兵团住房公积金缴存比较表

序号	地区	实缴单位数（个）	实缴职工数（万人）	本年缴存额（亿元）	缴存总额（亿元）	缴存余额（亿元）
1	四川省	127368	693.09	1102.84	7508.42	3168.69
2	陕西省	62769	404.55	547.77	3787.94	1590.34
3	云南省	54312	278.67	546.22	3992.29	1539.32
4	新疆维吾尔自治区	34411	217.43	421.40	3145.07	1230.94
5	贵州省	48078	261.09	414.21	2469.33	1141.59
6	甘肃省	32514	193.46	300.85	2252.78	1051.32
7	青海省	9736	54.52	117.76	880.73	329.73
8	宁夏回族自治区	9954	65.63	106.79	892.93	326.46
9	西藏自治区	4792	35.37	98.91	598.06	300.83
10	新疆生产建设兵团	5068	25.80	45.67	296.54	138.23

（四）副省级、省会城市住房公积金缴存比较

1. 全国副省级、省会城市住房公积金缴存比较

全国副省级、省会城市住房公积金缴存情况见表1-1-7。

在31个副省级、省会城市中，深圳市在实缴单位数、实缴职工数、缴存余额中均领先其他城市，广州市在本年缴存额、缴存总额上体量最大，且在本年缴存额上广州、深圳均超过直辖市中的天津市、重庆市。按照缴存余额指标分析，深圳市今年首次超越广州市位居首位。在31个城市中，缴存余额在1500亿元以上的有2个；在1000亿～1500亿元之间的有4个；在500亿～1000亿元之间的有12个；在500亿元以下的有13个，其中仅拉萨市缴存余额不足100亿元。

从缴存总额上看，超过千亿元的有24个，其余7个在千亿元以下。从本年缴存额看，超过800亿元的为广州市，在700亿～800亿元之间的为深圳市，在600亿～700亿元之间的为杭州市，在500亿～600亿元之间的为成都市，在300亿～500亿之间的有3个，在100亿～300亿元之间的有20个，100亿元以下的有4个。

表 1-1-7 2019 年全国副省级、省会城市住房公积金缴存比较表

序号	城市	实缴单位数（个）	实缴职工数（万人）	本年缴存额（亿元）	缴存总额（亿元）	缴存余额（亿元）
1	深圳市	178273	665.15	717.88	3830.12	1855.26
2	广州市	105172	479.72	851.06	6780.30	1846.11
3	成都市	64468	361.78	514.28	3471.40	1375.87
4	武汉市	31583	231.36	426.38	2886.59	1283.25
5	南京市	58342	253.28	468.73	3221.36	1218.89
6	杭州市	100610	300.20	601.00	3934.70	1180.70
7	沈阳市	27254	159.56	274.68	2419.18	877.69
8	西安市	25945	215.56	305.91	2068.34	870.99
9	济南市	28717	164.44	276.93	2003.99	793.17
10	郑州市	19040	165.36	271.60	1843.81	772.28
11	长沙市	22872	166.04	242.64	1515.42	737.29
12	大连市	39904	133.59	217.74	2123.03	659.37
13	青岛市	51696	172.31	234.28	1854.68	623.51
14	长春市	17030	120.88	183.33	1514.55	609.41
15	哈尔滨市	14467	115.33	196.73	1672.87	578.26
16	宁波市	40084	160.17	267.47	1896.94	563.87
17	石家庄市	12905	97.27	148.94	1083.52	504.06
18	福州市	25231	104.89	197.21	1387.32	500.01
19	合肥市	16537	137.49	211.11	1521.57	487.93
20	昆明市	16563	103.80	203.43	1520.60	464.94
21	太原市	11333	90.56	134.24	1040.29	424.67
22	厦门市	43764	117.19	168.75	1151.16	405.02
23	南昌市	10896	80.57	154.52	1016.31	396.99
24	兰州市	9751	72.08	112.05	939.01	368.54
25	乌鲁木齐市	9247	62.10	125.82	1010.18	368.00
26	呼和浩特市	7564	56.35	105.96	877.30	354.29
27	贵阳市	18471	98.80	128.56	801.13	329.55
28	南宁市	11644	68.07	95.68	675.26	245.40
29	西宁市	4380	34.80	72.59	558.94	199.78
30	银川市	5496	40.52	67.36	582.07	199.59
31	拉萨市	263	5.95	14.84	82.02	41.71

2. 东部副省级、省会城市住房公积金缴存比较

东部副省级、省会城市住房公积金缴存情况见表 1-1-8。

在 12 个东部副省级、省会城市中，有 5 个副省级城市，7 个省会城市，其中在实缴单位数、实缴

职工数和缴存余额上深圳市最多；在本年缴存额、缴存总额上广州市最多。按缴存余额指标分析，各市差距非常大，缴存余额在 1800 亿元以上的有 2 个，为深圳市、广州市；在 1100 亿～ 1300 亿元之间的有 2 个，为南京市、杭州市；在 500 亿～ 1000 亿元之间的有 7 个；在 500 亿元以下仅厦门市一家。

表 1-1-8 2019 年东部副省级、省会城市住房公积金缴存比较表

序号	城市	实缴单位数（个）	实缴职工数（万人）	本年缴存额（亿元）	缴存总额（亿元）	缴存余额（亿元）
1	深圳市	178273	665.15	717.88	3830.12	1855.26
2	广州市	105172	479.72	851.06	6780.30	1846.11
3	南京市	58342	253.28	468.73	3221.36	1218.89
4	杭州市	100610	300.20	601.00	3934.70	1180.70
5	沈阳市	27254	159.56	274.68	2419.18	877.69
6	济南市	28717	164.44	276.93	2003.99	793.17
7	大连市	39904	133.59	217.74	2123.03	659.37
8	青岛市	51696	172.31	234.28	1854.68	623.51
9	宁波市	40084	160.17	267.47	1896.94	563.87
10	石家庄市	12905	97.27	148.94	1083.52	504.06
11	福州市	25231	104.89	197.21	1387.32	500.01
12	厦门市	43764	117.19	168.75	1151.16	405.02

3. 中部副省级、省会城市住房公积金缴存比较

中部副省级、省会城市住房公积金缴存情况见表 1-1-9。

在 10 个中部副省级、省会城市中，武汉市五项数据指标均属最多，且远超其他城市。从缴存余额指标分析，仅武汉市缴存余额超 1000 亿元；在 500 亿～ 1000 亿元之间的有 4 个；在 400 亿～ 500 亿元之间的有 2 个；在 300 亿～ 400 亿元之间的有 2 个；在 200 亿～ 300 亿元之间的有 1 个。

表 1-1-9 2019 年中部副省级、省会城市住房公积金缴存比较表

序号	城市	实缴单位数（个）	实缴职工数（万人）	本年缴存额（亿元）	缴存总额（亿元）	缴存余额（亿元）
1	武汉市	31583	231.36	426.38	2886.59	1283.25
2	郑州市	19040	165.36	271.60	1843.81	772.28
3	长沙市	22872	166.04	242.64	1515.42	737.29
4	长春市	17030	120.88	183.33	1514.55	609.41
5	哈尔滨市	14467	115.33	196.73	1672.87	578.26
6	合肥市	16537	137.49	211.11	1521.57	487.93
7	太原市	11333	90.56	134.24	1040.29	424.67
8	南昌市	10896	80.57	154.52	1016.31	396.99

（续表）

序号	地区	实缴单位数（个）	实缴职工数（万人）	本年缴存额（亿元）	缴存总额（亿元）	缴存余额（亿元）
9	呼和浩特市	7564	56.35	105.96	877.30	354.29
10	南宁市	11644	68.07	95.68	675.26	245.40

4. 西部副省级、省会城市住房公积金缴存比较

西部副省级、省会城市住房公积金缴存情况见表1-1-10。

在9个西部副省级、省会城市中，成都市各项数据指标均较大幅度领先于其他城市。从缴存余额指标分析，成都市超1000亿元排名第一，西安市以870.99亿元位居第二；昆明、兰州、乌鲁木齐和贵阳4市在300亿～500亿元之间；西宁市、银川市在100亿～200亿元之间；缴存余额在100亿元以下的仅拉萨市一家，总体来看，西部9个副省级、省会城市之间的缴存差距比较大。

表 1-1-10 2019 年西部副省级、省会城市住房公积金缴存比较表

序号	城市	实缴单位数（个）	实缴职工数（万人）	本年缴存额（亿元）	缴存总额（亿元）	缴存余额（亿元）
1	成都市	64468	361.78	514.28	3471.40	1375.87
2	西安市	25945	215.56	305.91	2068.34	870.99
3	昆明市	16563	103.80	203.43	1520.60	464.94
4	兰州市	9751	72.08	112.05	939.01	368.54
5	乌鲁木齐市	9247	62.10	125.82	1010.18	368.00
6	贵阳市	18471	98.80	128.56	801.13	329.55
7	西宁市	4380	34.80	72.59	558.94	199.78
8	银川市	5496	40.52	67.36	582.07	199.59
9	拉萨市	263	1.16	14.84	82.02	41.71

（五）地市州盟住房公积金缴存比较

1. 全国地市州盟住房公积金缴存比较

全国地市州盟住房公积金缴存情况见表1-1-11。

在303个地市州盟中，苏州市五项数据指标远超其他城市，缴存余额以16.44%增速继续领跑。本年缴存额超100亿元的城市由去年的8个增长到11个。缴存总额超300亿元的城市由去年的56个增长到78个。从缴存余额指标分析，各地区差距非常大，最多的达到990多亿元，最少的仅不到6亿元。缴存余额在500亿元以上的有2个，分别是苏州市和无锡市；在300亿～400亿元之间的有7个；在200亿～300亿元之间的有15个；在100亿～200亿元之间的有94个；在100亿元以下的有185个，占总数的一半之多。

从地域分布来看，缴存总额超过500亿元的27个城市中，江苏省占7个，浙江省占5个，山东省占5个，广东省占4个，河北省占3个，黑龙江省、福建省、河南省各占1个。缴存总额在50

亿元以下的12个城市，主要集中在青海省（5个）、西藏自治区（2个）、湖北省（4个）、黑龙江省（1个），这在一定程度上反映了住房公积金归集规模受到区域经济水平差异、宏观经济形势等因素的影响。

表 1-1-11 2019 年全国地市州盟住房公积金缴存比较表

序号	地方	实缴单位数（个）	实缴职工数（万人）	本年缴存额（亿元）	缴存总额（亿元）	缴存余额（亿元）
1	苏州市	104381	382.91	518.34	3197.99	993.45
2	无锡市	65622	169.53	225.08	1569.77	589.51
3	温州市	24519	75.58	133.23	986.60	389.69
4	唐山市	6415	71.13	96.60	798.05	366.18
5	东莞市	47559	183.20	145.71	1002.17	360.00
6	徐州市	7824	61.41	108.26	928.08	358.85
7	常州市	32147	99.35	138.02	946.15	344.29
8	佛山市	16699	172.70	155.09	1089.63	320.72
9	南通市	20616	89.52	140.41	951.65	312.61
10	烟台市	10544	83.47	103.30	709.64	292.12
11	大庆市	3795	44.22	78.67	847.29	283.07
12	淄博市	6985	50.32	68.69	511.00	259.01
13	嘉兴市	21752	70.01	114.92	780.34	253.93
14	济宁市	9699	58.13	82.97	602.66	249.56
15	台州市	14349	50.70	96.62	654.27	248.72
16	临沂市	7425	58.30	78.39	491.23	242.88
17	金华市	13999	49.49	89.26	639.25	238.73
18	泉州市	18065	51.49	87.06	660.17	237.71
19	保定市	7137	62.78	71.90	524.47	234.23
20	潍坊市	8418	68.60	77.53	535.24	232.14
21	绍兴市	13123	54.57	102.50	694.86	231.46
22	扬州市	11942	57.40	89.50	631.00	224.30
23	洛阳市	7252	57.12	74.48	553.33	222.01
24	沧州市	6598	46.82	66.37	572.47	207.00
25	赣州市	8158	40.10	54.44	345.66	195.69
26	邯郸市	5537	44.18	55.66	403.33	193.04
27	惠州市	8285	67.49	88.81	556.65	189.59
28	遵义市	5348	38.25	74.31	400.40	189.40
29	南阳市	5090	47.29	43.28	286.37	179.08
30	包头市	3996	29.44	44.73	374.56	177.01
31	宜昌市	5913	35.19	61.94	424.11	174.66

（续表）

序号	地方	实缴单位数（个）	实缴职工数（万人）	本年缴存额（亿元）	缴存总额（亿元）	缴存余额（亿元）
32	绵阳市	5246	31.28	54.84	388.09	173.56
33	湖州市	18612	48.58	65.69	465.05	170.62
34	吉林市	5528	34.68	54.13	449.73	170.52
35	湛江市	7692	38.66	62.11	473.99	168.61
36	平顶山市	3922	38.42	38.83	338.20	167.17
37	连云港市	8315	38.13	60.18	417.77	163.13
38	赤峰市	4380	29.22	41.95	328.58	162.99
39	十堰市	4169	24.26	44.00	318.02	159.70
40	株洲市	3792	28.16	47.84	348.12	159.33
41	泰州市	6625	38.54	59.39	403.04	159.29
42	盐城市	12920	58.93	71.47	500.05	156.82
43	东营市	3687	38.48	64.38	637.14	156.39
44	岳阳市	4757	26.73	41.08	289.57	153.03
45	襄阳市	5062	31.60	49.22	309.98	152.37
46	淮南市	3471	26.32	44.47	496.57	150.00
47	鄂尔多斯市	4969	26.96	40.73	262.53	149.36
48	威海市	6060	37.29	42.48	307.09	148.96
49	鞍山市	3551	29.50	40.02	458.40	147.86
50	凉山州	4169	19.89	40.80	301.45	145.19
51	曲靖市	3344	23.86	48.52	359.10	144.80
52	张家口市	4824	29.31	39.82	321.48	143.16
53	镇江市	10037	37.39	54.82	444.76	142.65
54	上饶市	4947	23.38	37.84	230.52	142.60
55	菏泽市	4816	34.55	46.79	226.04	142.57
56	廊坊市	5063	38.06	50.00	376.23	141.46
57	淮安市	6269	44.18	63.60	420.39	138.96
58	柳州市	4480	34.50	56.15	451.85	138.70
59	衡阳市	4179	32.80	46.56	293.98	138.11
60	喀什地区	2988	22.52	44.44	268.50	137.89
61	桂林市	5665	30.93	47.08	368.85	136.99
62	宜宾市	4322	26.25	47.13	333.82	136.85
63	榆林市	5832	29.20	55.18	295.07	135.46
64	芜湖市	4677	36.90	51.97	408.68	135.04
65	聊城市	5534	40.00	36.27	239.22	134.77
66	中山市	8663	51.28	57.75	382.22	134.17

（续表）

序号	地方	实缴单位数（个）	实缴职工数（万人）	本年缴存额（亿元）	缴存总额（亿元）	缴存余额（亿元）
67	盘锦市	1940	24.15	38.56	372.59	132.00
68	黄冈市	4589	22.18	41.71	241.39	131.93
69	泰安市	5756	47.91	43.33	324.31	130.04
70	邵阳市	4236	23.80	37.20	227.81	129.76
71	常德市	4941	29.94	43.68	303.72	128.71
72	汕头市	4670	27.27	44.32	351.90	128.27
73	红河州	4302	19.67	38.06	315.37	127.61
74	黔东南州	4899	16.25	39.06	224.85	126.25
75	德阳市	3586	22.76	38.80	325.57	126.05
76	枣庄市	3814	27.77	41.87	298.00	125.88
77	郴州市	4441	22.14	37.18	248.87	124.13
78	通辽市	3591	20.07	28.92	220.27	123.57
79	商丘市	3493	34.27	37.16	195.29	123.18
80	漳州市	7505	28.98	47.83	324.99	122.62
81	珠海市	8003	69.79	82.60	659.00	121.22
82	茂名市	4946	26.29	44.48	316.95	121.12
83	秦皇岛市	3533	29.21	35.44	339.03	120.87
84	江门市	5892	40.11	53.61	469.73	120.80
85	邢台市	4426	32.71	35.68	270.36	117.49
86	德州市	6658	39.64	40.17	214.20	116.93
87	齐齐哈尔市	3877	21.22	30.84	228.53	116.37
88	承德市	4004	22.03	32.28	259.23	115.62
89	阜阳市	4322	27.65	36.03	267.18	115.20
90	吉安市	4960	19.80	34.17	209.98	114.62
91	永州市	4816	26.18	32.68	214.73	113.70
92	九江市	4977	29.01	41.18	259.41	113.38
93	荆州市	4160	23.08	36.77	238.45	112.91
94	安庆市	3873	20.93	40.73	327.02	112.78
95	呼伦贝尔市	5405	20.73	36.08	288.55	112.38
96	丽水市	6501	20.71	43.23	325.07	112.08
97	昭通市	2856	16.74	32.22	222.93	110.41
98	黄石市	3461	20.79	28.43	207.40	108.86
99	马鞍山市	2960	22.24	46.22	364.98	108.63
100	淮北市	1387	19.36	33.08	349.39	108.56
101	三明市	7942	25.00	38.21	307.34	107.29

（续表）

序号	地方	实缴单位数（个）	实缴职工数（万人）	本年缴存额（亿元）	缴存总额（亿元）	缴存余额（亿元）
102	临汾市	5820	28.91	29.50	213.11	106.75
103	延边州	3905	20.61	29.15	216.86	106.49
104	乐山市	4070	19.69	34.42	273.88	106.19
105	宜春市	3564	23.39	37.27	224.15	104.44
106	新乡市	3670	29.29	32.17	201.40	103.15
107	达州市	3492	18.79	34.81	216.09	102.75
108	衢州市	5492	22.32	49.72	349.37	102.59
109	南充市	4937	22.61	39.48	252.84	102.36
110	滨州市	4473	23.44	32.85	185.98	102.00
111	信阳市	5143	25.81	33.97	178.06	101.83
112	松原市	3269	15.98	25.37	224.29	101.79
113	咸阳市	5693	36.44	33.02	237.89	101.09
114	濮阳市	2573	24.68	35.14	286.06	100.83
115	怀化市	4474	21.19	30.05	200.88	100.73
116	孝感市	3544	19.11	30.35	189.96	100.66
117	荆门市	3638	17.87	29.75	200.61	100.50
118	宝鸡市	4760	28.57	30.96	263.18	100.32
119	泸州市	3742	27.04	39.10	248.95	99.77
120	克拉玛依市	1444	16.31	39.06	396.85	99.06
121	大同市	3474	31.39	37.66	311.31	98.51
122	宿迁市	4171	24.56	38.99	200.82	97.52
123	驻马店市	4070	25.59	30.57	176.54	97.07
124	日照市	3472	22.78	37.66	222.43	96.83
125	晋城市	2712	25.21	27.76	228.70	96.77
126	抚顺市	2172	18.04	26.22	275.13	96.37
127	毕节市	3569	23.30	32.18	198.10	95.60
128	清远市	3390	26.81	44.89	305.59	95.50
129	黔南州	4354	19.48	35.08	203.22	95.02
130	锦州市	3413	18.76	22.80	198.53	94.72
131	恩施州	3071	14.33	32.52	181.79	93.92
132	韶关市	4810	23.44	38.35	322.93	92.98
133	焦作市	4015	29.42	25.38	168.70	92.81
134	宁德市	4988	25.52	31.41	224.68	91.64
135	伊犁州	2946	17.72	30.21	214.13	91.12
136	长治市	4678	28.13	30.34	229.21	90.90

（续表）

序号	地方	实缴单位数（个）	实缴职工数（万人）	本年缴存额（亿元）	缴存总额（亿元）	缴存余额（亿元）
137	莆田市	5336	20.63	28.10	205.10	90.50
138	运城市	4062	26.60	26.45	186.04	90.44
139	六安市	2868	16.96	33.45	235.08	90.10
140	葫芦岛市	1241	16.36	20.36	170.64	89.51
141	攀枝花市	1727	14.40	26.37	225.04	89.41
142	延安市	5268	20.97	28.73	257.95	89.06
143	玉林市	3073	20.21	31.09	208.70	89.02
144	娄底市	2711	18.89	26.81	181.02	88.95
145	南平市	4630	18.43	29.71	231.79	88.84
146	抚州市	3664	15.10	23.63	142.23	88.63
147	昌吉州	2903	16.13	26.86	198.31	88.40
148	益阳市	2841	21.61	31.02	204.33	88.26
149	大理州	3306	14.69	30.08	213.52	87.42
150	梅州市	3523	26.47	38.24	228.22	87.10
151	安阳市	3296	21.74	30.97	215.78	86.72
152	周口市	3816	31.90	25.33	134.22	86.58
153	龙岩市	6145	22.36	34.71	272.00	86.48
154	渭南市	3945	25.65	32.27	219.91	85.79
155	铜仁市	3025	16.49	29.66	168.00	85.72
156	广元市	2884	13.70	21.55	144.46	85.06
157	巴音郭楞州	2452	15.72	27.51	208.94	84.88
158	铁岭市	2884	15.57	19.79	185.47	84.47
159	营口市	2548	17.05	22.36	168.85	84.09
160	朝阳市	2682	16.32	21.04	158.38	82.88
161	玉溪市	3805	13.56	31.14	248.49	81.83
162	舟山市	3782	15.36	35.60	252.71	81.47
163	蚌埠市	3049	19.52	28.22	232.52	80.77
164	衡水市	3645	20.60	22.47	154.28	80.49
165	黔西南州	2599	14.50	26.85	150.63	80.11
166	许昌市	2877	21.88	28.67	172.76	79.86
167	滁州市	4776	26.26	34.69	259.81	79.74
168	辽阳市	1888	15.90	22.46	186.15	79.31
169	湘潭市	2292	18.63	30.28	233.69	78.79
170	巴彦淖尔市	2467	14.58	20.40	160.46	77.35
171	本溪市	2118	17.51	22.14	211.49	77.18

（续表）

序号	地方	实缴单位数（个）	实缴职工数（万人）	本年缴存额（亿元）	缴存总额（亿元）	缴存余额（亿元）
172	平凉市	2141	11.45	17.86	125.86	76.92
173	汉中市	3629	17.54	22.72	172.03	76.76
174	普洱市	3041	11.50	22.15	149.81	76.67
175	揭阳市	1909	15.90	24.82	170.96	76.42
176	肇庆市	4299	26.24	38.07	259.30	76.40
177	百色市	3771	17.49	31.25	210.46	76.14
178	甘孜藏族自治州	2198	7.88	22.11	146.46	76.08
179	文山州	2887	13.71	24.97	167.00	75.79
180	内江市	2199	14.15	23.08	152.34	75.58
181	自贡市	2565	13.37	22.96	165.77	75.34
182	宿州市	3088	16.91	24.62	185.48	75.13
183	吕梁市	3646	19.53	27.87	155.59	74.90
184	六盘水市	1605	16.08	24.63	177.51	73.67
185	晋中市	3747	21.42	21.71	157.22	73.04
186	阿克苏地区	2741	14.69	27.16	178.38	72.99
187	三门峡市	2517	17.71	19.96	157.93	71.59
188	和田地区	1608	12.13	27.10	141.92	71.09
189	湘西州	3113	12.92	21.52	133.48	70.51
190	亳州市	2844	16.12	24.77	183.00	70.25
191	咸宁市	2419	15.04	21.71	126.27	70.07
192	绥化市	3023	15.82	16.50	116.87	69.05
193	保山市	2457	11.75	20.77	133.16	68.98
194	临沧市	2794	11.23	19.04	117.11	68.90
195	牡丹江市	2976	13.50	18.00	142.67	67.79
196	巴中市	3410	11.92	17.87	107.41	67.28
197	开封市	2565	22.02	19.34	116.15	67.22
198	丹东市	2932	14.56	20.08	157.00	66.12
199	天水市	2184	14.40	21.98	132.53	65.69
200	佳木斯市	2659	12.32	17.25	133.55	65.59
201	眉山市	2757	14.78	27.92	163.25	65.44
202	哈密市	1313	9.38	19.16	160.76	64.79
203	定西市	1906	10.90	16.89	102.94	63.56
204	四平市	2828	14.61	18.75	106.71	63.55
205	乌兰察布市	2472	12.33	15.93	113.18	62.89
206	河池市	3261	15.46	26.10	170.73	62.64

（续表）

序号	地方	实缴单位数（个）	实缴职工数（万人）	本年缴存额（亿元）	缴存总额（亿元）	缴存余额（亿元）
207	通化市	2996	15.48	14.86	112.17	62.14
208	漯河市	2452	16.65	18.10	101.25	61.38
209	庆阳市	2315	11.81	16.44	103.00	61.16
210	遂宁市	2347	13.20	20.77	115.11	60.84
211	黑河市	1990	9.37	13.03	99.58	60.44
212	白银市	1371	11.88	15.47	125.17	60.34
213	安顺市	2385	12.19	20.88	135.40	59.09
214	陇南市	2415	10.52	14.97	89.95	59.04
215	锡林郭勒盟	3106	11.66	18.96	137.29	58.78
216	铜陵市	2820	14.87	22.14	192.61	58.02
217	日喀则市	499	4.69	14.37	91.63	57.56
218	阿坝州	2122	7.88	20.38	124.84	56.20
219	双鸭山市	1412	9.90	12.10	87.71	55.71
220	忻州市	4194	16.94	19.52	143.42	55.35
221	鸡西市	1484	11.53	12.75	91.34	54.58
222	广安市	2880	13.37	22.60	123.48	54.07
223	安康市	2847	11.04	14.96	106.45	53.53
224	景德镇市	1710	12.22	16.66	102.96	53.48
225	梧州市	3364	14.16	19.02	140.99	52.94
226	宣城市	4081	17.83	25.10	205.05	52.68
227	云浮市	2712	14.18	22.30	146.24	52.31
228	酒泉市	2176	8.11	16.24	125.91	51.91
229	萍乡市	1776	10.54	18.22	104.48	51.58
230	河源市	2868	17.95	27.70	162.48	51.58
231	楚雄州	2500	11.79	23.00	178.38	51.47
232	阳泉市	1722	17.32	16.51	150.58	51.46
233	阳江市	2763	14.32	21.26	138.50	51.34
234	朔州市	2055	11.48	16.63	137.20	50.23
235	武威市	1661	8.07	13.65	95.47	50.19
236	兴安盟	2064	9.68	16.50	120.82	50.11
237	资阳市	1732	9.38	15.99	104.93	49.03
238	钦州市	2743	14.09	19.23	123.29	49.00
239	贵港市	3104	15.32	19.71	130.58	48.07
240	雅安市	2515	8.97	17.55	123.24	45.75
241	商洛市	2232	8.88	11.58	82.50	45.59

（续表）

序号	地方	实缴单位数（个）	实缴职工数（万人）	本年缴存额（亿元）	缴存总额（亿元）	缴存余额（亿元）
242	西双版纳州	1829	6.57	11.89	89.27	45.50
243	德宏州	1355	6.21	12.50	81.75	45.18
244	张掖市	1959	6.85	11.31	84.25	45.09
245	阜新市	1808	12.03	12.97	106.47	44.75
246	金昌市	730	6.35	10.18	102.26	44.66
247	黄山市	2810	9.30	16.90	140.47	42.94
248	北海市	2287	11.12	15.42	107.69	42.06
249	鹤岗市	922	5.62	7.70	65.96	41.75
250	潮州市	1543	9.99	15.56	117.18	41.18
251	新余市	1180	8.97	14.11	94.66	40.92
252	鹤壁市	2059	12.25	13.45	96.32	40.15
253	临夏州	1743	9.02	12.80	70.63	39.46
254	塔城地区	1676	7.72	13.59	99.80	38.85
255	吴忠市	1294	6.65	11.13	93.45	38.25
256	贺州市	2792	9.91	14.01	91.52	38.02
257	白山市	2020	9.06	9.56	89.50	37.90
258	鹰潭市	1315	6.26	11.22	76.78	36.96
259	随州市	2088	8.39	12.07	66.25	36.83
260	克孜勒苏州	898	5.66	11.36	65.11	36.27
261	迪庆州	841	3.16	8.64	51.77	36.05
262	鄂州市	1021	7.11	11.67	81.28	35.91
263	来宾市	2358	9.84	15.59	115.15	35.87
264	那曲市	184	3.53	12.11	64.87	35.83
265	张家界市	2309	7.00	15.13	85.80	35.51
266	崇左市	2703	10.28	14.12	100.37	35.38
267	海西州	1229	7.08	10.89	82.24	35.36
268	白城市	2459	10.50	9.59	69.22	34.99
269	七台河市	872	7.98	7.67	59.35	34.86
270	伊春市	1393	9.99	10.01	62.00	34.69
271	丽江市	1536	7.11	13.06	92.69	34.08
272	甘南州	1589	6.04	11.34	75.73	33.89
273	昌都市	730	4.48	12.23	69.73	33.72
274	乌海市	903	5.76	10.13	69.98	33.39
275	汕尾市	1429	11.36	15.66	88.65	33.29
276	固原市	1194	5.96	10.80	81.63	33.13

（续表）

序号	地方	实缴单位数（个）	实缴职工数（万人）	本年缴存额（亿元）	缴存总额（亿元）	缴存余额（亿元）
277	池州市	1968	8.67	13.47	108.47	33.05
278	海东市	1139	4.85	11.96	87.34	32.51
279	阿勒泰地区	2185	6.78	12.12	88.12	32.50
280	辽源市	1283	6.22	8.82	56.25	30.90
281	嘉峪关市	573	5.97	9.67	79.60	30.84
282	济源市	1474	10.39	7.62	50.03	30.83
283	石嘴山市	1036	5.87	8.46	76.34	29.75
284	阿拉善盟	1442	4.36	7.71	75.83	28.07
285	山南市	945	3.59	9.95	59.20	27.82
286	吐鲁番市	1072	6.46	10.00	63.09	26.28
287	中卫市	934	6.62	9.04	59.43	25.73
288	大兴安岭地区	1288	5.50	6.29	43.00	23.95
289	防城港市	2008	6.61	10.32	72.15	23.93
290	铜川市	2090	8.12	8.94	62.16	22.86
291	林芝市	618	2.66	7.50	47.07	20.38
292	怒江州	716	3.33	6.76	51.32	19.69
293	博尔塔拉州	938	4.10	7.03	50.96	18.83
294	仙桃市	823	4.87	6.59	37.77	18.22
295	潜江市	747	3.19	5.81	33.34	18.13
296	天门市	641	3.25	5.89	32.58	18.09
297	玉树州	620	1.64	5.35	36.27	17.07
298	海南州	767	2.09	5.34	40.93	14.80
299	阿里地区	167	1.62	5.35	30.49	14.68
300	黄南州	659	1.32	3.74	25.72	12.31
301	海北州	604	1.59	4.18	29.38	10.56
302	果洛州	338	1.15	3.71	19.91	7.35
303	神农架林区	270	0.80	2.00	9.36	5.56

2. 东部地市州盟住房公积金缴存比较

东部地市州盟住房公积金缴存情况见表 1-1-12。

在 83 个东部地市州盟城市中，实缴单位数、实缴职工数、本年缴存额、缴存总额及缴存余额上均属苏州市最多。从本年缴存额指标分析，本年缴存额在 200 亿元以上的有 2 个；在 150 亿～200 亿元之间的有 1 个；在 100 亿～150 亿元之间的有 8 个；在 50 亿～100 亿元之间的有 25 个；在 50 亿元以下的有 47 个。从缴存余额指标分析，东部地市缴存余额差距较大，苏州市最多，达到 990 多亿元，汕尾市最少，仅 33.29 亿元。其中缴存余额在 500 亿元以上的有 2 个；在 300 亿～400

亿元之间的有 7 个；在 200 亿～ 300 亿元之间的有 13 个；在 100 亿～ 200 亿元之间的有 33 个；在 50 亿～ 100 亿元之间的有 25 个；在 50 亿元以下的有 3 个。

全国缴存总额超过 500 亿元的 27 个地市州盟城市中，东部地区有 22 个之多，但年人均缴存额指标东部地市却最低，说明东部地市缴存水平不均衡，也可见全国地市州盟间总体缴存水平存在差异。

表 1-1-12 2019 年东部地市州盟住房公积金缴存比较表

序号	地方	实缴单位数（个）	实缴职工数（万人）	本年缴存额（亿元）	缴存总额（亿元）	缴存余额（亿元）
1	苏州市	104381	382.91	518.34	3197.99	993.45
2	无锡市	65622	169.53	225.08	1569.77	589.51
3	温州市	24519	75.58	133.23	986.60	389.69
4	唐山市	6415	71.13	96.60	798.05	366.18
5	东莞市	47559	183.20	145.71	1002.17	360.00
6	徐州市	7824	61.41	108.26	928.08	358.85
7	常州市	32147	99.35	138.02	946.15	344.29
8	佛山市	16699	172.70	155.09	1089.63	320.72
9	南通市	20616	89.52	140.41	951.65	312.61
10	烟台市	10544	83.47	103.30	709.64	292.12
11	淄博市	6985	50.32	68.69	511.00	259.01
12	嘉兴市	21752	70.01	114.92	780.34	253.93
13	济宁市	9699	58.13	82.97	602.66	249.56
14	台州市	14349	50.70	96.62	654.27	248.72
15	临沂市	7425	58.30	78.39	491.23	242.88
16	金华市	13999	49.49	89.26	639.25	238.73
17	泉州市	18065	51.49	87.06	660.17	237.71
18	保定市	7137	62.78	71.90	524.47	234.23
19	潍坊市	8418	68.60	77.53	535.24	232.14
20	绍兴市	13123	54.57	102.50	694.86	231.46
21	扬州市	11942	57.40	89.50	631.00	224.30
22	沧州市	6598	46.82	66.37	572.47	207.00
23	邯郸市	5537	44.18	55.66	403.33	193.04
24	惠州市	8285	67.49	88.81	556.65	189.59
25	湖州市	18612	48.58	65.69	465.05	170.62
26	湛江市	7692	38.66	62.11	473.99	168.61
27	连云港市	8315	38.13	60.18	417.77	163.13
28	泰州市	6625	38.54	59.39	403.04	159.29
29	盐城市	12920	58.93	71.47	500.05	156.82

（续表）

序号	地方	实缴单位数（个）	实缴职工数（万人）	本年缴存额（亿元）	缴存总额（亿元）	缴存余额（亿元）
30	东营市	3687	38.48	64.38	637.14	156.39
31	威海市	6060	37.29	42.48	307.09	148.96
32	鞍山市	3551	29.50	40.02	458.40	147.86
33	张家口市	4824	29.31	39.82	321.48	143.16
34	镇江市	10037	37.39	54.82	444.76	142.65
35	菏泽市	4816	34.55	46.79	226.04	142.57
36	廊坊市	5063	39.06	50.00	376.23	141.46
37	淮安市	6269	44.18	63.60	420.39	138.96
38	聊城市	5534	40.00	36.27	239.22	134.77
39	中山市	8663	51.28	57.75	382.22	134.17
40	盘锦市	1940	24.15	38.56	372.59	132.00
41	泰安市	5756	47.91	43.33	324.31	130.04
42	汕头市	4670	27.27	44.32	351.90	128.27
43	枣庄市	3814	27.77	41.87	298.00	125.88
44	漳州市	7505	28.98	47.83	324.99	122.62
45	珠海市	8003	69.79	82.60	659.00	121.22
46	茂名市	4946	26.29	44.48	316.95	121.12
47	秦皇岛市	3533	29.21	35.44	339.03	120.87
48	江门市	5892	40.11	53.61	469.73	120.80
49	邢台市	4426	32.71	35.68	270.36	117.49
50	德州市	6658	39.64	40.17	214.20	116.93
51	承德市	4004	22.03	32.28	259.23	115.62
52	丽水市	6501	20.71	43.23	325.07	112.08
53	三明市	7942	25.00	38.21	307.34	107.29
54	衢州市	5492	22.32	49.72	349.37	102.59
55	滨州市	4473	23.44	32.85	185.98	102.00
56	宿迁市	4171	24.56	38.99	200.82	97.52
57	日照市	3472	22.78	37.66	222.43	96.83
58	抚顺市	2172	18.04	26.22	275.13	96.37
59	清远市	3390	26.81	44.89	305.59	95.50
60	锦州市	3413	18.76	22.80	198.53	94.72
61	韶关市	4810	23.44	38.35	322.93	92.98
62	宁德市	4988	25.52	31.41	224.68	91.64
63	莆田市	5336	20.63	28.10	205.10	90.50
64	葫芦岛市	1241	16.36	20.36	170.64	89.51

（续表）

序号	地方	实缴单位数（个）	实缴职工数（万人）	本年缴存额（亿元）	缴存总额（亿元）	缴存余额（亿元）
65	南平市	4630	18.43	29.71	231.79	88.84
66	梅州市	3523	26.47	38.24	228.22	87.10
67	龙岩市	6145	22.36	34.71	272.00	86.48
68	铁岭市	2884	15.57	19.79	185.47	84.47
69	营口市	2548	17.05	22.36	168.85	84.09
70	朝阳市	2682	16.32	21.04	158.38	82.88
71	舟山市	3782	15.36	35.60	252.71	81.47
72	衡水市	3645	20.60	22.47	154.28	80.49
73	辽阳市	1888	15.90	22.46	186.15	79.31
74	本溪市	2118	17.51	22.14	211.49	77.18
75	揭阳市	1909	15.90	24.82	170.96	76.42
76	肇庆市	4299	26.24	38.07	259.30	76.40
77	丹东市	2932	14.56	20.08	157亿	66.12
78	云浮市	2712	14.18	22.30	146.24	52.31
79	河源市	2868	17.95	27.70	162.48	51.58
80	阳江市	2763	14.32	21.26	138.50	51.34
81	阜新市	1808	12.03	12.97	106.47	44.75
82	潮州市	1543	9.99	15.56	117.18	41.18
83	汕尾市	1429	11.36	15.66	88.65	33.29

3. 中部地市州盟住房公积金缴存比较

中部地市州盟住房公积金缴存情况见表 1-1-13。

在 125 个中部地市州盟城市中，本年缴存额、缴存总额及缴存余额上都是大庆市最多，实缴单位数上赣州市最多，实缴职工数上洛阳市最多。从本年缴存额指标分析，本年缴存额上，大庆市、洛阳市超过 70 亿元；在 50 亿～ 70 亿元之间的有 5 个；在 40 亿～ 50 亿元之间的有 16 个；在 30 亿～ 40 亿元之间的有 29 个；在 20 亿～ 30 亿元之间的有 24 个；在 10 亿～ 20 亿元之间的有 37 个；在 10 亿元以下的有 12 个。从缴存余额指标分析，缴存余额在 200 亿元以上的有 2 个；在 150 亿～ 200 亿元之间的有 12 个；在 100 亿～ 150 亿元之间的有 33 个；在 50 亿～ 100 亿元之间的有 49 个；在 50 亿元以下的有 29 个。

表 1-1-13 2019 年中部地市州盟住房公积金缴存比较表

序号	地方	实缴单位数（个）	实缴职工数（万人）	本年缴存额（亿元）	缴存总额（亿元）	缴存余额（亿元）
1	大庆市	3795	44.22	78.67	847.29	283.07

（续表）

序号	地方	实缴单位数（个）	实缴职工数（万人）	本年缴存额（亿元）	缴存总额（亿元）	缴存余额（亿元）
2	洛阳市	7252	57.12	74.48	553.33	222.01
3	赣州市	8158	40.10	54.44	345.66	195.69
4	南阳市	5090	47.29	43.28	286.37	179.08
5	包头市	3996	29.44	44.73	374.56	177.01
6	宜昌市	5913	35.19	61.94	424.11	174.66
7	吉林市	5528	34.68	54.13	449.73	170.52
8	平顶山市	3922	38.42	38.83	338.20	167.17
9	赤峰市	4380	29.22	41.95	328.58	162.99
10	十堰市	4169	24.26	44.00	318.02	159.70
11	株洲市	3792	28.16	47.84	348.12	159.33
12	岳阳市	4757	26.73	41.08	289.57	153.03
13	襄阳市	5062	31.60	49.22	309.98	152.37
14	淮南市	3471	26.32	44.47	496.57	150.00
15	鄂尔多斯市	4969	26.96	40.73	262.53	149.36
16	上饶市	4947	23.38	37.84	230.52	142.60
17	柳州市	4480	34.50	56.15	451.85	138.70
18	衡阳市	4179	32.80	46.56	293.98	138.11
19	桂林市	5665	30.93	47.08	368.85	136.99
20	芜湖市	4677	36.90	51.97	408.68	135.04
21	黄冈市	4589	22.18	41.71	241.39	131.93
22	邵阳市	4236	23.80	37.20	227.81	129.76
23	常德市	4941	29.94	43.68	303.72	128.71
24	郴州市	4441	22.14	37.18	248.87	124.13
25	通辽市	3591	20.07	28.92	220.27	123.57
26	商丘市	3493	34.27	37.16	195.29	123.18
27	齐齐哈尔市	3877	21.22	30.84	228.53	116.37
28	阜阳市	4322	27.65	36.03	267.18	115.20
29	吉安市	4960	19.80	34.17	209.98	114.62
30	永州市	4816	26.18	32.68	214.73	113.70
31	九江市	4977	29.01	41.18	259.41	113.38
32	荆州市	4160	23.08	36.77	238.45	112.91
33	安庆市	3873	20.93	40.73	327.02	112.78
34	呼伦贝尔市	5405	20.73	36.08	288.55	112.38
35	黄石市	3461	20.79	28.43	207.40	108.86
36	马鞍山市	2960	22.24	46.22	364.98	108.63

（续表）

序号	地方	实缴单位数（个）	实缴职工数（万人）	本年缴存额（亿元）	缴存总额（亿元）	缴存余额（亿元）
37	淮北市	1387	19.36	33.08	349.39	108.56
38	临汾市	5820	28.91	29.50	213.11	106.75
39	延边州	3905	20.61	29.15	216.86	106.49
40	宜春市	3564	23.39	37.27	224.15	104.44
41	新乡市	3670	29.29	32.17	201.40	103.15
42	信阳市	5143	25.81	33.97	178.06	101.83
43	松原市	3269	15.98	25.37	224.29	101.79
44	濮阳市	2573	24.68	35.14	286.06	100.83
45	怀化市	4474	21.19	30.05	200.88	100.73
46	孝感市	3544	19.11	30.35	189.96	100.66
47	荆门市	3638	17.87	29.75	200.61	100.50
48	大同市	3474	31.39	37.66	311.31	98.51
49	驻马店市	4070	25.59	30.57	176.54	97.07
50	晋城市	2712	25.21	27.76	228.70	96.77
51	恩施州	3071	14.33	32.52	181.79	93.92
52	焦作市	4015	29.42	25.38	168.70	92.81
53	长治市	4678	28.13	30.34	229.21	90.90
54	运城市	4062	26.60	26.45	186.04	90.44
55	六安市	2868	16.96	33.45	235.08	90.10
56	玉林市	3073	20.21	31.09	208.70	89.02
57	娄底市	2711	18.89	26.81	181.02	88.95
58	抚州市	3664	15.10	23.63	142.23	88.63
59	益阳市	2841	21.61	31.02	204.33	88.26
60	安阳市	3296	21.74	30.97	215.78	86.72
61	周口市	3816	31.90	25.33	134.22	86.58
62	蚌埠市	3049	19.52	28.22	232.52	80.77
63	许昌市	2877	21.88	28.67	172.76	79.86
64	滁州市	4776	26.26	34.69	259.81	79.74
65	湘潭市	2292	18.63	30.28	233.69	78.79
66	巴彦淖尔市	2467	14.58	20.40	160.46	77.35
67	百色市	3771	17.49	31.25	210.46	76.14
68	宿州市	3088	16.91	24.62	185.48	75.13
69	吕梁市	3646	19.53	27.87	155.59	74.90
70	晋中市	3747	21.42	21.71	157.22	73.04
71	三门峡市	2517	17.71	19.96	157.93	71.59

（续表）

序号	地方	实缴单位数（个）	实缴职工数（万人）	本年缴存额（亿元）	缴存总额（亿元）	缴存余额（亿元）
72	湘西州	3113	12.92	21.52	133.48	70.51
73	亳州市	2844	16.12	24.77	183.00	70.25
74	咸宁市	2419	15.04	21.71	126.27	70.07
75	绥化市	3023	15.82	16.50	116.87	69.05
76	牡丹江市	2976	13.50	18.00	142.67	67.79
77	开封市	2565	22.02	19.34	116.15	67.22
78	佳木斯市	2659	12.32	17.25	133.55	65.59
79	四平市	2828	14.61	18.75	106.71	63.55
80	乌兰察布市	2472	12.33	15.93	113.18	62.89
81	河池市	3261	15.46	26.10	170.73	62.64
82	通化市	2996	15.48	14.86	112.17	62.14
83	漯河市	2452	16.65	18.10	101.25	61.38
84	黑河市	1990	9.37	13.03	99.58	60.44
85	锡林郭勒盟	3106	11.66	18.96	137.29	58.78
86	铜陵市	2820	14.87	22.14	192.61	58.02
87	双鸭山市	1412	9.90	12.10	87.71	55.71
88	忻州市	4194	16.94	19.52	143.42	55.35
89	鸡西市	1484	11.53	12.75	91.34	54.58
90	景德镇市	1710	12.22	16.66	102.96	53.48
91	梧州市	3364	14.16	19.02	140.99	52.94
92	宣城市	4081	17.83	25.10	205.05	52.68
93	萍乡市	1776	10.54	18.22	104.48	51.58
94	阳泉市	1722	17.32	16.51	150.58	51.46
95	朔州市	2055	11.48	16.63	137.20	50.23
96	兴安盟	2064	9.68	16.50	120.82	50.11
97	钦州市	2743	14.09	19.23	123.29	49.00
98	贵港市	3104	15.32	19.71	130.58	48.07
99	黄山市	2810	9.30	16.90	140.47	42.94
100	北海市	2287	11.12	15.42	107.69	42.06
101	鹤岗市	922	5.62	7.70	65.96	41.75
102	新余市	1180	8.97	14.11	94.66	40.92
103	鹤壁市	2059	12.25	13.45	96.32	40.15
104	贺州市	2792	9.91	14.01	91.52	38.02
105	白山市	2020	9.06	9.56	89.50	37.90
106	鹰潭市	1315	6.26	11.22	76.78	36.96

（续表）

序号	地方	实缴单位数（个）	实缴职工数（万人）	本年缴存额（亿元）	缴存总额（亿元）	缴存余额（亿元）
107	随州市	2088	8.39	12.07	66.25	36.83
108	鄂州市	1021	7.11	11.67	81.28	35.91
109	来宾市	2358	9.84	15.59	115.15	35.87
110	张家界市	2309	7.00	15.13	85.80	35.51
111	崇左市	2703	10.28	14.12	100.37	35.38
112	白城市	2459	10.50	9.59	69.22	34.99
113	七台河市	872	7.98	7.67	59.35	34.86
114	伊春市	1393	9.99	10.01	62.00	34.69
115	乌海市	903	5.76	10.13	69.98	33.39
116	池州市	1968	8.67	13.47	108.47	33.05
117	辽源市	1283	6.22	8.82	56.25	30.90
118	济源市	1474	10.39	7.62	50.03	30.83
119	阿拉善盟	1442	4.36	7.71	75.83	28.07
120	大兴安岭地区	1288	5.50	6.29	43.00	23.95
121	防城港市	2008	6.61	10.32	72.15	23.93
122	仙桃市	823	4.87	6.59	37.77	18.22
123	潜江市	747	3.19	5.81	33.34	18.13
124	天门市	641	3.25	5.89	32.58	18.09
125	神农架林区	270	0.80	2.00	9.36	5.56

4. 西部地市州盟住房公积金缴存比较

西部地市州盟住房公积金缴存情况见表 1-1-14。

在 95 个西部地市州盟城市中，实缴单位数、实缴职工数、本年缴存额、缴存总额及缴存余额都是遵义市最多。从本年缴存额指标分析，遵义市超过 70 亿元，绵阳市、榆林市超过 50 亿元，本年缴存额在 40 亿～ 50 亿元之间的有 4 个；在 30 亿～ 40 亿元之间的有 17 个；在 20 亿～ 30 亿元之间的有 24 个；在 10 亿～ 20 亿元之间的有 32 个；在 10 亿元以下的有 15 个。从缴存余额指标分析，缴存余额在 200 亿元以上的城市没有；在 150 亿～ 200 亿元之间的有 2 个；在 100 亿～ 150 亿元之间的有 14 个；在 50 亿～ 100 亿元之间的有 44 个；在 50 亿元以下的有 35 个。

表 1-1-14 2019 年西部地市州盟住房公积金缴存比较表

序号	地方	实缴单位数（个）	实缴职工数（万人）	本年缴存额（亿元）	缴存总额（亿元）	缴存余额（亿元）
1	遵义市	5348	38.25	74.31	400.40	189.40
2	绵阳市	5246	31.28	54.84	388.09	173.56

（续表）

序号	地方	实缴单位数（个）	实缴职工数（万人）	本年缴存额（亿元）	缴存总额（亿元）	缴存余额（亿元）
3	凉山州	4169	19.89	40.80	301.45	145.19
4	曲靖市	3344	23.86	48.52	359.10	144.80
5	喀什地区	2988	22.52	44.44	268.50	137.89
6	宜宾市	4322	26.25	47.13	333.82	136.85
7	榆林市	5832	29.20	55.18	295.07	135.46
8	红河州	4302	19.67	38.06	315.37	127.61
9	黔东南州	4899	16.25	39.06	224.85	126.25
10	德阳市	3586	22.76	38.80	325.57	126.05
11	昭通市	2856	16.74	32.22	222.93	110.41
12	乐山市	4070	19.69	34.42	273.88	106.19
13	达州市	3492	18.79	34.81	216.09	102.75
14	南充市	4937	22.61	39.48	252.84	102.36
15	咸阳市	5693	36.44	33.02	237.89	101.09
16	宝鸡市	4760	28.57	30.96	263.18	100.32
17	泸州市	3742	27.04	39.10	248.95	99.77
18	克拉玛依市	1444	16.31	39.06	396.85	99.06
19	毕节市	3569	23.30	32.18	198.10	95.60
20	黔南州	4354	19.48	35.08	203.22	95.02
21	伊犁州	2946	17.72	30.21	214.13	91.12
22	攀枝花市	1727	14.40	26.37	225.04	89.41
23	延安市	5268	20.97	28.73	257.95	89.06
24	昌吉州	2903	16.13	26.86	198.31	88.40
25	大理州	3306	14.69	30.08	213.52	87.42
26	渭南市	3945	25.65	32.27	219.91	85.79
27	铜仁市	3025	16.49	29.66	168.00	85.72
28	广元市	2884	13.70	21.55	144.46	85.06
29	巴州	2452	15.72	27.51	208.94	84.88
30	玉溪市	3805	13.56	31.14	248.49	81.83
31	黔西南州	2599	14.50	26.85	150.63	80.11
32	平凉市	2141	11.45	17.86	125.86	76.92
33	汉中市	3629	17.54	22.72	172.03	76.76
34	普洱市	3041	11.50	22.15	149.81	76.67
35	甘孜州	2198	7.88	22.11	146.46	76.08
36	文山州	2887	13.71	24.97	167.00	75.79
37	内江市	2199	14.15	23.08	152.34	75.58

（续表）

序号	地方	实缴单位数（个）	实缴职工数（万人）	本年缴存额（亿元）	缴存总额（亿元）	缴存余额（亿元）
38	自贡市	2565	13.37	22.96	165.77	75.34
39	六盘水市	1605	16.08	24.63	177.51	73.67
40	阿克苏地区	2741	14.69	27.16	178.38	72.99
41	和田地区	1608	12.13	27.10	141.92	71.09
42	保山市	2457	11.75	20.77	133.16	68.98
43	临沧市	2794	11.23	19.04	117.11	68.90
44	巴中市	3410	11.92	17.87	107.41	67.28
45	天水市	2184	14.40	21.98	132.53	65.69
46	眉山市	2757	14.78	27.92	163.25	65.44
47	哈密市	1313	9.38	19.16	160.76	64.79
48	定西市	1906	10.90	16.89	102.94	63.56
49	庆阳市	2315	11.81	16.44	103.00	61.16
50	遂宁市	2347	13.20	20.77	115.11	60.84
51	白银市	1371	11.88	15.47	125.17	60.34
52	安顺市	2385	12.19	20.88	135.40	59.09
53	陇南市	2415	10.52	14.97	89.95	59.04
54	日喀则市	499	4.69	14.37	91.63	57.56
55	阿坝州	2122	7.88	20.38	124.84	56.20
56	广安市	2880	13.37	22.60	123.48	54.07
57	安康市	2847	11.04	14.96	106.45	53.53
58	酒泉市	2176	8.11	16.24	125.91	51.91
59	楚雄州	2500	11.79	23.00	178.38	51.47
60	武威市	1661	8.07	13.65	95.47	50.19
61	资阳市	1732	9.38	15.99	104.93	49.03
62	雅安市	2515	8.97	17.55	123.24	45.75
63	商洛市	2232	8.88	11.58	82.50	45.59
64	西双版纳州	1829	6.57	11.89	89.27	45.50
65	德宏州	1355	6.21	12.50	81.75	45.18
66	张掖市	1959	6.85	11.31	84.25	45.09
67	金昌市	730	6.35	10.18	102.26	44.66
68	临夏州	1743	9.02	12.80	70.63	39.46
69	塔城地区	1676	7.72	13.59	99.80	38.85
70	吴忠市	1294	6.65	11.13	93.45	38.25
71	克孜勒州	898	5.66	11.36	65.11	36.27
72	迪庆州	841	3.16	8.64	51.77	36.05

（续表）

序号	地方	实缴单位数（个）	实缴职工数（万人）	本年缴存额（亿元）	缴存总额（亿元）	缴存余额（亿元）
73	那曲市	184	3.53	12.11	64.87	35.83
74	海西州	1229	7.08	10.89	82.24	35.36
75	丽江市	1536	7.11	13.06	92.69	34.08
76	甘南州	1589	6.04	11.34	75.73	33.89
77	昌都市	730	4.48	12.23	69.73	33.72
78	固原市	1194	5.96	10.80	81.63	33.13
79	海东市	1139	4.85	11.96	87.34	32.51
80	阿勒泰地区	2185	6.78	12.12	88.12	32.50
81	嘉峪关市	573	5.97	9.67	79.60	30.84
82	石嘴山市	1036	5.87	8.46	76.34	29.75
83	山南市	945	3.59	9.95	59.20	27.82
84	吐鲁番市	1072	6.46	10.00	63.09	26.28
85	中卫市	934	6.62	9.04	59.43	25.73
86	铜川市	2090	8.12	8.94	62.16	22.86
87	林芝市	618	2.66	7.50	47.07	20.38
88	怒江州	716	3.33	6.76	51.32	19.69
89	博州	938	4.10	7.03	50.96	18.83
90	玉树州	620	1.64	5.35	36.27	17.07
91	海南州	767	2.09	5.34	40.93	14.80
92	阿里地区	167	1.62	5.35	30.49	14.68
93	黄南州	659	1.32	3.74	25.72	12.31
94	海北州	604	1.59	4.18	29.38	10.56
95	果洛州	338	1.15	3.71	19.91	7.35

二、住房公积金提取使用指标比较

提取使用指标分2个二级指标：本年提取额和提取总额（全部提取额）。本年提取额是职工当年因购房、偿还房贷、退休等原因提取出去的住房公积金总额，占本年缴存额比例是指本年归集的资金有多少被职工提取使用，反映了当地住房公积金提取使用政策的松紧度；提取总额是指该地方自建立住房公积金制度以来，职工累计提取出去资金的数额。列表以本年提取额占本年缴存额比例（本年提取使用率）排序。

（一）全国住房公积金提取使用情况

全国住房公积金提取使用情况见表1-2-1，全年住房公积金提取额16281.78亿元，比上年增长10.46%，占全年缴存额的68.67%。年末住房公积金提取总额104235.23亿元，占缴存总额的61.46%。

表1-2-1 2019年全国住房公积金提取使用情况表

本年提取额（亿元）	占本年缴存额比例（%）	比上年增长（%）	全部提取额（亿元）	占缴存总额比例（%）
16281.78	68.67	10.46	104235.23	61.46

（二）直辖市住房公积金提取使用比较

直辖市住房公积金提取使用指标情况见表1-2-2，4个直辖市提取使用情况基本平稳，但本年提取使用率均有小幅回落，上海降至60%以下。其中重庆本年提取率最高，为75.12%。

表1-2-2 2019年直辖市住房公积金提取使用比较表

序号	城市	本年提取额（亿元）	占本年缴存额比例（%）	比上年增长（%）	全部提取额（亿元）	占缴存总额比例（%）
1	重庆市	322.63	75.12	8.29	1830.78	62.85
2	天津市	390.70	74.20	4.20	3014.30	67.16
3	北京市	1612.64	72.90	10.80	10464.94	68.35
4	上海市	907.06	59.15	14.97	6366.47	57.42

（三）各省、自治区和新疆生产建设兵团住房公积金提取使用比较

1. 全国各省、自治区和新疆生产建设兵团住房公积金提取使用比较

全国各省、自治区和新疆生产建设兵团住房公积金提取使用情况见表1-2-3。28个省级行政区域内，住房公积金本年提取使用率在全国平均数以上的有15个，最高的青海省为83.76%，高出15.09个百分点；低于全国平均数的有13个，全国没有本年提取使用率低于50%的省区。本年提取额增长超过20%的省份从去年的10个省减少为4个省，最高为新疆生产建设兵团29.66%，同比减少的有1个省，浙江省下降11.30%。

表1-2-3 2019年全国各省、自治区和新疆生产建设兵团住房公积金提取使用比较表

序号	地区	本年提取额（亿元）	占本年缴存额比例（%）	比上年增长（%）	全部提取额（亿元）	占缴存总额比例（%）
1	青海省	98.63	83.76	16.35	551.00	62.56
2	云南省	425.07	77.82	12.45	2452.96	61.44
3	广西壮族自治区	358.46	75.42	16.26	2174.02	63.89
4	浙江省	1201.50	75.10	-11.30	7405.30	67.45

（续表）

序号	地区	本年提取额（亿元）	占本年缴存额比例（%）	比上年增长（%）	全部提取额（亿元）	占缴存总额比例（%）
5	安徽省	511.81	74.50	4.22	3677.06	67.13
6	辽宁省	581.10	74.38	3.03	4573.73	63.62
7	黑龙江省	315.66	73.62	4.98	2168.27	59.23
8	江苏省	1480.08	72.56	14.79	8932.55	64.57
9	福建省	482.96	72.34	17.23	3050.70	63.69
10	新疆生产建设兵团	32.84	71.89	29.66	158.31	53.39
11	广东省	1837.67	70.95	8.96	11828.73	66.26
12	吉林省	247.10	69.88	7.95	1621.58	57.11
13	山东省	909.93	69.57	7.28	5516.19	58.92
14	新疆维吾尔自治区	293.03	69.54	22.34	1914.12	60.86
15	甘肃省	208.38	69.26	9.19	1201.46	53.33
16	宁夏回族自治区	73.04	68.40	5.82	566.47	63.44
17	海南省	89.62	67.28	25.05	526.80	54.87
18	内蒙古自治区	261.30	66.46	2.75	1669.04	54.28
19	江西省	288.99	65.09	17.16	1468.53	52.31
20	贵州省	267.45	64.57	15.75	1327.74	53.77
21	河北省	415.97	63.49	7.50	2878.85	56.42
22	四川省	688.86	62.46	5.07	4339.73	57.80
23	湖北省	513.29	60.15	6.86	3002.87	53.15
24	河南省	480.10	60.08	20.35	2831.95	52.82
25	湖南省	399.49	58.43	10.29	2334.61	52.10
26	山西省	231.99	56.28	12.74	1892.00	59.86
27	陕西省	293.34	53.55	6.49	2197.59	58.02
28	西藏自治区	52.32	52.90	10.14	297.23	49.70

2. 东部各省住房公积金提取使用比较

东部各省住房公积金提取使用情况见表 1-2-4。东部各省本年提取使用率分布较为合理，最高浙江省 75.10%，最低河北省 63.49%。且累计提取总额占累计缴存总额的比例（累计总提取使用率）均高于 50%，表现出了较高的业务把控能力。

表 1-2-4 2019 年东部各省住房公积金提取使用比较表

序号	地区	本年提取额（亿元）	占本年缴存额比例（%）	比上年增长（%）	全部提取额（亿元）	占缴存总额比例（%）
1	浙江省	1201.50	75.10	-11.30	7405.30	67.45

（续表）

序号	地区	本年提取额（亿元）	占本年缴存额比例（%）	比上年增长（%）	全部提取额（亿元）	占缴存总额比例（%）
2	辽宁省	581.10	74.38	3.03	4573.73	63.62
3	江苏省	1480.08	72.56	14.79	8932.55	64.57
4	福建省	482.96	72.34	17.23	3050.70	63.69
5	广东省	1837.67	70.95	8.96	11828.73	66.26
6	山东省	909.93	69.57	7.28	5516.19	58.92
7	海南省	89.62	67.28	25.05	526.80	54.87
8	河北省	415.97	63.49	7.50	2878.85	56.42

3. 中部各省、自治区住房公积金提取使用比较

中部各省、自治区住房公积金提取使用情况见表1-2-5。中部各省、自治区本年提取使用率最高广西壮族自治区75.42%，最低山西省56.28%。累计提取总额占累计缴存总额的比例均高于50%，总体提取水平低于东部省份。

表1-2-5 2019年中部各省、自治区住房公积金提取使用比较表

序号	地区	本年提取额（亿元）	占本年缴存额比例（%）	比上年增长（%）	全部提取额（亿元）	占缴存总额比例（%）
1	广西壮族自治区	358.46	75.42	16.26	2174.02	63.89
2	安徽省	511.81	74.50	4.22	3677.06	67.13
3	黑龙江省	315.66	73.62	4.98	2168.27	59.23
4	吉林省	247.10	69.88	7.95	1621.58	57.11
5	内蒙古自治区	261.30	66.46	2.75	1669.04	54.28
6	江西省	288.99	65.09	17.16	1468.53	52.31
7	湖北省	513.29	60.15	6.86	3002.87	53.15
8	河南省	480.10	60.08	20.35	2831.95	52.82
9	湖南省	399.49	58.43	10.29	2334.61	52.10
10	山西省	231.99	56.28	12.74	1892	59.86

4. 西部各省、自治区和新疆生产建设兵团住房公积金提取使用比较

西部各省、自治区和新疆建设兵团住房公积金提取使用情况见表1-2-6。西部各省区本年提取使用率最高青海省83.76%，最低西藏自治区52.90%，差别较大。累计提取总额占累计缴存总额的比例只有西藏自治区略低于50%。

表 1-2-6 2019 年西部各省、自治区和新疆生产建设兵团住房公积金提取使用比较表

序号	地区	本年提取额（亿元）	占本年缴存额比例（%）	比上年增长（%）	全部提取额（亿元）	占缴存总额比例（%）
1	青海省	98.63	83.76	16.35	551.00	62.56
2	云南省	425.07	77.82	12.45	2452.96	61.44
3	新疆生产建设兵团	32.84	71.89	29.66	158.31	53.39
4	新疆维吾尔自治区	293.03	69.54	22.34	1914.12	60.86
5	甘肃省	208.38	69.26	9.19	1201.46	53.33
6	宁夏回族自治区	73.04	68.4	5.82	566.47	63.44
7	贵州省	267.45	64.57	15.75	1327.74	53.77
8	四川省	688.86	62.46	5.07	4339.73	57.80
9	陕西省	293.34	53.55	6.49	2197.59	58.02
10	西藏自治区	52.32	52.90	10.14	297.23	49.70

（四）副省级、省会城市住房公积金提取使用比较

1. 全国副省级、省会城市住房公积金提取使用比较

全国副省级、省会城市住房公积金提取使用情况见表 1-2-7。从表中可以看出，在 31 个副省级、省会城市中，本年提取使用率超过 90% 的城市有 1 个：昆明；80% ～ 90% 之间的城市有 3 个；70% ～ 80% 之间的城市有 11 个；60% ～ 70% 之间的城市有 13 个；50% ～ 60% 之间的城市有 3 个，全部达到 50% 以上。同去年相比，各市本年提取使用率总体略微下降。

累计总提取使用率高于 70% 的城市有 2 个：广州、宁波，低于 50% 的城市有 1 个：拉萨。

表 1-2-7 2019 年全国副省级、省会城市住房公积金提取使用比较表

序号	城市	本年提取额（亿元）	占本年缴存额比例（%）	全部提取额（亿元）	占缴存总额比例（%）
1	昆明市	185.35	91.11	1055.66	69.42
2	大连市	189.23	86.91	1，463.66	68.94
3	西宁市	61.36	84.53	359.16	64.26
4	哈尔滨市	158.09	80.36	1094.61	65.43
5	宁波市	212.47	79.44	1333.07	70.27
6	南宁市	74.26	77.61	429.86	63.66
7	乌鲁木齐市	97.01	77.10	642.18	63.57
8	青岛市	178.61	76.24	1231.18	66.38
9	兰州市	85.05	75.90	570.47	60.75
10	沈阳市	205.83	74.93	1541.49	63.72
11	长春市	137.26	74.87	905.14	59.76

（续表）

序号	城市	本年提取额（亿元）	占本年缴存额比例（%）	全部提取额（亿元）	占缴存总额比例（%）
12	广州市	628.49	73.85	4934.18	72.77
13	南昌市	112.18	72.60	619.32	60.94
14	杭州市	435.8	72.50	2754	69.99
15	福州市	139.93	70.95	887.32	63.96
16	厦门市	117.73	69.77	746.14	64.82
17	银川市	46.91	69.60	382.5	65.71
18	合肥市	146.54	69.41	1033.65	67.93
19	贵阳市	89.17	69.36	471.58	58.86
20	呼和浩特市	72.48	68.40	523.01	59.62
21	南京市	315.27	67.26	2002.47	62.16
22	济南市	185.81	67.10	1210.82	60.42
23	石家庄	97.86	65.70	579.45	53.48
24	郑州市	175.91	64.77	1071.53	58.11
25	深圳市	461.28	64.26	1，974.86	51.56
26	成都市	318.10	61.85	2095.52	60.37
27	武汉市	260.09	61.00	1603.34	55.54
28	太原市	81.33	60.59	615.62	59.18
29	长沙市	136.00	56.05	778.14	51.35
30	西安市	159.09	52.01	1197.35	57.89
31	拉萨市	7.63	51.41	40.32	49.16

2. 东部副省级、省会城市住房公积金提取使用比较

东部副省级、省会城市住房公积金提取使用情况见表 1-2-8。本年提取使用率高于 75% 的城市有 3 个：大连 86.91%、宁波 79.44%、青岛 76.24%，其余城市均在 50% ～ 75% 区间内。

表 1-2-8 2019 年东部副省级、省会城市住房公积金提取使用比较表

序号	城市	本年提取额（亿元）	占本年缴存额比例（%）	全部提取额（亿元）	占缴存总额比例（%）
1	大连市	189.23	86.91	1，463.66	68.94
2	宁波市	212.47	79.44	1333.07	70.27
3	青岛市	178.61	76.24	1231.18	66.38
4	沈阳市	205.83	74.93	1541.49	63.72
5	广州市	628.49	73.85	4934.18	72.77
6	杭州市	435.8	72.50	2754	69.99

（续表）

序号	城市	本年提取额（亿元）	占本年缴存额比例（%）	全部提取额（亿元）	占缴存总额比例（%）
7	福州市	139.93	70.95	887.32	63.96
8	厦门市	117.73	69.77	746.14	64.82
9	南京市	315.27	67.26	2002.47	62.16
10	济南市	185.81	67.10	1210.82	60.42
11	石家庄市	97.86	65.70	579.45	53.48
12	深圳市	461.28	64.26	1，974.86	51.56

3. 中部副省级、省会城市住房公积金提取使用比较

中部副省级、省会城市住房公积金提取使用情况见表 1-2-9。本年提取使用率高于 75% 的城市有 2 个：哈尔滨 80.36%、南宁 77.61%，其余城市均在 50% ～ 75% 区间内。

表 1-2-9 2019 年中部副省级、省会城市住房公积金提取使用比较表

序号	城市	本年提取额（亿元）	占本年缴存额比例（%）	全部提取额（亿元）	占缴存总额比例（%）
1	哈尔滨市	158.09	80.36	1094.61	65.43
2	南宁市	74.26	77.61	429.86	63.66
3	长春市	137.26	74.87	905.14	59.76
4	南昌市	112.18	72.60	619.32	60.94
5	合肥市	146.54	69.41	1033.65	67.93
6	呼和浩特市	72.48	68.40	523.01	59.62
7	郑州市	175.91	64.77	1071.53	58.11
8	武汉市	260.09	61.00	1603.34	55.54
9	太原市	81.33	60.59	615.62	59.18
10	长沙市	136.00	56.05	778.14	51.35

4. 西部副省级、省会城市住房公积金提取使用比较

西部副省级、省会城市住房公积金提取使用情况见表 1-2-10。本年提取使用率高于 75% 的城市有 4 个：昆明 91.11%、西宁 84.53%、乌鲁木齐 77.10%、兰州 75.90%，其余城市均在 50% ～ 75% 区间内。

表 1-2-10 2019 年西部副省级、省会城市住房公积金提取使用比较表

序号	城市	本年提取额（亿元）	占本年缴存额比例（%）	全部提取额（亿元）	占缴存总额比例（%）
1	昆明市	185.35	91.11	1055.66	69.42
2	西宁市	61.36	84.53	359.16	64.26
3	乌鲁木齐市	97.01	77.10	642.18	63.57
4	兰州市	85.05	75.90	570.47	60.75
5	银川市	46.91	69.60	382.5	65.71
6	贵阳市	89.17	69.36	471.58	58.86
7	成都市	318.1	61.85	2095.52	60.37
8	西安市	159.09	52.01	1197.35	57.89
9	拉萨市	7.63	51.41	40.32	49.16

（五）地市州盟住房公积金提取使用比较

1. 全国地市州盟住房公积金提取使用比较

全国地市州盟住房公积金提取使用情况见表 1-2-11。按照本年提取额与本年缴存额的比例，全国 303 个地市州盟中，提取使用率超过 100% 的单位由去年的 3 个减到了 0；在 90% ～ 100% 之间的由去年的 6 个减到了 1 个；在 80% ～ 90% 之间的由去年的 30 个减少到了 27 个；本年提取使用率高于 80% 同时总提取使用率高于 70% 的城市由去年的 4 个增加到了 5 个，分别为江门市、东营市、珠海市、肇庆市、韶关市。同时，本年提取使用率低于 40% 的城市由 8 个减少到了 4 个，说明提取使用率总体情况向更合理发展。

在总提取使用率上（全部提取额占缴存总额的比例），超过 80% 的为珠海市；在 70% ～ 80% 的地市州盟由 5 个增至 10 个；在 60% ～ 70% 的地市州盟由 88 个增至 97 个；低于 30% 的地市州盟由 3 个减至 0。其余地市州盟总提取使用率在 30% ～ 60% 的相对合理区间。对于总提取使用率超过 60% 的地方，我们认为处于过高状态，容易带来流动性不足问题，挤压信贷资金空间。

总体看提取情况，在正常区间的地市州盟占大多数，但总提取使用率超 60% 的城市已连续三年增加，说明过高或过低的极端情况收敛减少，但整体提取使用率水平仍在增长。

表 1-2-11 2019 年全国地市州盟住房公积金提取使用比较表

序号	地方	本年提取额（亿元）	占本年缴存额比例（%）	全部提取额（亿元）	占缴存总额比例（%）
1	海东市	10.86	90.80	54.83	62.78
2	淮北市	29.51	89.21	240.83	68.93
3	阿勒泰地区	10.64	87.79	55.62	63.12
4	甘南州	9.93	87.59	41.84	55.25
5	伊犁州	26.23	86.83	123.01	57.45

（续表）

序号	地方	本年提取额（亿元）	占本年缴存额比例（%）	全部提取额（亿元）	占缴存总额比例（%）
6	淮南市	38.32	86.17	346.57	69.79
7	海南州	4.60	86.14	26.12	63.82
8	江门市	45.69	85.22	348.93	74.28
9	东营市	54.72	85.00	480.74	75.45
10	珠海市	70.06	84.82	537.78	81.61
11	梧州市	16.02	84.23	88.05	62.45
12	博尔塔拉州	5.92	84.21	32.13	63.05
13	秦皇岛市	29.54	83.35	218.15	64.35
14	玉溪市	25.77	82.76	166.66	67.07
15	西双版纳州	9.83	82.67	43.77	49.03
16	肇庆市	31.20	81.96	182.90	70.54
17	黄南州	3.05	81.55	13.41	52.14
18	温州市	108.58	81.50	596.91	60.50
19	龙岩市	28.24	81.35	185.53	68.21
20	丽水市	35.02	81.00	212.99	65.52
21	铜陵市	17.93	80.98	134.60	69.88
22	抚顺市	21.15	80.66	178.75	64.97
23	三明市	30.72	80.40	200.05	65.09
24	南平市	23.86	80.31	142.95	61.67
25	清远市	36.03	80.27	210.09	68.75
26	韶关市	30.77	80.24	229.95	71.21
27	锦州市	18.25	80.04	103.82	52.29
28	玉树州	4.28	80.00	19.21	52.96
29	贵港市	15.75	79.91	82.51	63.19
30	海西州	8.70	79.89	46.89	57.02
31	徐州市	86.26	79.68	569.23	61.33
32	池州市	10.73	79.66	75.42	69.53
33	宣城市	19.99	79.64	152.37	74.31
34	楚雄州	18.21	79.17	126.91	71.15
35	贺州市	11.09	79.16	53.50	58.46
36	盐城市	56.36	78.86	343.23	68.64
37	济宁市	65.11	78.47	353.11	58.59
39	常德市	34.20	78.30	175.01	57.62
38	阿拉善盟	6.03	78.30	47.76	62.98
40	铜仁市	23.22	78.29	82.29	48.98

（续表）

序号	地方	本年提取额（亿元）	占本年缴存额比例（%）	全部提取额（亿元）	占缴存总额比例（%）
41	海北州	3.27	78.23	18.82	64.06
42	安庆市	31.81	78.10	214.24	65.51
43	绍兴市	79.82	77.90	463.40	66.69
44	南通市	109.15	77.74	639.04	67.15
45	包头市	34.75	77.68	197.55	52.74
46	镇江市	42.52	77.56	302.11	67.93
47	沧州市	51.45	77.52	365.47	63.84
48	湛江市	48.05	77.35	305.38	64.43
49	萍乡市	14.08	77.28	52.90	50.63
50	保山市	16.05	77.26	64.18	48.20
51	宜宾市	36.37	77.17	196.97	59.00
52	亳州市	18.96	76.54	112.75	61.61
53	阜阳市	27.41	76.08	151.97	56.88
54	柳州市	42.71	76.06	313.15	69.30
55	衢州市	37.79	76.01	246.78	70.64
56	嘉兴市	86.78	75.51	526.41	67.46
57	无锡市	169.81	75.44	980.26	62.45
58	大庆市	59.26	75.33	564.21	66.59
59	洛阳市	56.04	75.24	331.32	59.88
60	钦州市	14.46	75.18	74.29	60.26
61	铜川市	6.72	75.17	39.30	63.22
62	黑河市	9.78	75.08	39.14	39.31
63	吉林市	40.59	75.00	279.21	62.08
64	桂林市	35.30	74.98	231.86	62.86
65	佳木斯市	12.90	74.78	67.96	50.89
66	克拉玛依市	29.17	74.68	297.80	75.04
67	昌吉州	20.04	74.61	109.91	55.42
68	扬州市	66.70	74.60	406.70	64.45
69	怒江州	5.03	74.49	31.63	61.63
70	濮阳市	26.16	74.40	185.23	64.75
71	舟山市	26.42	74.21	171.24	67.76
72	常州市	102.35	74.16	601.86	63.61
73	宁德市	23.13	73.65	133.05	59.22
74	滁州市	25.52	73.57	180.06	69.30
75	廊坊市	36.78	73.56	234.77	62.40

（续表）

序号	地方	本年提取额（亿元）	占本年缴存额比例（%）	全部提取额（亿元）	占缴存总额比例（%）
76	泉州市	64.01	73.52	422.46	63.99
77	云浮市	16.39	73.50	93.93	64.23
78	酒泉市	11.93	73.46	73.99	58.76
79	芜湖市	38.16	73.43	273.64	66.96
80	乐山市	25.27	73.42	167.69	61.23
81	佛山市	113.82	73.39	768.91	70.57
83	泰州市	43.44	73.14	243.75	60.48
84	九江市	30.12	73.14	146.03	56.29
82	鞍山市	29.27	73.14	310.54	67.74
85	金华市	65.19	73.03	400.52	62.65
86	惠州市	64.80	72.97	367.06	65.94
87	丽江市	9.53	72.97	58.61	63.23
88	苏州市	378.08	72.94	2204.54	68.94
89	河源市	20.20	72.93	110.90	68.25
90	黄山市	12.32	72.90	97.53	69.43
91	嘉峪关市	7.04	72.80	48.76	61.26
92	百色市	22.74	72.78	134.32	63.82
93	马鞍山市	33.55	72.59	256.34	70.23
94	雅安市	12.74	72.58	77.48	62.87
95	台州市	70.08	72.53	405.55	61.99
96	齐齐哈尔市	22.33	72.42	112.15	49.07
97	红河州	27.49	72.23	187.76	59.54
98	北海市	11.12	72.10	65.64	60.95
99	曲靖市	34.97	72.07	214.31	59.68
100	泰安市	31.15	71.89	194.27	59.90
101	烟台市	74.20	71.83	417.52	58.84
102	蚌埠市	20.27	71.82	151.75	65.26
103	眉山市	20.03	71.73	97.81	59.91
104	宿州市	17.64	71.65	110.36	59.50
105	哈密市	13.71	71.56	95.97	59.70
106	阳江市	15.20	71.50	87.16	62.93
107	兴安盟	11.79	71.45	70.70	58.52
109	益阳市	22.04	71.05	116.07	56.81
108	吴忠市	7.91	71.03	55.19	59.06
110	河池市	18.47	70.75	108.09	63.31

（续表）

序号	地方	本年提取额（亿元）	占本年缴存额比例（%）	全部提取额（亿元）	占缴存总额比例（%）
111	陇南市	10.59	70.74	30.91	34.36
112	淮安市	44.74	70.35	281.43	66.94
113	枣庄市	29.36	70.12	172.12	57.76
114	延边州	20.39	69.96	110.37	50.89
115	中山市	40.39	69.95	248.05	64.90
116	茂名市	31.08	69.86	195.83	61.79
117	梅州市	26.71	69.85	141.12	61.84
118	白山市	6.67	69.77	51.60	57.65
119	玉林市	21.65	69.64	119.68	57.35
120	平顶山市	27.00	69.55	171.03	50.57
121	锡林郭勒盟	13.17	69.50	78.50	57.18
122	漳州市	33.22	69.45	202.37	62.27
123	牡丹江市	12.48	69.33	74.89	52.49
124	新余市	9.78	69.31	53.74	56.77
125	来宾市	10.80	69.28	79.27	68.84
126	六安市	23.15	69.21	144.98	61.67
127	日照市	26.06	69.19	125.60	56.47
129	东莞市	100.67	69.09	642.17	64.08
128	防城港市	7.13	69.09	48.22	66.83
130	连云港市	41.56	69.06	254.64	60.95
132	临沂市	53.87	68.73	248.35	50.56
131	湘潭市	20.81	68.73	154.90	66.28
133	鄂州市	8.01	68.67	45.37	55.82
134	大理州	20.58	68.42	126.10	59.06
135	通辽市	19.74	68.24	96.70	43.90
136	昭通市	21.88	67.91	112.52	50.47
137	塔城地区	9.21	67.77	60.95	61.07
138	阿坝州	13.81	67.76	68.64	54.98
139	武威市	9.24	67.70	45.27	47.42
140	石嘴山市	5.73	67.66	46.59	61.03
141	果洛州	2.50	67.57	12.56	63.08
142	天水市	14.70	67.30	66.84	50.43
143	黔南州	23.57	67.19	108.19	53.24
144	淄博市	46.05	67.04	252.00	49.32
145	崇左市	9.46	67.00	64.99	64.75

（续表）

序号	地方	本年提取额（亿元）	占本年缴存额比例（%）	全部提取额（亿元）	占缴存总额比例（%）
146	白银市	10.34	66.83	64.83	51.79
147	咸宁市	14.49	66.74	56.20	44.51
148	许昌市	19.10	66.60	92.90	53.77
149	毕节市	21.43	66.59	102.50	51.74
150	莆田市	18.68	66.49	114.60	55.88
151	固原市	7.16	66.29	48.49	59.40
152	潍坊市	51.38	66.27	303.11	56.63
153	湖州市	43.48	66.19	294.43	63.31
154	昌都市	8.05	65.82	36.01	51.64
155	文山州	16.42	65.76	91.21	54.62
156	巴彦淖尔市	13.41	65.75	83.11	51.79
157	六盘水市	16.19	65.73	103.85	58.50
158	南充市	25.85	65.48	150.48	59.52
159	张掖市	7.40	65.44	39.15	46.47
160	聊城市	23.70	65.34	104.45	43.66
161	怀化市	19.58	65.15	100.15	49.86
162	鹰潭市	7.27	64.81	39.82	51.86
163	赤峰市	27.16	64.75	165.59	50.40
164	凉山州	26.37	64.63	156.26	51.84
165	延安市	18.56	64.60	168.89	65.47
166	唐山市	62.13	64.32	431.87	54.12
167	葫芦岛市	13.09	64.29	81.13	47.54
168	绵阳市	35.00	63.81	214.53	55.28
169	金昌市	6.49	63.75	57.60	56.33
170	潜江市	3.70	63.69	15.21	45.62
171	阿克苏地区	17.27	63.59	105.39	59.08
172	宜春市	23.69	63.56	119.72	53.41
173	攀枝花市	16.75	63.52	135.63	60.27
174	济源市	4.83	63.39	19.20	38.38
175	荆州市	23.29	63.34	125.54	52.65
176	邢台市	22.56	63.23	152.86	56.54
177	安顺市	13.15	62.95	76.32	56.37
178	黄石市	17.87	62.85	98.53	47.51
179	郴州市	23.35	62.79	124.74	50.12
180	丹东市	12.60	62.77	90.88	57.89

（续表）

序号	地方	本年提取额（亿元）	占本年缴存额比例（%）	全部提取额（亿元）	占缴存总额比例（%）
181	内江市	14.46	62.65	76.76	50.39
182	松原市	15.87	62.54	122.50	54.62
183	新乡市	20.07	62.40	98.25	48.78
184	铁岭市	12.33	62.30	101.00	54.46
185	宜昌市	38.46	62.09	249.45	58.82
186	德阳市	24.07	62.04	199.52	61.28
187	绥化市	10.23	62.00	47.82	40.92
188	三门峡市	12.33	61.77	86.33	54.66
189	营口市	13.78	61.63	84.76	50.20
190	阜新市	7.99	61.60	61.72	57.97
191	威海市	26.11	61.46	158.14	51.50
192	恩施州	19.85	61.05	87.88	48.34
193	鹤壁市	8.21	61.04	56.18	58.33
194	永州市	19.92	60.95	101.03	47.05
195	汕头市	27.00	60.93	223.63	63.55
196	宿迁市	23.75	60.91	103.30	51.44
197	承德市	19.32	60.88	143.61	55.40
198	仙桃市	4.01	60.85	19.55	51.76
199	德宏州	7.60	60.80	36.57	44.73
200	湘西自治州	13.06	60.69	62.98	47.18
201	滨州市	19.91	60.60	83.98	45.16
202	泸州市	23.57	60.28	149.18	59.92
203	德州市	24.20	60.24	97.27	45.41
204	呼伦贝尔市	21.73	60.23	176.17	61.05
205	吐鲁番市	6.01	60.10	36.81	58.35
206	朝阳市	12.63	60.03	75.50	47.67
207	辽阳市	13.48	60.02	106.84	57.39
208	天门市	3.49	59.25	14.48	44.44
209	安阳市	18.32	59.20	129.05	59.81
210	中卫市	5.34	59.07	33.70	56.71
213	邵阳市	22.10	59.00	98.05	43.04
212	孝感市	18.01	59.00	89.30	47.01
211	张家界市	8.89	59.00	50.29	58.61
214	神农架林区	1.18	59.00	3.80	40.60
215	遵义市	43.71	58.82	211.00	52.70

（续表）

序号	地方	本年提取额（亿元）	占本年缴存额比例（%）	全部提取额（亿元）	占缴存总额比例（%）
216	资阳市	9.33	58.37	55.89	53.26
217	赣州市	31.65	58.14	149.97	43.39
218	襄阳市	28.55	58.00	157.61	50.85
219	宝鸡市	17.95	57.98	162.86	61.88
220	潮州市	9.02	57.97	76.00	64.86
221	鸡西市	7.39	57.96	36.75	40.23
222	甘孜藏族自治州	12.76	57.72	70.38	48.05
223	鄂尔多斯市	23.42	57.50	113.18	43.11
224	平凉市	10.27	57.50	48.94	38.88
225	喀什地区	25.44	57.25	130.61	48.64
226	临夏州	7.31	57.11	31.17	44.13
227	自贡市	13.08	56.94	90.42	54.55
228	朔州市	9.45	56.83	86.97	63.39
229	晋中市	12.33	56.82	84.17	53.54
230	阿里地区	3.03	56.69	15.81	51.85
231	大同市	21.28	56.50	212.80	68.36
232	黔东南州	22.03	56.40	98.60	43.85
233	抚州市	13.22	55.95	47.87	33.66
234	巴音郭楞州	15.36	55.83	124.07	59.38
235	普洱市	12.35	55.76	73.15	48.83
236	本溪市	12.29	55.51	134.31	63.51
237	乌兰察布市	8.85	55.51	50.29	44.43
238	信阳市	18.76	55.23	76.24	42.82
239	通化市	8.16	54.91	50.03	44.60
240	景德镇市	9.13	54.80	49.47	48.05
241	林芝市	4.10	54.67	26.69	56.70
242	吉安市	18.66	54.61	95.36	45.41
243	辽源市	4.80	54.44	25.35	45.07
244	保定市	39.06	54.33	290.25	55.34
245	黄冈市	22.65	54.30	109.46	45.35
246	汕尾市	8.49	54.26	55.37	62.46
247	临汾市	16.00	54.22	106.37	49.91
248	衡水市	12.18	54.21	73.79	47.83
249	庆阳市	8.91	54.20	41.84	40.62
250	随州市	6.54	54.18	29.41	44.39

（续表）

序号	地方	本年提取额（亿元）	占本年缴存额比例（%）	全部提取额（亿元）	占缴存总额比例（%）
251	遂宁市	11.24	54.10	54.27	47.15
252	定西市	9.10	53.87	39.38	38.26
253	汉中市	12.20	53.70	95.27	55.38
266	焦作市	15.51	53.67	99.75	48.95
254	渭南市	17.31	53.64	134.11	60.98
255	广元市	11.56	53.64	59.40	41.12
256	荆门市	15.88	53.38	100.11	49.90
257	娄底市	13.76	53.31	92.06	50.86
258	乌海市	5.39	53.24	36.59	52.29
260	驻马店市	16.24	53.12	79.39	44.97
259	白城市	5.09	53.12	34.22	49.44
261	双鸭山市	6.42	53.06	31.99	36.47
262	迪庆州	4.58	53.01	15.72	30.37
263	开封市	10.23	52.90	48.94	42.14
264	安康市	7.89	52.74	52.92	49.71
265	榆林市	28.85	52.28	159.61	54.09
267	咸阳市	17.20	52.09	136.80	57.51
268	漯河市	9.40	51.93	39.87	39.38
269	山南市	5.15	51.76	31.38	53.01
270	七台河市	3.96	51.63	24.49	41.26
271	达州市	17.88	51.36	113.34	52.45
272	巴中市	9.18	51.34	40.13	37.36
273	鹤岗市	3.94	51.17	24.21	36.70
274	十堰市	22.42	50.95	158.31	49.78
275	伊春市	5.09	50.85	27.32	44.06
276	广安市	11.45	50.66	69.41	56.21
277	日喀则市	7.28	50.66	34.08	37.19
278	大兴安岭地区	3.15	50.07	19.05	44.30
279	商洛市	5.80	50.05	36.91	44.74
280	盘锦市	19.18	49.74	240.59	64.57
281	黔西南州	13.34	49.68	70.52	46.82
282	揭阳市	12.33	49.67	94.53	55.29
283	岳阳市	20.36	49.56	136.54	47.15
284	临沧市	9.43	49.54	48.21	41.17
285	忻州市	9.61	49.23	88.07	61.41

（续表）

序号	地方	本年提取额（亿元）	占本年缴存额比例（%）	全部提取额（亿元）	占缴存总额比例（%）
286	株洲市	23.51	49.14	188.79	54.23
287	上饶市	18.50	48.89	87.92	38.14
288	运城市	12.73	48.14	95.60	51.39
289	张家口市	19.11	47.99	178.32	55.47
290	阳泉市	6.94	47.57	99.11	65.82
291	衡阳市	21.92	47.07	155.87	53.02
292	邯郸市	25.98	46.67	210.29	52.14
293	晋城市	12.89	46.43	131.93	57.69
294	那曲市	5.49	45.33	29.04	44.77
295	长治市	13.50	44.50	138.31	60.34
296	和田地区	12.00	44.28	70.83	49.91
297	克孜勒苏州	5.02	44.19	28.83	44.28
298	四平市	8.26	44.05	43.16	40.45
299	菏泽市	19.69	42.08	83.47	36.93
300	南阳市	17.08	39.46	107.29	37.47
301	商丘市	13.44	36.17	72.11	36.92
302	吕梁市	9.83	35.24	80.69	51.86
303	周口市	6.90	27.25	47.65	35.50

2. 东部地市州盟住房公积金提取使用比较

东部地市州盟住房公积金提取使用情况见表 1-2-12。在东部 83 个地市州盟中本年提取使用率在 80% ～ 90% 之间的有 14 个，占 16.9%；在 70% ～ 80% 之间的有 31 个，占 37.3%；在 50% ～ 70% 之间的有 33 个，占 39.8%；在 50% 以下的有 5 个，占 6%。

表 1-2-12 2019 年东部地市州盟住房公积金提取使用比较表

序号	地方	本年提取额（亿元）	占本年缴存额比例（%）	全部提取额（亿元）	占缴存总额比例（%）
1	江门市	45.69	85.22	348.93	74.28
2	东营市	54.72	85.00	480.74	75.45
3	珠海市	70.06	84.82	537.78	81.61
4	秦皇岛市	29.54	83.35	218.15	64.35
5	肇庆市	31.20	81.96	182.90	70.54
6	温州市	108.58	81.50	596.91	60.50
7	龙岩市	28.24	81.35	185.53	68.21

（续表）

序号	地方	本年提取额（亿元）	占本年缴存额比例（%）	全部提取额（亿元）	占缴存总额比例（%）
8	丽水市	35.02	81.00	212.99	65.52
9	抚顺市	21.15	80.66	178.75	64.97
10	三明市	30.72	80.40	200.05	65.09
11	南平市	23.86	80.31	142.95	61.67
12	清远市	36.03	80.27	210.09	68.75
13	韶关市	30.77	80.24	229.95	71.21
14	锦州市	18.25	80.04	103.82	52.29
15	徐州市	86.26	79.68	569.23	61.33
16	盐城市	56.36	78.86	343.23	68.64
17	济宁市	65.11	78.47	353.11	58.59
18	绍兴市	79.82	77.90	463.40	66.69
19	南通市	109.15	77.74	639.04	67.15
20	镇江市	42.52	77.56	302.11	67.93
21	沧州市	51.45	77.52	365.47	63.84
22	湛江市	48.05	77.35	305.38	64.43
23	衢州市	37.79	76.01	246.78	70.64
24	嘉兴市	86.78	75.51	526.41	67.46
25	无锡市	169.81	75.44	980.26	62.45
26	扬州市	66.70	74.60	406.70	64.45
27	舟山市	26.42	74.21	171.24	67.76
28	常州市	102.35	74.16	601.86	63.61
29	宁德市	23.13	73.65	133.05	59.22
30	廊坊市	36.78	73.56	234.77	62.40
31	泉州市	64.01	73.52	422.46	63.99
32	云浮市	16.39	73.50	93.93	64.23
33	佛山市	113.82	73.39	768.91	70.57
34	鞍山市	29.27	73.14	310.54	67.74
35	泰州市	43.44	73.14	243.75	60.48
36	金华市	65.19	73.03	400.52	62.65
37	惠州市	64.80	72.97	367.06	65.94
38	苏州市	378.08	72.94	2204.54	68.94
39	河源市	20.20	72.93	110.90	68.25
40	台州市	70.08	72.53	405.55	61.99
41	泰安市	31.15	71.89	194.27	59.90
42	烟台市	74.2	71.83	417.52	58.84

（续表）

序号	地方	本年提取额（亿元）	占本年缴存额比例（%）	全部提取额（亿元）	占缴存总额比例（%）
43	阳江市	15.20	71.50	87.16	62.93
44	淮安市	44.74	70.35	281.43	66.94
45	枣庄市	29.36	70.12	172.12	57.76
46	中山市	40.39	69.95	248.05	64.90
47	茂名市	31.08	69.86	195.83	61.79
48	梅州市	26.71	69.85	141.12	61.84
49	漳州市	33.22	69.45	202.37	62.27
50	日照市	26.06	69.19	125.60	56.47
51	东莞市	100.67	69.09	642.17	64.08
52	连云港市	41.56	69.06	254.64	60.95
53	临沂市	53.87	68.73	248.35	50.56
54	淄博市	46.05	67.04	252.00	49.32
55	莆田市	18.68	66.49	114.60	55.88
56	潍坊市	51.38	66.27	303.11	56.63
57	湖州市	43.48	66.19	294.43	63.31
58	聊城市	23.70	65.34	104.45	43.66
59	唐山市	62.13	64.32	431.87	54.12
60	葫芦岛市	13.09	64.29	81.13	47.54
61	邢台市	22.56	63.23	152.86	56.54
62	丹东市	12.60	62.77	90.88	57.89
63	铁岭市	12.33	62.30	101.00	54.46
64	营口市	13.78	61.63	84.76	50.20
65	阜新市	7.99	61.60	61.72	57.97
66	威海市	26.11	61.46	158.14	51.50
67	汕头市	27.00	60.93	223.63	63.55
68	宿迁市	23.75	60.91	103.30	51.44
69	承德市	19.32	60.88	143.61	55.40
70	滨州市	19.91	60.60	83.98	45.16
71	德州市	24.20	60.24	97.27	45.41
72	朝阳市	12.63	60.03	75.50	47.67
73	辽阳市	13.48	60.02	106.84	57.39
74	潮州市	9.02	57.97	76.00	64.86
75	本溪市	12.29	55.51	134.31	63.51
76	保定市	39.06	54.33	290.25	55.34

（续表）

序号	地方	本年提取额（亿元）	占本年缴存额比例（%）	全部提取额（亿元）	占缴存总额比例（%）
77	汕尾市	8.49	54.26	55.37	62.46
78	衡水市	12.18	54.21	73.79	47.83
79	盘锦市	19.18	49.74	240.59	64.57
80	揭阳市	12.33	49.67	94.53	55.29
81	张家口市	19.11	47.99	178.32	55.47
82	邯郸市	25.98	46.67	210.29	52.14
83	菏泽市	19.69	42.08	83.47	36.93

3. 中部地市州盟住房公积金提取使用比较

中部地市州盟住房公积金提取使用情况见表1-2-13，在中部125个地市州盟中本年提取使用率在80%～90%之间的有4个，占3.2%；在70%～80%之间的有33个，占26.4%；在50%～70%之间的有74个，占59.2%；在50%以下的有14个，占11.2%。

表1-2-13 2019年中部地市州盟住房公积金提取使用比较表

序号	地方	本年提取额（亿元）	占本年缴存额比例（%）	全部提取额（亿元）	占缴存总额比例（%）
1	淮北市	29.51	89.21	240.83	68.93
2	淮南市	38.32	86.17	346.57	69.79
3	梧州市	16.02	84.23	88.05	62.45
4	铜陵市	17.93	80.98	134.60	69.88
5	贵港市	15.75	79.91	82.51	63.19
6	池州市	10.73	79.66	75.42	69.53
7	宣城市	19.99	79.64	152.37	74.31
8	贺州市	11.09	79.16	53.50	58.46
9	阿拉善盟	6.03	78.30	47.76	62.98
10	常德市	34.20	78.30	175.01	57.62
11	安庆市	31.81	78.10	214.24	65.51
12	包头市	34.75	77.68	197.55	52.74
13	萍乡市	14.08	77.28	52.90	50.63
14	亳州市	18.96	76.54	112.75	61.61
15	阜阳市	27.41	76.08	151.97	56.88
16	柳州市	42.71	76.06	313.15	69.30
17	大庆市	59.26	75.33	564.21	66.59
18	洛阳市	56.04	75.24	331.32	59.88

（续表）

序号	地方	本年提取额（亿元）	占本年缴存额比例（%）	全部提取额（亿元）	占缴存总额比例（%）
19	钦州市	14.46	75.18	74.29	60.26
20	黑河市	9.78	75.08	39.14	39.31
21	吉林市	40.59	75.00	279.21	62.08
22	桂林市	35.30	74.98	231.86	62.86
23	佳木斯市	12.90	74.78	67.96	50.89
24	濮阳市	26.16	74.40	185.23	64.75
25	滁州市	25.52	73.57	180.06	69.30
26	芜湖市	38.16	73.43	273.64	66.96
27	九江市	30.12	73.14	146.03	56.29
28	黄山市	12.32	72.90	97.53	69.43
29	百色市	22.74	72.78	134.32	63.82
30	马鞍山市	33.55	72.59	256.34	70.23
31	齐齐哈尔市	22.33	72.42	112.15	49.07
32	北海市	11.12	72.10	65.64	60.95
33	蚌埠市	20.27	71.82	151.75	65.26
34	宿州市	17.64	71.65	110.36	59.50
35	兴安盟	11.79	71.45	70.70	58.52
36	益阳市	22.04	71.05	116.07	56.81
37	河池市	18.47	70.75	108.09	63.31
38	延边州	20.39	69.96	110.37	50.89
39	白山市	6.67	69.77	51.60	57.65
40	玉林市	21.65	69.64	119.68	57.35
41	平顶山市	27.00	69.55	171.03	50.57
42	锡林郭勒盟	13.17	69.50	78.50	57.18
43	牡丹江市	12.48	69.33	74.89	52.49
44	新余市	9.78	69.31	53.74	56.77
45	来宾市	10.80	69.28	79.27	68.84
46	六安市	23.15	69.21	144.98	61.67
47	防城港市	7.13	69.09	48.22	66.83
48	湘潭市	20.81	68.73	154.90	66.28
49	鄂州市	8.01	68.67	45.37	55.82
50	通辽市	19.74	68.24	96.70	43.90
51	崇左市	9.46	67.00	64.99	64.75
52	咸宁市	14.49	66.74	56.20	44.51
53	许昌市	19.10	66.60	92.90	53.77

（续表）

序号	地方	本年提取额（亿元）	占本年缴存额比例（%）	全部提取额（亿元）	占缴存总额比例（%）
54	巴彦淖尔市	13.41	65.75	83.11	51.79
55	怀化市	19.58	65.15	100.15	49.86
56	鹰潭市	7.27	64.81	39.82	51.86
57	赤峰市	27.16	64.75	165.59	50.40
58	潜江市	3.70	63.69	15.21	45.62
59	宜春市	23.69	63.56	119.72	53.41
60	济源市	4.83	63.39	19.20	38.38
61	荆州市	23.29	63.34	125.54	52.65
62	黄石市	17.87	62.85	98.53	47.51
63	郴州市	23.35	62.79	124.74	50.12
64	松原市	15.87	62.54	122.50	54.62
65	新乡市	20.07	62.40	98.25	48.78
66	宜昌市	38.46	62.09	249.45	58.82
67	绥化市	10.23	62.00	47.82	40.92
68	三门峡市	12.33	61.77	86.33	54.66
69	恩施州	19.85	61.05	87.88	48.34
70	鹤壁市	8.21	61.04	56.18	58.33
71	永州市	19.92	60.95	101.03	47.05
72	仙桃市	4.01	60.85	19.55	51.76
73	湘西自治州	13.06	60.69	62.98	47.18
74	呼伦贝尔市	21.73	60.23	176.17	61.05
75	天门市	3.49	59.25	14.48	44.44
76	安阳市	18.32	59.20	129.05	59.81
77	孝感市	18.01	59.00	89.30	47.01
78	神农架林区	1.18	59.00	3.80	40.60
79	邵阳市	22.10	59.00	98.05	43.04
80	张家界市	8.89	59.00	50.29	58.61
81	赣州市	31.65	58.14	149.97	43.39
82	襄阳市	28.55	58.00	157.61	50.85
83	鸡西市	7.39	57.96	36.75	40.23
84	鄂尔多斯市	23.42	57.50	113.18	43.11
85	朔州市	9.45	56.83	86.97	63.39
86	晋中市	12.33	56.82	84.17	53.54
87	大同市	21.28	56.50	212.80	68.36
88	抚州市	13.22	55.95	47.87	33.66

（续表）

序号	地方	本年提取额（亿元）	占本年缴存额比例（%）	全部提取额（亿元）	占缴存总额比例（%）
89	乌兰察布市	8.85	55.51	50.29	44.43
90	信阳市	18.76	55.23	76.24	42.82
91	通化市	8.16	54.91	50.03	44.60
92	景德镇市	9.13	54.80	49.47	48.05
93	吉安市	18.66	54.61	95.36	45.41
94	辽源市	4.80	54.44	25.35	45.07
95	黄冈市	22.65	54.30	109.46	45.35
96	临汾市	16.00	54.22	106.37	49.91
97	随州市	6.54	54.18	29.41	44.39
98	焦作市	15.51	53.67	99.75	48.95
99	荆门市	15.88	53.38	100.11	49.90
100	娄底市	13.76	53.31	92.06	50.86
101	乌海市	5.39	53.24	36.59	52.29
102	驻马店市	16.24	53.12	79.39	44.97
103	白城市	5.09	53.12	34.22	49.44
104	双鸭山市	6.42	53.06	31.99	36.47
105	开封市	10.23	52.90	48.94	42.14
106	漯河市	9.40	51.93	39.87	39.38
107	七台河市	3.96	51.63	24.49	41.26
108	鹤岗市	3.94	51.17	24.21	36.70
109	十堰市	22.42	50.95	158.31	49.78
110	伊春市	5.09	50.85	27.32	44.06
111	大兴安岭地区	3.15	50.07	19.05	44.30
112	岳阳市	20.36	49.56	136.54	47.15
113	忻州市	9.61	49.23	88.07	61.41
114	株洲市	23.51	49.14	188.79	54.23
115	上饶市	18.50	48.89	87.92	38.14
116	运城市	12.73	48.14	95.60	51.39
117	阳泉市	6.94	47.57	99.11	65.82
118	衡阳市	21.92	47.07	155.87	53.02
119	晋城市	12.89	46.43	131.93	57.69
120	长治市	13.50	44.50	138.31	60.34
121	四平市	8.26	44.05	43.16	40.45
122	南阳市	17.08	39.46	107.29	37.47
123	商丘市	13.44	36.17	72.11	36.92

（续表）

序号	地方	本年提取额（亿元）	占本年缴存额比例（%）	全部提取额（亿元）	占缴存总额比例（%）
124	吕梁市	9.83	35.24	80.69	51.86
125	周口市	6.90	27.25	47.65	35.50

4. 西部地市州盟住房公积金提取使用比较

西部地市州盟住房公积金提取使用情况见表 1-2-14。在西部 95 个地市州盟中本年提取使用率最高的是海东市 90.80%；在 80% ～ 90% 之间的有 9 个，占 9.5%；在 70% ～ 80% 之间的有 21 个，占 22.1%；在 50% ～ 70% 之间的有 59 个，占 62.1%；在 50% 以下的有 5 个，占 5.3%。

表 1-2-14 2019 年西部地市州盟住房公积金提取使用比较表

序号	地方	本年提取额（亿元）	占本年缴存额比例（%）	全部提取额（亿元）	占缴存总额比例（%）
1	海东市	10.86	90.80	54.83	62.78
2	阿勒泰地区	10.64	87.79	55.62	63.12
3	甘南州	9.93	87.59	41.84	55.25
4	伊犁州	26.23	86.83	123.01	57.45
5	海南州	4.60	86.14	26.12	63.82
6	博尔塔拉州	5.92	84.21	32.13	63.05
7	玉溪市	25.77	82.76	166.66	67.07
8	西双版纳州	9.83	82.67	43.77	49.03
9	黄南州	3.05	81.55	13.41	52.14
10	玉树州	4.28	80.00	19.21	52.96
11	海西州	8.70	79.89	46.89	57.02
12	楚雄州	18.21	79.17	126.91	71.15
13	铜仁市	23.22	78.29	82.29	48.98
14	海北州	3.27	78.23	18.82	64.06
15	保山市	16.05	77.26	64.18	48.20
16	宜宾市	36.37	77.17	196.97	59.00
17	铜川市	6.72	75.17	39.30	63.22
18	克拉玛依市	29.17	74.68	297.8	75.04
19	昌吉州	20.04	74.61	109.91	55.42
20	怒江州	5.03	74.49	31.63	61.63
21	酒泉市	11.93	73.46	73.99	58.76
22	乐山市	25.27	73.42	167.69	61.23
23	丽江市	9.53	72.97	58.61	63.23

（续表）

序号	地方	本年提取额（亿元）	占本年缴存额比例（%）	全部提取额（亿元）	占缴存总额比例（%）
24	嘉峪关市	7.04	72.80	48.76	61.26
25	雅安市	12.74	72.58	77.48	62.87
26	红河州	27.49	72.23	187.76	59.54
27	曲靖市	34.97	72.07	214.31	59.68
28	眉山市	20.03	71.73	97.81	59.91
29	哈密市	13.71	71.56	95.97	59.70
30	吴忠市	7.91	71.03	55.19	59.06
31	陇南市	10.59	70.74	30.91	34.36
32	大理州	20.58	68.42	126.10	59.06
33	昭通市	21.88	67.91	112.52	50.47
34	塔城地区	9.21	67.77	60.95	61.07
35	阿坝州	13.81	67.76	68.64	54.98
36	武威市	9.24	67.70	45.27	47.42
37	石嘴山市	5.73	67.66	46.59	61.03
38	果洛州	2.50	67.57	12.56	63.08
39	天水市	14.70	67.30	66.84	50.43
40	黔南州	23.57	67.19	108.19	53.24
41	白银市	10.34	66.83	64.83	51.79
42	毕节市	21.43	66.59	102.50	51.74
43	固原市	7.16	66.29	48.49	59.40
44	昌都市	8.05	65.82	36.01	51.64
45	文山州	16.42	65.76	91.21	54.62
46	六盘水市	16.19	65.73	103.85	58.50
47	南充市	25.85	65.48	150.48	59.52
48	张掖市	7.40	65.44	39.15	46.47
49	凉山州	26.37	64.63	156.26	51.84
50	延安市	18.56	64.60	168.89	65.47
51	绵阳市	35.00	63.81	214.53	55.28
52	金昌市	6.49	63.75	57.60	56.33
53	阿克苏地区	17.27	63.59	105.39	59.08
54	攀枝花市	16.75	63.52	135.63	60.27
55	安顺市	13.15	62.95	76.32	56.37
56	内江市	14.46	62.65	76.76	50.39
57	德阳市	24.07	62.04	199.52	61.28
58	德宏州	7.60	60.80	36.57	44.73

（续表）

序号	地方	本年提取额（亿元）	占本年缴存额比例（%）	全部提取额（亿元）	占缴存总额比例（%）
59	泸州市	23.57	60.28	149.18	59.92
60	吐鲁番市	6.01	60.10	36.81	58.35
61	中卫市	5.34	59.07	33.70	56.71
62	遵义市	43.71	58.82	211.00	52.70
63	资阳市	9.33	58.37	55.89	53.26
64	宝鸡市	17.95	57.98	162.86	61.88
65	甘孜藏族自治州	12.76	57.72	70.38	48.05
66	平凉市	10.27	57.50	48.94	38.88
67	喀什地区	25.44	57.25	130.61	48.64
68	临夏州	7.31	57.11	31.17	44.13
69	自贡市	13.08	56.94	90.42	54.55
70	阿里地区	3.03	56.69	15.81	51.85
71	黔东南州	22.03	56.40	98.60	43.85
72	巴音郭楞州	15.36	55.83	124.07	59.38
73	普洱市	12.35	55.76	73.15	48.83
74	林芝市	4.10	54.67	26.69	56.70
75	庆阳市	8.91	54.20	41.84	40.62
76	遂宁市	11.24	54.10	54.27	47.15
77	定西市	9.10	53.87	39.38	38.26
78	汉中市	12.20	53.70	95.27	55.38
79	渭南市	17.31	53.64	134.11	60.98
80	广元市	11.56	53.64	59.40	41.12
81	迪庆州	4.58	53.01	15.72	30.37
82	安康市	7.89	52.74	52.92	49.71
83	榆林市	28.85	52.28	159.61	54.09
84	咸阳市	17.20	52.09	136.80	57.51
85	山南市	5.15	51.76	31.38	53.01
86	达州市	17.88	51.36	113.34	52.45
87	巴中市	9.18	51.34	40.13	37.36
88	广安市	11.45	50.66	69.41	56.21
89	日喀则市	7.28	50.66	34.08	37.19
90	商洛市	5.80	50.05	36.91	44.74
91	黔西南州	13.34	49.68	70.52	46.82
92	临沧市	9.43	49.54	48.21	41.17
93	那曲市	5.49	45.33	29.04	44.77

（续表）

序号	地方	本年提取额（亿元）	占本年缴存额比例（%）	全部提取额（亿元）	占缴存总额比例（%）
94	和田地区	12.00	44.28	70.83	49.91
95	克孜勒苏州	5.02	44.19	28.83	44.28

三、住房公积金贷款指标比较

（一）全国住房公积金贷款情况

全年发放个人住房贷款286.04万笔、12139.06亿元，分别比上年增长13.25%、18.79%；全年回收个人住房贷款6101.44亿元，比上年增长12.52%；年末累计发放个人住房贷款3620.88万笔、97959.46亿元，分别比上年年末增长8.58%、14.14%；个人住房贷款余额55883.11亿元，比上年年末增长12.11个百分点；个人住房贷款率（以下简称个贷率）85.48%，比上年年末小幅下降0.56个百分点。

当年发放贷款额、当年回收贷款额、年末个人住房贷款余额均呈较高增长，但个人住房贷款率自2016年个人住房贷款率达到88.84%后，2017年、2018年个人住房贷款率分别下降1.57和1.23个百分点，2019年是连续下降的第三个年份。具体数据见表1-3-1。

表1-3-1 2019年全国住房公积金贷款情况表

指标	2018年	2019年	与上年比增长率（百分点）
当年发放贷款（万笔）	252.58	286.04	13.25
当年发放贷款（亿元）	10218.53	12139.06	18.79
当年回收个人住房贷款（亿元）	5422.52	6101.44	12.52
年末累计发放贷款（万笔）	3334.82	3620.88	8.58
年末累计发放贷款（亿元）	85821.32	97959.46	14.14
年末个人住房贷款余额（亿元）	49845.78	55883.11	12.11
年末个人住房贷款率（%）	86.04	85.48	-0.56

注：个贷率是指年末贷款余额与年末归集余额的比率。

（二）直辖市住房公积金贷款比较

为了对比分析2019年直辖市住房公积金贷款情况，按照本年个贷率排序，具体数据见表1-3-2。

从当年贷款数指标分析，上海市当年发放贷款额939.18亿元，其次为北京市557.56亿元、重庆市236.12亿元和天津市228.92亿元。

从当年贷款数同比增长率分析，天津市当年贷款数同比增长81.80个百分点、上海市为28.71个百分点、重庆市为21.31个百分点，而北京市表现为降低了32.90个百分点。

从贷款余额指标分析，上海市住房公积金贷款余额达到4450.05亿元，北京市4292.83亿元；天津市和重庆市比较接近，分别为1390.07亿元和1251.94亿元，反映了各直辖市住房公积金贷款体量存在着差异。

从本年个贷率指标分析，重庆市最高，为101.36%，以下依次是天津市、上海市、北京市，且均超过全国平均水平。与去年同期相比，天津贷款发放额增幅较大，同比增加81.80%，上海市、重庆市增幅在20%以上。而北京市当年贷款发放额大幅减少，同比降低了32.90%。

表1-3-2 2019年直辖市住房公积金贷款比较表

序号	城市	当年贷款数（亿元）	同比增加（%）	累计贷款数（亿元）	贷款余额（亿元）	同比增加（%）	个贷率（%）	比上年增加百分点	市场占有率（%）
1	重庆市	236.12	21.31	1863.48	1251.94	10.46	101.36	2.23	11.57
2	天津市	228.92	81.80	3198.82	1390.07	4.40	94.31	-5.20	18.10
3	上海市	939.18	28.71	8727.96	4450.05	13.46	94.26	-1.52	23.97
4	北京市	557.56	-32.90	6916.21	4292.83	6.40	88.60	-6.50	29.20

（三）各省、自治区和新疆生产建设兵团住房公积金贷款比较

1. 全国各省、自治区和新疆生产建设兵团住房公积金贷款比较

为了对比分析2019年各省、自治区和新疆生产建设兵团住房公积金贷款情况，28个省级行政区域内按照本年个贷率排序，具体数据见表1-3-3。

从当年贷款数指标分析，当年发放贷款数超过1000亿元的2个省份，其中：江苏省最高，为1226.04亿元，其次为广东省1173.73亿元；在500亿～1000亿元之间的4个，分别为山东省、浙江省、四川省和湖北省；在200亿～500亿元之间的15个；在100亿～200亿元之间的2个；在100亿元以下的5个。

从当年贷款数同比增长率分析，新疆建设兵团稳居首位，同比增长84.55个百分点；其次为新疆维吾尔自治区和广东省，同比分别增加58.01和56.34个百分点；同比增长率在20～50个百分点的有11个；同比增速为正，低于20个百分点的有8个；而本年度呈负增长的有6个省区。

从贷款余额指标分析，贷款余额4000亿元以上的2个，为江苏省和广东省；在3000亿～4000亿元之间的2个，为山东省和浙江省；在2000亿～3000亿元之间的3个，为辽宁省、湖北省、四川省；在1000亿～2000亿元之间的13个；在500亿～1000亿元之间的3个；在200亿～500亿元之间的4个，为海南省、宁夏回族自治区、青海省、西藏自治区；在100亿元以下的1个，为新疆生产建设兵团。

从本年个贷率指标分析，最高的省份为安徽省98.02%，最低的为新疆生产建设兵团49.93%，相差将近一倍。

从个贷率增长率指标分析，各省区普遍变缓，仅新疆生产建设兵团增长率在10%以上，为12.08%；青海省增幅5%以上，为5.85%；呈小幅正增长的还有11个省份。其余15个省份均为负增长。

表 1-3-3 2019 年全国各省、自治区和新疆生产建设兵团住房公积金贷款比较表

序号	地区	当年贷款数（亿元）	同比增加（%）	累计贷款数（亿元）	贷款余额（亿元）	同比增加（%）	个贷率（%）	比上年增加百分点	市场占有率（%）
1	安徽省	363.95	23.29	3144.72	1765.08	9.12	98.02	-1.49	12.95
2	江苏省	1226.04	29.33	9128.35	4793.93	14.87	97.83	1.68	13.22
3	贵州省	271.31	18.72	1733.18	1111.54	15.62	97.37	0.73	22.85
4	浙江省	698.40	24.40	6315.90	3407.90	9.10	95.40	-3.00	14.20
5	福建省	331.50	23.20	2904.48	1626.89	9.78	93.54	-1.78	11.85
6	湖南省	421.18	-1.39	3060.28	1908.82	14.11	88.91	-0.90	13.33
7	广西壮族自治区	210.97	29.27	1654.61	1072.71	11.83	87.29	1.03	12.60
8	江西省	231.46	32.93	1938.12	1162.87	9.08	86.83	-3.18	16.84
9	吉林省	196.64	-3.61	1723.99	1034.22	8.97	84.93	-0.47	16.13
10	辽宁省	399.73	3.00	4170.17	2217.39	6.19	84.80	-1.70	22.50
11	山东省	717.41	16.35	5564.42	3231.19	12.36	84.00	0.61	14.63
12	云南省	262.78	9.09	2562.19	1279.72	5.53	83.14	-2.37	20.87
13	海南省	66.81	43.66	516.61	355.55	10.38	82.07	-0.60	16.87
14	宁夏回族自治区	67.60	1.08	585.16	266.83	8.78	81.73	-2.07	26.15
15	四川省	558.44	18.19	4110.85	2567.03	12.00	81.01	-2.19	16.80
16	陕西省	345.44	19.25	1915.13	1278.81	20.77	80.41	1.15	16.94
17	内蒙古自治区	248.23	-7.74	2194.66	1106.21	9.29	78.67	-0.76	34.80
18	湖北省	520.27	44.35	3541.00	2078.18	15.88	78.51	0.78	19.51
19	甘肃省	194.46	-0.73	1477.48	814.35	8.94	77.46	-0.50	29.78
20	广东省	1173.83	56.34	7216.20	4584.49	19.84	76.10	3.53	9.67
21	河南省	416.68	34.17	3080.94	1919.75	12.97	75.90	-0.98	27.77
22	山西省	269.78	26.03	1459.61	956.63	21.86	75.40	3.30	26.73
23	青海省	70.59	-14.33	527.92	247.80	15.12	75.15	5.85	43.22
24	河北省	362.57	45.92	2676.35	1640.24	13.84	73.77	1.16	11.46
25	新疆维吾尔自治区	250.92	58.01	1708.53	884.50	16.73	71.86	3.14	29.79
26	黑龙江省	209.24	-12.18	2077.59	1062.68	7.00	71.21	-0.80	9.73
27	西藏自治区	65.74	16.19	348.90	209.08	21.83	69.51	2.00	64.69
28	新疆生产建设兵团	29.30	84.55	116.12	69.03	45.42	49.93	12.08	109.06

2. 东部各省住房公积金贷款比较

为了对比分析 2019 年东部各省住房公积金贷款情况，在东部 8 个省中，按照本年个贷率排序，具体数据见表 1-3-4。

从当年贷款数指标分析，东部各省当年贷款数在 1000 亿元以上的 2 个，为江苏省和广东省；在 500 亿～1000 亿元之间的 2 个，为山东省和浙江省；在 300 亿～500 亿元之间的 3 个，为辽宁省、河北省、福建省；海南省低于100亿元。

从当年贷款数同比增长率分析，东部各省中广东省增幅最大，同比增长56.34个百分点；同比增长40～50个百分点的2个；同比增长30～40个百分点的无，同比增长20～30个百分点的3个，辽宁省增幅最小，同比增长3个百分点。

从个贷率指标分析，东部各省中该指标最高为江苏省97.83%，最低为河北省73.77%；3个省在全国平均数以上，3个省接近全国平均数；只有广东省和河北省个贷率稍低，分别为76.10%和73.77%。

从个贷率增长率指标分析，东部各省增速也普遍变缓，呈正增长的有4个省，分别是广东省、江苏省、河北省和山东省。

表1-3-4 2019年东部各省住房公积金贷款比较表

序号	地区	当年贷款数（亿元）	同比增加（%）	累计贷款数（亿元）	贷款余额（亿元）	同比增加（%）	个贷率（%）	比上年增加百分点	市场占有率（%）
1	江苏省	1226.04	29.33	9128.35	4793.93	14.87	97.83	1.68	13.22
2	浙江省	698.40	24.40	6315.90	3407.9	9.10	95.40	−3.00	14.20
3	福建省	331.50	23.20	2904.48	1626.89	9.78	93.54	−1.78	11.85
4	辽宁省	399.73	3.00	4170.17	2217.39	6.19	84.80	−1.70	22.50
5	山东省	717.41	16.35	5564.42	3231.19	12.36	84.00	0.61	14.63
6	海南省	66.81	43.66	516.61	355.55	10.38	82.07	−0.60	16.87
7	广东省	1173.83	56.34	7216.2	4584.49	19.84	76.10	3.53	9.67
8	河北省	362.57	45.92	2676.35	1640.24	13.84	73.77	1.16	11.46

3. 中部各省、自治区住房公积金贷款比较

为了对比分析2019年中部各省、自治区住房公积金贷款情况，中部10个省区按照本年个贷率排序，具体数据见表1-3-5。

从当年贷款数指标分析，中部各省、自治区间差距较小，当年贷款数湖北省最高，为520.27亿元；其次在400亿～500亿元之间的2个，为湖南省和河南省；在300亿～400亿元之间的1个，为安徽省；在200亿～300亿元之间的5个，吉林省最低为196.64亿元。

从当年贷款数同比增长率分析，中部各省、自治区中湖北省增幅最大，同比增长44.35个百分点；同比增长30～40个百分点的2个；同比增长20～30个百分点的3个；但也有4个省区出现了负增长，黑龙江省降幅最大，同比降低12.18个百分点。

从贷款余额指标分析，中部各省、自治区间同样差距较小，贷款余额数湖北省最高为2078.18亿元；在1500亿～2000亿元之间的3个，为湖南省、河南省和安徽省；在1000亿～1500亿元之间的5个；山西省最低为956.63亿元。

从个贷率指标分析，中部各省、自治区中安徽省最高，为98.02%；黑龙江省最低，为71.21%；在全国平均数以上的省区有安徽省、湖南省、广西壮族自治区和江西省。

从个贷率增长率指标分析，中部各省、自治区中个贷率增加率和全国整体趋势基本一致，趋于变缓和略有下滑。仅山西省个贷率同比增加 3.3 个百分点，广西壮族自治区同比增加 1.03 个百分点；其余各省、自治区均为基本持平或小幅下降，江西省下降了 3.18 个百分点。

表 1-3-5 2019 年中部各省、自治区住房公积金贷款比较表

序号	地区	当年贷款数（亿元）	同比增加（%）	累计贷款数（亿元）	贷款余额（亿元）	同比增加（%）	个贷率（%）	比上年增加百分点	市场占有率（%）
1	安徽省	363.95	23.29	3144.72	1765.08	9.12	98.02	-1.49	12.95
2	湖南省	421.18	-1.39	3060.28	1908.82	14.11	88.91	-0.90	13.33
3	广西壮族自治区	210.97	29.27	1654.61	1072.71	11.83	87.29	1.03	12.60
4	江西省	231.46	32.93	1938.12	1162.87	9.08	86.83	-3.18	16.84
5	吉林省	196.64	-3.61	1723.99	1034.22	8.97	84.93	-0.47	16.13
6	内蒙古自治区	248.23	-7.74	2194.66	1106.21	9.29	78.67	-0.76	34.80
7	湖北省	520.27	44.35	3541.00	2078.18	15.88	78.51	0.78	19.51
8	河南省	416.68	34.17	3080.94	1919.75	12.97	75.90	-0.98	27.77
9	山西省	269.78	26.03	1459.61	956.63	21.86	75.40	3.30	26.73
10	黑龙江省	209.24	-12.18	2077.59	1062.68	7.00	71.21	-0.80	9.73

4. 西部各省、自治区和新疆生产建设兵团住房公积金贷款比较

为了对比分析 2019 年西部各省、自治区和新疆生产建设兵团住房公积金贷款情况，西部 10 个省区和新疆生产建设兵团按照本年个贷率排序，具体数据见表 1-3-6。

从当年贷款数指标分析，10 个西部省区和新疆生产建设兵团中当年贷款数指标明显较低，当年贷款数 500 亿元以上的只有 1 个，为四川省；在 300 亿～400 亿元之间的 1 个，为陕西省；在 200 亿～300 亿元之间的 3 个；在 100 亿～200 亿元之间的 1 个；在 100 亿元以下的 4 个。

从当年贷款数同比增长率分析，10 个西部省区中新疆生产建设兵团增幅最大，同比增长 84.55 个百分点，其次为新疆维吾尔自治区，同比增长 58.01 个百分点；同比增长 20～50 个百分点的无；同比增长 10～20 个百分点的 4 个；同比增长 0～10 个百分点的 1 个；但也有 3 个省区出现了负增长，青海省降幅最大，同比降低 14.33 个百分点。

从贷款余额指标分析，10 个西部省区中差异较大，贷款余额数四川省最高为 2567.03 亿元；在 1500 亿～2000 亿元的，无；在 1000 亿～1500 亿元之间的 3 个，为云南省、陕西省和贵州省；在 500 亿～1000 亿元之间的 2 个；在 100 亿～500 亿元之间的 3 个；新疆生产建设兵团 69.03 亿元。

从个贷率指标分析，10 个西部省区中贵州省最高，为 97.37%，其余均低于全国平均数。个贷率在 80% 以上至全国平均数以下的 4 个；个贷率在 70%～80% 的 3 个，新疆生产建设兵团最低为 49.93%，相差悬殊，体现了我国地区差异。

从个贷率增长率指标分析，10 个西部省区同全国其他省区一样，增速放缓，除新疆生产建设兵团同比增长 12.08% 外，青海省、新疆维吾尔自治区、西藏自治区、陕西省、贵州省 5 省区个贷

率较上年有小幅增长，但增长率均在 6 个百分点以下；而甘肃省、宁夏回族自治区、四川省、云南省有 3 个百分点以内的下降。比较抢眼的是，西部地区住房公积金贷款的市场占有率都比较高，西藏自治区、青海省达到 40% 以上，新疆维吾尔自治区、甘肃省、宁夏回族自治区、贵州省、云南省达到了 20% 以上，陕西省、四川省也达到了 16%，均高于 15.61% 的全国平均水平。

表 1-3-6 2019 年西部各省、自治区和新疆生产建设兵团住房公积金贷款比较表

序号	地区	当年贷款数（亿元）	同比增加（%）	累计贷款数（亿元）	贷款余额（亿元）	同比增加（%）	个贷率（%）	比上年增加百分点	市场占有率（%）
1	贵州省	271.31	18.72	1733.18	1111.54	15.62	97.37	0.73	22.85
2	云南省	262.78	-9.09	2562.19	1279.72	5.53	83.14	-2.37	20.87
3	宁夏回族自治区	67.60	1.08	585.16	266.83	8.78	81.73	-2.07	26.15
4	四川省	558.44	18.19	4110.85	2567.03	12.00	81.01	-2.19	16.80
5	陕西省	345.44	19.25	1915.13	1278.81	20.77	80.41	1.15	16.94
6	甘肃省	194.46	-0.73	1477.48	814.35	8.94	77.46	-0.50	29.78
7	青海省	70.59	-14.33	527.92	247.8	15.12	75.15	5.85	43.22
8	新疆维吾尔自治区	250.92	58.01	1708.53	884.50	16.73	71.86	3.14	29.79
9	西藏自治区	65.74	16.19	348.9	209.08	21.83	69.51	2.00	64.69
10	新疆生产建设兵团	29.30	84.55	116.12	69.03	45.42	49.93	12.08	无数据

（四）副省级、省会城市住房公积金贷款比较

1. 全国副省级、省会城市住房公积金贷款比较

为了进行比较，将 31 个副省级、省会城市单独进行统计分析，按照本年个贷率排序，具体数据见表 1-3-7。

从当年贷款数指标分析，在 31 个副省级、省会城市中，当年贷款数在 300 亿元以上的 2 个，为深圳市和南京市；在 200 亿～ 300 亿元之间的 4 个，为杭州市、武汉市、广州市、成都市；在 100 亿～ 200 亿元之间的 9 个；在 50 亿～ 100 亿元之间的 10 个；在 50 亿元以下的 6 个。

从当年贷款数同比增长率分析，在 31 个副省级、省会城市中，南昌市同比增加 174.75 个百分点，在全国城市中也是增幅最大；其次为同比增幅 90 个百分点以上的青岛市、武汉市和郑州市；同比增加 60 ～ 70 个百分点的 4 个，为广州市、合肥市、成都市和乌鲁木齐市；同比增加 50 ～ 60 个百分点的 3 个，为石家庄市、杭州市、南京市；同比增加 40 ～ 50 个百分点的 2 个；同比增加 30 ～ 40 个百分点的 2 个；同比增加 20 ～ 30 个百分点的 1 个；同比增加 10 ～ 20 个百分点的 5 个；同比增加 0 ～ 10 个百分点的 4 个；同比负增长的 6 个城市中，呼和浩特市、西宁市、昆明市负增长超过 20 个百分点。

从贷款余额指标分析，在 31 个副省级、省会城市中，贷款余额在 1000 亿元以上的 6 个，为广州市、深圳市、南京市、杭州市、武汉市、成都市；在 500 亿～ 1000 亿元之间的 8 个；在 300 亿～ 500 亿元之间的 12 个；在 100 亿～ 300 亿元之间的 4 个，为呼和浩特市、银川市、南宁市、

西宁市；在100亿元以下的1个，为拉萨市。

从个贷率指标分析，在31个副省级、省会城市中，个贷率高于100%的城市有2个，分别是大连市、合肥市；个贷率在85%～100%之间的有15个；个贷率在75%～85%之间的有7个；个贷率在75%以下的有7个。

表1-3-7 2019年全国副省级、省会城市住房公积金贷款比较表

序号	城市	当年贷款数（亿元）	同比增加（%）	累计贷款数（亿元）	贷款余额（亿元）	同比增加（%）	个贷率（%）	比上年增加百分点	市场占有率（%）
1	大连市	116.69	-3.46	1306.92	687.22	5.04	104.22	0.51	14.61
2	合肥市	120.22	66.76	855.44	492.19	15.73	100.87	0.41	10.54
3	乌鲁木齐市	101.63	60.58	599.33	358.78	19.51	97.49	8.98	21.78
4	南京市	326.70	51.34	2150.93	1158.62	20.40	95.06	4.74	无数据
5	宁波市	114.47	12.23	993.14	529.53	10.62	93.91	-0.16	13.81
6	太原市	113.13	45.80	554.86	398.31	24.21	93.79	7.54	20.09
7	杭州市	278.90	54.20	1973.10	1106.70	15.10	93.70	-1.00	14.20
8	贵阳市	57.14	5.35	484.69	308.11	9.55	93.49	-3.44	14.93
9	长春市	97.52	1.37	897.74	561.96	8.40	92.21	0.19	19.10
10	厦门市	90.00	21.46	662.22	373.02	16.05	92.10	1.30	14.29
11	银川市	44.55	-1.00	388.69	182.11	8.60	91.20	-2.40	21.70
12	福州市	96.96	47.46	725.65	448.03	13.51	89.60	0.45	11.33
13	拉萨市	12.59	13.21	62.92	37.08	25.02	88.90	2.93	无数据
14	兰州市	69.50	13.60	535.69	323.99	9.65	87.91	1.40	24.49
15	沈阳市	127.64	4.73	1476.41	768.50	4.20	87.56	-3.62	19.56
16	长沙市	139.55	0.52	959.06	644.45	16.17	87.41	-0.55	14.32
17	西安市	193.84	13.40	1058.54	758.54	21.24	87.09	0.69	14.13
18	武汉市	273.86	95.12	1928.75	1078.28	16.88	84.00	1.41	16.04
19	哈尔滨市	97.23	-9.67	858.90	484.58	9.50	83.80	1.79	17.51
20	南昌市	62.16	174.75	592.87	317.62	7.52	80.01	-3.28	8.83
21	西宁市	39.29	-25.66	301.31	157.37	13.05	78.77	4.94	35.93
22	昆明市	32.98	-27.58	655.02	359.34	-3.43	77.29	-5.98	10.33
23	成都市	238.88	66.36	1695.28	1062.25	13.96	77.21	-1.81	13.62
24	青岛市	78.49	95.25	879.82	470.12	7.04	75.40	-1.95	9.59
25	郑州市	98.05	92.76	914.03	569.95	11.63	73.80	-1.66	16.42
26	广州市	266.06	69.76	2473.69	1340.13	10.71	72.59	-1.97	14.62
27	南宁市	21.77	17.61	283.67	175.44	2.85	71.49	-4.67	5.29
28	呼和浩特市	46.70	-20.01	428.42	252.13	9.10	71.17	-0.87	33.67
29	济南市	114.71	30.66	996.91	558.82	11.24	70.45	-1.11	14.78

（续表）

序号	城市	当年贷款数（亿元）	同比增加（%）	累计贷款数（亿元）	贷款余额（亿元）	同比（%）	个贷率（%）	比上年增加百分点	市场占有率（%）
30	深圳市	343.39	35.41	1512.92	1211.61	26.69	65.31	5.49	8.43
31	石家庄市	65.71	58.72	504.16	313.86	13.06	62.27	0.99	11.02

2. 东部副省级、省会城市住房公积金贷款比较

为了进行比较，将东部12个副省级、省会城市单独进行统计分析，按照本年个贷率排序，具体数据见表1-3-8。

从当年贷款数指标分析，在东部12个副省级、省会城市中，当年贷款数在300亿元以上的2个，为南京市、深圳市；在200亿～300亿元之间的2个，为杭州市、广州市；在100亿～200亿元之间的4个；在100亿元以下的4个。

从当年贷款数同比增长率分析，在东部12个副省级、省会城市中，青岛市同比增加95.25个百分点；广州市同比增加69.76个百分点；而个贷率最高的大连市，当年贷款数增幅为负数，同比降低3.46个百分点。

从贷款余额指标分析，在东部12个副省级、省会城市中，贷款余额超1000亿元的有4个，为广州市、深圳市、南京市、杭州市；在800亿～1000亿元之间的无；在500亿～800亿元之间的4个；在300亿～500亿元之间的4个。

从个贷率指标分析，在东部12个副省级、省会城市中，个贷率高于100%的为大连市。除大连市外，还有6个城市高于全国平均水平。

从个贷率增长率指标分析，东部12个副省级、省会城市中，除深圳市、南京市个贷率增长5.49和4.74个百分点外，个贷率增长均在2%以下，6个城市出现了负增长。这和全国的个贷率增速放缓基本一致。

表1-3-8 2019年东部副省级、省会城市住房公积金贷款比较表

序号	城市	当年贷款数（亿元）	同比增加（%）	累计贷款数（亿元）	贷款余额（亿元）	同比增加（%）	个贷率（%）	比上年增加百分点	市场占有率（%）
1	大连市	116.69	-3.46	1306.92	687.22	5.04	104.22	0.51	14.61
2	南京市	326.70	51.34	2150.93	1158.62	20.40	95.06	4.74	无数据
3	宁波市	114.47	12.23	993.14	529.53	10.62	93.91	-0.16	13.81
4	杭州市	278.90	54.20	1973.10	1106.7	15.10	93.70	-1.00	14.20
5	厦门市	90.00	21.46	662.22	373.02	16.05	92.10	1.30	14.29
6	福州市	96.96	47.46	725.65	448.03	13.51	89.60	0.45	11.33
7	沈阳市	127.64	4.73	1476.41	768.50	4.20	87.56	-3.62	19.56
8	青岛市	78.49	95.25	879.82	470.12	7.04	75.40	-1.95	9.59

（续表）

序号	城市	当年贷款数（亿元）	同比增加（%）	累计贷款数（亿元）	贷款余额（亿元）	同比（%）	个贷率（%）	比上年增加百分点	市场占有率（%）
9	广州市	266.06	69.76	2473.69	1340.13	10.71	72.59	-1.97	14.62
10	济南市	114.71	30.66	996.91	558.82	11.24	70.45	-1.10	14.78
11	深圳市	343.39	35.41	1512.92	1211.61	26.69	65.31	5.49	8.43
12	石家庄市	65.71	58.72	504.16	313.86	13.06	62.27	0.99	11.02

3. 中部副省级、省会城市住房公积金贷款比较

为了进行比较，将中部10个副省级、省会城市单独进行统计分析，按照本年个贷率排序，具体数据见表1-3-9。

从当年贷款数指标分析，在中部10个副省级、省会城市中，300亿元以上的没有；在200亿～300亿元之间的1个，为武汉市；在100亿～200亿元之间的3个，为长沙市、合肥市、太原市；在100亿元以下的6个。

从当年贷款数同比增长率分析，在中部10个副省级、省会城市中，南昌市同比增加174.75个百分点；武汉市、郑州市同比增幅超过90个百分点；合肥市同比增加66.76个百分点；而呼和浩特市、哈尔滨市同比增幅为负，分别为降低20.01和9.67个百分点。

从贷款余额指标分析，在中部10个副省级、省会城市中，超1000亿元的城市1个，为武汉市；在600亿～1000亿元之间的1个，为长沙市；在500亿～600亿元之间的2个；在400亿～500亿元之间的2个；在300亿～400亿元之间的2个；在300亿元以下的2个。

从个贷率指标分析，在中部10个副省级、省会城市中，个贷率高于100%的城市有合肥市1个城市，最低个贷率为71.17%，该指标差距比较大，从分布上看随机性较强。

表1-3-9 2019年中部副省级、省会城市住房公积金贷款比较表

序号	城市	当年贷款数（亿元）	同比增加（%）	累计贷款数（亿元）	贷款余额（亿元）	同比增加（%）	个贷率（%）	比上年增加百分点	市场占有率（%）
1	合肥市	120.22	66.76	855.44	492.19	15.73	100.87	0.41	10.54
2	太原市	113.13	45.80	554.86	398.31	24.21	93.79	7.54	20.09
3	长春市	97.52	1.37	897.74	561.96	8.40	92.21	0.19	19.10
4	长沙市	139.55	0.52	959.06	644.45	16.17	87.41	-0.55	14.32
5	武汉市	273.86	95.12	1928.75	1078.28	16.88	84.00	1.41	16.04
6	哈尔滨市	97.23	-9.67	858.90	484.58	9.50	83.80	1.79	17.51
7	南昌市	62.16	174.75	592.87	317.62	7.52	80.01	-3.28	8.83
8	郑州市	98.05	92.76	914.03	569.95	11.63	73.80	-1.66	16.42
9	南宁市	21.77	17.61	283.67	175.44	2.85	71.49	-4.67	5.29
10	呼和浩特市	46.70	-20.01	428.42	252.13	9.10	71.17	-0.87	33.67

4. 西部副省级、省会城市住房公积金贷款比较

为了进行比较，将西部 9 个副省级、省会城市单独进行统计分析，按照本年个贷率排序，具体数据见表 1-3-10。

从当年贷款数指标分析，在西部 9 个副省级、省会城市中，300 亿元以上的城市没有；在 200 亿～ 300 亿元之间的 1 个，为成都市；在 100 亿～ 200 亿元之间的 2 个，为西安市和乌鲁木齐市；在 100 亿元以下 6 个。

从贷款余额指标分析，在西部 9 个副省级、省会城市中，超 1000 亿元的城市 1 个，为成都市；在 600 亿～ 1000 亿元之间的 1 个，为西安市；在 400 亿～ 700 亿元之间的无；在 300 亿～ 400 亿元之间的 4 个；在 200 亿～ 300 亿元之间的无；在 100 亿～ 200 亿元之间的 2 个，为银川市和西宁市；在 100 亿元以下的 1 个，为拉萨市。

从个贷率指标分析，在西部 9 个副省级、省会城市中，最高值为乌鲁木齐市，住房公积金个贷率 97.49%，且当年的个贷率增长了 8.98 个百分点，最低值的成都市住房公积金个贷率为 77.21%，且个贷率还呈下降，比上年降低了 1.81 个百分点；西宁市、拉萨市、兰州市、西安市个贷率分别增长了 4.94、2.93、1.40 和 0.69 个百分点，而同为西部副省级、省会城市的昆明市、贵阳市、银川市、成都市个贷率分别降低了 5.98、3.44、2.40、1.81 个百分点；如果再同前几年的增长指标相比，比如，2017 年度昆明市的个贷率一度达到 86.02%，成都市 2016 年度个贷率曾达到 95.39%。不难看出，住房公积金的贷款个贷率，整体上从东向西、由南向北呈轮动变化态势。

表 1-3-10 2019 年西部副省级、省会城市住房公积金贷款比较表

序号	城市	当年贷款数（亿元）	同比增加（%）	累计贷款数（亿元）	贷款余额（亿元）	同比增加（%）	个贷率（%）	比上年增加百分点	市场占有率（%）
1	乌鲁木齐市	101.63	60.58	599.33	358.78	19.51	97.49	8.98	21.78
2	贵阳市	57.14	5.35	484.69	308.11	9.55	93.49	-3.44	14.93
3	银川市	44.55	-1.00	388.69	182.11	8.60	91.20	-2.40	21.70
4	拉萨市	12.59	13.21	62.92	37.08	25.02	88.90	2.93	无数据
5	兰州市	69.50	13.60	535.69	323.99	9.65	87.91	1.40	24.49
6	西安市	193.84	13.40	1058.54	758.54	21.24	87.09	0.69	14.13
7	西宁市	39.29	-25.66	301.31	157.37	13.05	78.77	4.94	35.93
8	昆明市	32.98	-27.58	655.02	359.34	-3.43	77.29	-5.98	10.33
9	成都市	238.88	66.36	1695.28	1062.25	13.96	77.21	-1.81	13.62

（五）地市州盟住房公积金贷款比较

1. 全国地市州盟住房公积金贷款比较

为了进行比较，将 303 个地市州盟单独进行统计分析，按照个贷率排序，具体数据见表 1-3-11。

从当年贷款数指标分析，在 303 个地市州盟中，当年发放贷款数超过 200 亿元的有 2 个城市，

分别是无锡市和苏州市；超过100亿元的有1个城市，为东莞市；在80亿～100亿元之间的3个，为南通市、常州市和佛山市；在50亿～80亿元之间的7个；在30亿～50亿元之间的31个；在10亿～30亿元之间的173个，占57.10%；在5亿～10亿元之间的54个，占17.82%；在5亿元以下的32个，占10.56%。反映全国地市州盟存在巨大的差异。

从当年贷款数同比增长率分析，同比增幅超过300个百分点的1个，为中山市；同比增幅超过200个百分点的1个，为喀什地区；同比增幅超过100个百分点的12个；同比增幅超50个百分点的33个，占10.89%；同比增幅超20～50个百分点的67个，占22.11%；同比增幅20个百分点以内的84个，占27.72%；同比降幅在0～20个百分点的64个，占21.12%；同比降幅在20个百分点以上的40个，占13.20%；最低为保山市同比降低89.68%。莆田市无本项数据。

从当年贷款余额指标分析，在303个地市州盟中，贷款余额超600亿元的2个，为苏州市、无锡市；在400亿～600亿元之间的无；在300亿～400亿元之间的5个；在200亿～300亿元之间的14个；在100亿～200亿元之间的62个；在50亿～100亿元之间的120个，占39.60%；在20亿～50亿元之间的66个，占21.78%；在20亿元以下的34个，占11.22%。

从个贷率指标分析，在303个地市州盟中，个贷率在全国平均数（85.48%）以上的为141个，占46.53%，其中个贷率高于100%的城市有31个，占10.23%；个贷率在全国平均数（85.48%）以上至100%的有110个，占36.30%。个贷率在75%至全国平均数的77个，占25.41%；个贷率在50%～75%之间的有61个，占20.13%；低于50%的有24个，占7.92%；其中低于30%的有8个，最低为七台河市11.07%。从个贷率上看，充分体现了我国东西差距和南北差距，造成该项指标差异很大。比如个贷率低于30%的8个城市均为西北或东北的边疆或边远城市。

从个贷率增长率指标来分析，除景德镇市没有数据外，有144个，占47.52%的城市，实现了不同程度的正增长：其中增幅在10个百分点以上的22个，最大增幅为中山市，增长了29.45个百分点；其次是东莞市和汕尾市，增幅都在20个百分点以上；19个地市州盟的增幅在10～20个百分点；31个地市州盟增幅在5～10个百分点。有158个城市，占52.15%的地市州盟，个贷率出现了负增长，有14个负增长超过10个百分点，最高的是滁州市，个贷率负增长17.96个百分点，但其个贷率仍高居110.32%。从地域分布上看，无明显地域聚集特征，呈地区城市间轮动的特点。

表1-3-11 2019年全国地市州盟住房公积金贷款比较表

序号	地方	当年贷款数（亿元）	同比增加（%）	累计贷款数（亿元）	贷款余额（亿元）	同比增加（%）	个贷率（%）	比上年增加百分点	市场占有率（%）
1	阜阳市	21.27	17.32	208.34	139.11	5.34	120.76	-3.15	12.37
2	南通市	96.26	29.35	702.42	374.75	16.35	119.88	5.40	15.96
3	宣城市	16.46	15.02	127.46	62.13	8.98	117.94	-1.90	11.40
4	无锡市	235.72	49.02	1253.42	684.11	29.41	116.05	17.10	21.34
5	崇左市	11.53	50.52	56.07	40.91	26.62	115.63	10.42	21.98
6	黔南州	28.15	11.40	160.82	108.87	17.37	114.57	3.50	44.97
7	龙岩市	23.36	66.96	207.40	98.44	8.88	113.83	0.82	12.59

（续表）

序号	地方	当年贷款数（亿元）	同比增加（%）	累计贷款数（亿元）	贷款余额（亿元）	同比增加（%）	个贷率（%）	比上年增加百分点	市场占有率（%）
8	盐城市	25.83	17.52	342.43	178.29	0.53	113.69	−11.45	12.97
9	丽水市	19.45	−4.20	240.92	127.22	3.20	113.50	−5.20	21.30
10	肇庆市	14.63	−1.95	129.47	85.87	9.66	112.39	−0.22	9.42
11	湘潭市	19.97	−29.71	154.27	88.02	12.00	111.72	−1.66	21.85
12	舟山市	13.16	−28.90	169.03	89.94	2.04	110.40	−11.54	14.93
13	滁州市	9.65	−51.60	154.65	87.97	−2.83	110.32	−17.96	9.15
14	衢州市	16.11	−35.69	238.15	112.90	−1.42	110.04	−16.29	15.39
15	益阳市	26.10	8.61	171.08	96.50	12.35	109.33	1.00	28.96
16	萍乡市	16.46	3.00	75.47	54.76	27.38	106.16	15.55	26.53
17	蚌埠市	10.54	−17.59	142.95	85.32	0.29	105.63	−11.19	11.24
18	湖州市	34.71	42.70	334.95	179.58	9.72	105.25	−5.03	17.27
19	毕节市	34.02	17.27	177.60	100.55	22.00	105.18	8.07	39.32
20	黔西南州	26.40	43.50	126.91	84.14	26.98	105.03	5.53	13.20
21	常州市	88.85	−6.24	709.76	361.33	12.14	104.95	0.55	18.34
22	镇江市	22.06	−3.19	307.85	149.34	1.71	104.69	−7.96	16.62
23	泉州市	27.78	−42.40	439.80	246.64	−1.01	103.76	−12.31	13.74
24	海北州	2.89	−19.27	24.20	10.68	9.54	101.14	0.10	72.16
25	玉溪市	18.40	2.51	159.17	82.70	9.48	101.07	2.27	34.51
26	常德市	24.03	−24.81	204.92	129.21	9.69	100.40	1.60	18.91
27	济宁市	59.84	16.17	429.98	250.18	11.23	100.25	3.17	25.27
28	芜湖市	22.07	−21.65	259.27	135.35	2.87	100.23	−8.31	13.33
29	锡林郭勒盟	14.57	5.78	112.11	58.87	12.36	100.15	1.30	60.72
30	宿迁市	29.73	69.60	153.34	97.63	19.08	100.11	0.48	8.84
31	眉山市	11.62	−0.07	105.07	65.44	3.97	100.00	−9.38	14.59
32	吉安市	21.70	16.55	169.65	114.16	9.44	99.60	−5.65	4.19
33	雅安市	8.79	−34.01	62.02	45.55	12.07	99.54	0.27	34.72
34	钦州市	9.27	−0.72	66.44	48.75	12.64	99.50	1.63	15.66
35	宿州市	15.63	31.57	116.12	74.64	10.50	99.35	0.22	12.39
36	菏泽市	45.52	27.61	172.17	141.39	33.27	99.17	7.29	17.09
37	遵义市	45.99	20.61	287.46	187.77	14.59	99.14	−4.05	22.26
38	玉林市	18.07	5.46	119.21	88.24	14.63	99.13	2.40	14.43
39	贺州市	9.14	−7.21	57.66	37.61	16.19	98.92	6.70	27.38
40	台州市	46.98	9.27	444.77	245.96	无数据	98.89	−3.04	15.59
41	赣州市	28.07	27.65	298.48	193.34	5.46	98.80	−7.24	3.43

（续表）

序号	地方	当年贷款数（亿元）	同比增加（%）	累计贷款数（亿元）	贷款余额（亿元）	同比增加（%）	个贷率（%）	比上年增加百分点	市场占有率（%）
42	阿勒泰地区	11.17	60.26	66.42	32.05	26.13	98.62	16.71	36.08
43	云浮市	13.85	36.41	77.77	51.48	18.93	98.41	5.13	14.55
44	宁德市	20.79	−1.96	189.55	90.13	9.44	98.36	−0.43	14.08
45	泰州市	35.24	−4.81	309.32	155.90	8.85	97.87	−2.05	12.01
46	聊城市	46.80	54.97	232.38	131.66	33.15	97.69	16.78	17.95
47	自贡市	14.45	−8.54	124.31	73.58	10.09	97.66	−4.45	19.23
48	阳江市	11.69	19.65	75.04	50.03	17.68	97.45	3.56	8.14
49	铜仁市	25.31	48.27	130.82	83.41	22.70	97.31	11.42	31.74
50	黔东南州	27.54	−4.38	179.31	122.68	15.89	97.17	0.26	37.68
51	焦作市	15.78	5.60	143.47	90.10	8.77	97.08	−5.61	26.21
52	内江市	14.81	−10.19	101.33	73.15	11.88	96.78	−0.86	19.11
53	丹东市	12.48	−10.65	117.97	63.82	6.60	96.53	−5.56	18.88
54	佛山市	88.10	115.84	484.87	309.27	25.70	96.43	8.39	6.90
55	安庆市	21.51	2.33	210.83	108.66	10.43	96.34	1.61	19.00
56	滨州市	29.08	35.38	157.68	98.16	23.72	96.24	7.16	21.07
57	晋中市	23.00	29.29	97.41	70.12	31.34	96.00	12.14	22.37
58	南平市	14.89	−17.14	150.84	85.13	5.69	95.82	−1.24	18.62
59	温州市	54.23	−4.25	669.09	372.95	3.63	95.70	−2.89	21.29
61	永州市	27.33	7.95	172.45	108.69	18.18	95.60	4.49	21.02
60	西双版纳州	15.81	64.52	86.02	43.50	28.90	95.60	17.91	29.27
62	梧州市	15.73	101.80	85.69	50.59	27.38	95.56	16.04	14.39
63	潮州市	9.91	−21.41	50.73	39.35	21.38	95.56	1.96	24.55
64	昌吉州	19.75	12.28	162.55	84.27	11.44	95.33	2.64	30.86
65	许昌市	16.85	3.50	126.11	76.10	11.20	95.30	−2.10	12.60
66	池州市	7.72	28.67	60.38	31.44	12.53	95.13	2.95	14.80
67	资阳市	10.40	7.55	73.29	46.58	12.65	95.00	−2.57	20.75
68	营口市	16.92	8.94	133.42	79.85	11.73	94.96	0.31	37.47
69	烟台市	46.38	2.59	415.52	276.96	9.50	94.81	−1.35	20.80
70	铜陵市	11.90	0.43	99.54	54.93	10.48	94.67	2.25	24.15
71	黄石市	23.10	−7.76	163.82	102.92	14.15	94.54	2.82	27.87
72	漳州市	39.46	90.63	202.35	115.81	29.80	94.45	11.85	12.55
73	吉林市	25.22	−25.27	268.62	161.00	3.81	94.42	−4.38	32.59
74	韶关市	14.34	−10.76	134.75	87.67	8.15	94.28	−0.63	16.91
75	怀化市	21.07	9.30	156.78	94.73	12.95	94.05	1.11	18.81

（续表）

序号	地方	当年贷款数（亿元）	同比增加（%）	累计贷款数（亿元）	贷款余额（亿元）	同比增加（%）	个贷率（%）	比上年增加百分点	市场占有率（%）
76	安顺市	12.87	69.37	88.22	55.45	14.34	93.85	-0.6	31.63
77	河池市	14.91	14.60	85.83	58.76	18.76	93.80	3.83	31.02
78	绍兴市	44.52	13.30	398.48	216.91	8.10	93.70	-2.4	12.72
79	巴中市	17.26	17.04	88.90	63.02	21.90	93.67	5.42	26.12
80	天水市	14.05	-11.45	86.93	61.28	14.31	93.28	0.05	27.04
81	淄博市	50.67	37.69	370.97	241.23	14.08	93.14	3.67	26.58
82	新乡市	24.18	60.20	130.87	95.85	17.80	92.90	3.60	11.40
83	大同市	30.21	20.78	117.94	91.31	35.27	92.70	10.50	38.69
84	随州市	10.21	19.14	49.57	34.13	21.07	92.67	2.61	17.78
85	日照市	21.50	10.16	140.87	89.66	14.60	92.59	0.80	14.79
86	六安市	14.79	54.22	134.78	83.18	6.48	92.32	-5.57	9.12
87	兴安盟	11.68	-30.85	113.52	46.22	3.52	92.24	-6.08	42.73
88	苏州市	225.09	22.75	1663.87	913.89	15.22	91.99	-0.98	9.68
89	乐山市	23.25	10.45	171.73	97.64	11.56	91.95	1.76	21.27
90	牡丹江市	19.02	23.35	101.65	62.32	21.58	91.93	9.61	31.28
91	金华市	34.04	20.84	430.46	219.36	2.96	91.89	-7.36	12.79
92	淮安市	34.49	31.64	260.80	127.66	11.09	91.87	-3.81	9.87
93	桂林市	23.69	32.07	220.12	125.80	8.05	91.83	-1.16	15.53
94	海南州	3.92	-31.71	31.39	13.59	12.78	91.82	6.18	82.97
95	德州市	35.36	22.47	170.95	107.27	22.05	91.74	4.60	12.66
96	百色市	14.81	24.85	95.66	69.78	15.14	91.65	2.04	24.98
97	北海市	9.63	72.28	59.47	38.52	20.00	91.59	6.57	9.33
98	宜宾市	23.49	-8.63	230.44	125.27	4.64	91.54	-3.41	19.47
99	泸州市	8.60	-8.26	127.09	91.14	0.33	91.35	-16.48	14.30
100	黄山市	6.98	-5.68	76.49	39.19	3.62	91.27	-7.30	14.66
101	秦皇岛市	21.71	18.12	187.07	110.19	11.71	91.16	5.36	14.20
102	广安市	17.59	40.88	64.35	49.28	38.52	91.13	8.26	14.31
103	葫芦岛市	19.36	3.97	138.49	81.44	14.38	90.98	4.41	33.00
104	亳州市	12.76	39.30	102.20	63.84	8.79	90.88	-0.18	10.47
105	濮阳市	22.25	-1.10	155.14	91.35	10.30	90.60	0.40	26.70
106	包头市	32.51	-2.49	258.45	160.12	10.62	90.46	3.80	23.39
107	汕头市	29.96	82.46	162.98	115.94	19.47	90.39	2.93	21.86
108	洛阳市	48.28	63.61	353.00	200.12	12.75	90.14	2.94	23.10
109	伊犁州	23.98	113.92	157.09	82.13	14.12	90.13	7.54	27.58
110	通化市	10.58	-31.52	101.22	55.98	8.28	90.09	-3.16	49.46

（续表）

序号	地方	当年贷款数（亿元）	同比增加（%）	累计贷款数（亿元）	贷款余额（亿元）	同比增加（%）	个贷率（%）	比上年增加百分点	市场占有率（%）
111	珠海市	39.24	159.93	192.76	109.15	36.98	90.05	16.73	6.10
112	枣庄市	27.40	11.75	194.06	113.30	12.98	90.01	1.56	22.00
113	茂名市	16.54	−19.80	177.25	108.86	5.05	89.88	−6.33	15.09
114	江门市	16.18	21.57	195.94	108.29	3.34	89.65	−3.19	8.26
115	红河州	37.61	2.09	284.05	114.39	13.44	89.64	3.48	39.72
116	赤峰市	37.70	8.12	314.48	145.95	10.22	89.55	0.20	24.41
117	宝鸡市	24.20	6.75	119.94	89.56	23.62	89.27	6.29	23.95
118	柳州市	24.42	25.49	196.04	123.26	13.44	88.87	2.13	11.62
120	郴州市	31.72	38.76	174.69	110.25	24.84	88.82	8.75	27.58
121	潍坊市	43.64	−5.50	328.12	206.08	10.23	88.78	−1.99	13.66
122	来宾市	7.11	3.71	49.01	31.77	13.10	88.57	−1.81	21.81
123	保山市	1.21	−89.68	106.14	61.00	−8.74	88.43	−15.59	26.46
124	昭通市	20.37	−30.90	179.61	97.61	7.99	88.41	−1.92	42.28
125	白银市	7.73	−26.94	82.64	41.20	2.11	88.31	−7.64	34.00
126	鹰潭市	6.95	−10.21	53.90	32.63	10.11	88.29	−1.47	20.57
127	普洱市	15.76	−3.85	137.75	67.58	11.64	88.14	−2.39	69.95
128	恩施州	22.40	−20.00	140.07	82.71	19.01	88.07	2.53	23.90
129	呼伦贝尔市	20.54	−39.61	203.28	98.79	6.75	87.90	−6.49	57.27
129	四平市	17.34	26.38	95.81	55.84	23.13	87.87	2.40	30.72
130	清远市	16.69	46.52	137.28	83.58	10.34	87.52	0.10	8.80
131	唐山市	68.60	8.27	524.30	320.29	12.28	87.47	1.89	37.72
132	泰安市	28.72	8.99	194.68	113.62	18.00	87.37	5.67	12.86
133	楚雄州	8.22	25.3	86.93	44.71	3.16	86.86	−5.97	4.21
134	扬州市	28.90	−7.70	400.90	194.40	−0.40	86.70	−11.60	14.10
135	大理州	18.54	0.05	132.34	75.51	13.81	86.38	1.23	18.64
136	齐齐哈尔市	22.08	6.92	164.03	100.38	10.51	86.26	2.06	33.27
137	大庆市	35.24	−37.53	546.69	243.71	1.04	86.10	−5.40	57.82
138	甘孜州	11.92	−15.55	131.78	65.44	4.36	86.02	−7.96	93.19
139	邵阳市	25.12	9.00	181.93	111.71	13.00	86.00	0	26.37
140	德宏州	10.30	19.08	69.98	38.72	13.45	85.70	1.12	36.03
141	临沧市	20.00	27.41	97.51	58.91	26.73	85.50	7.10	63.29
142	咸阳市	21.72	28.37	122.92	86.21	19.89	85.29	0.95	14.39
143	防城港市	4.76	20.77	30.55	20.40	17.44	85.22	1.51	9.96
144	巴彦淖尔市	14.93	0.96	137.39	65.90	8.70	85.20	−0.96	34.90
145	连云港市	26.71	45.24	319.31	138.42	1.50	84.85	−9.52	11.95

（续表）

序号	地方	当年贷款数（亿元）	同比增加（%）	累计贷款数（亿元）	贷款余额（亿元）	同比增加（%）	个贷率（%）	比上年增加百分点	市场占有率（%）
146	文山州	19.26	−22.24	168.01	64.26	6.74	84.78	−4.76	22.97
147	鹤壁市	11.32	186.60	68.91	34.03	21.79	84.76	4.72	16.57
148	临沂市	59.68	−17.95	453.68	205.59	11.23	84.65	0.01	9.11
149	宜春市	18.03	−0.39	142.54	88.32	7.94	84.56	−5.50	10.87
150	博尔塔拉州	5.39	35.09	37.12	15.88	23.39	84.33	11.70	40.09
151	达州市	17.91	−25.31	115.61	86.56	14.23	84.24	−4.07	16.20
152	淮北市	21.72	45.58	159.24	91.37	12.79	84.16	7.00	32.87
153	梅州市	17.00	26.53	126.09	73.20	12.64	84.05	−1.95	13.23
154	邢台市	25.02	37.47	150.86	98.73	18.65	84.03	4.30	11.94
155	三明市	5.13	−17.79	197.61	90.15	−9.91	84.02	−16.25	29.12
156	抚州市	15.10	−19.64	114.61	74.26	10.21	83.79	−2.36	12.94
157	淮南市	32.69	52.26	246.96	125.63	15.06	83.75	7.85	27.09
158	湘西州	14.18	27.76	101.26	58.94	14.38	83.59	−0.54	26.59
159	九江市	22.70	40.73	188.61	94.59	7.89	83.43	−2.25	11.96
160	白城市	5.73	−27.56	56.02	29.18	6.07	83.40	−6.82	34.70
161	上饶市	24.22	27.81	175.51	118.69	12.46	83.23	−2.41	14.72
162	株洲市	26.08	3.05	231.07	132.27	12.23	83.01	−4.29	16.71
163	马鞍山市	18.04	9.48	194.07	90.13	2.81	82.97	−8.39	20.31
164	山南市	7.94	22.15	37.24	23.05	26.93	82.85	3.95	90.57
165	威海市	12.90	−48.37	220.95	123.08	−0.53	82.63	−10.69	14.86
166	汉中市	17.53	10.25	101.83	63.30	13.14	82.46	−2.01	28.23
167	甘南州	9.81	−9.59	74.78	27.81	−0.64	82.06	4.11	82.89
168	岳阳市	24.23	−3.35	191.73	125.09	10.63	81.74	−3.72	23.32
169	安康市	11.46	8.63	88.74	43.75	15.56	81.73	0.24	25.18
170	锦州市	18.30	14.73	128.89	77.37	16.12	81.68	7.80	43.39
171	漯河市	10.91	−30.73	87.45	50.06	8.76	81.56	−5.78	15.70
172	嘉兴市	41.79	78.84	423.74	206.90	6.80	81.48	−4.32	8.94
173	湛江市	17.44	−20.87	234.56	137.05	0.26	81.28	−7.17	16.76
174	中山市	58.96	346.14	175.90	108.95	80.20	81.20	29.45	5.11
175	周口市	15.90	−15.56	90.79	70.26	18.07	81.16	−6.17	17.31
177	抚顺市	12.58	20.15	157.04	78.09	3.35	81.03	−1.73	48.17
176	朝阳市	15.68	40.63	123.20	67.16	11.39	81.03	0.07	38.15
178	揭阳市	13.10	−26.45	81.14	61.89	15.90	80.98	−2.54	21.33
179	娄底市	16.62	2.23	132.84	72.03	13.62	80.97	−2.55	27.70

（续表）

序号	地方	当年贷款数（亿元）	同比增加（%）	累计贷款数（亿元）	贷款余额（亿元）	同比增加（%）	个贷率（%）	比上年增加百分点	市场占有率（%）
180	固原市	7.75	23.80	52.00	26.81	19.10	80.92	4.61	39.05
181	平凉市	16.95	−9.47	118.09	62.18	11.46	80.84	2.54	4.40
182	贵港市	6.92	65.55	59.55	38.8	9.98	80.72	0.75	7.93
183	日喀则市	10.92	2.06	76.94	46.43	11.40	80.66	−1.94	63.30
184	东莞市	126.08	130.31	451.62	290.34	55.65	80.65	21.42	7.48
185	汕尾市	12.58	149.65	29.94	26.83	72.74	80.61	21.15	9.16
186	辽源市	6.75	10.03	39.57	24.86	20.00	80.51	3.59	16.13
187	玉树州	3.33	−21.65	37.72	13.69	−0.07	80.20	−5.43	100.00
188	南充市	16.47	48.38	131.42	81.84	9.85	79.95	−4.01	10.89
189	邯郸市	41.57	96.24	233.67	154.28	22.02	79.92	2.52	18.33
190	曲靖市	27.84	−1.66	242.43	115.09	8.44	79.49	−1.37	34.69
191	莆田市	11.99	无数据	118.92	71.82	7.32	79.36	−3.18	13.43
192	新余市	7.59	10.48	54.92	32.45	11.47	79.30	−0.26	14.86
193	鄂州市	9.56	57.14	60.81	28.44	24.07	79.19	8.13	10.72
194	张家界市	6.95	12.16	44.36	28.20	16.82	79.00	−3.00	19.35
195	衡阳市	18.23	−38.16	183.85	108.71	5.78	78.71	−11.87	15.03
196	景德镇市	8.48	1.82	71.53	42.05	无数据	78.62	无数据	无数据
197	荆门市	17.70	−2.42	130.71	78.77	10.72	78.38	−3.74	16.63
199	平顶山市	37.72	36.04	192.31	130.96	22.26	78.34	9.38	30.53
198	佳木斯市	12.87	17.53	95.50	51.38	12.85	78.34	3.99	48.86
200	衡水市	15.49	18.97	110.92	63.03	10.75	78.31	−2.75	12.39
201	延边州	19. 67	13.99	145.31	83.38	13.41	78.30	3.07	33.88
202	遂宁市	10.31	12.53	81.44	47.63	7.10	78.29	−8.39	13.93
203	张掖市	6.52	−18.66	79.74	35.24	5.19	78.15	−3.20	31.39
204	渭南市	23.55	30.33	91.06	66.57	36.30	77.60	8.66	19.89
205	德阳市	16.79	−13.45	160.51	97.75	5.15	77.55	−5.96	22.72
206	济源市	5.15	−14.17	40.72	23.87	8.50	77.42	−1.04	17.55
207	六盘水市	12.47	57.45	93.59	57.00	13.55	77.37	0.41	28.85
208	临汾市	21.98	24.04	135.80	82.48	17.64	77.26	2.07	32.32
209	定西市	13.27	4.64	94.32	49.08	12.26	77.22	−1.18	34.25
210	惠州市	38.64	45.29	238.26	145.87	19.34	76.94	3.12	4.50
211	凉山州	28.37	−15.19	176.76	111.67	18.47	76.91	4.82	47.89
212	长治市	18.18	−5.85	101.60	69.81	19.46	76.79	−2.12	31.11
213	天门市	4.31	−10.95	19.56	13.89	21.73	76.78	4.10	13.29

（续表）

序号	地方	当年贷款数（亿元）	同比增加（%）	累计贷款数（亿元）	贷款余额（亿元）	同比增加（%）	个贷率（%）	比上年增加百分点	市场占有率（%）
214	襄阳市	28.10	54.57	170.79	116.15	16.24	76.23	0.35	21.05
215	丽江市	6.32	-35.18	73.33	25.89	-3.68	75.98	-11.99	25.96
216	河源市	9.36	47.32	73.23	39.13	13.99	75.85	-2.01	6.42
217	宜昌市	20.04	7.74	222.83	132.38	3.91	75.79	-8.47	17.86
218	阿里地区	3.78	133.33	16.32	11.11	28.58	75.68	6.00	64.52
219	阜新市	5.38	-22.03	69.94	33.53	2.51	74.93	-7.32	39.68
220	临夏州	9.95	16.78	52.32	29.50	15.69	74.76	-0.31	35.75
221	驻马店市	22.99	14.55	133.11	78.6	18.18	74.13	0.47	12.83
222	荆州市	20.47	16.43	135.24	83.36	14.66	73.82	1.12	19.31
223	庆阳市	7.15	-18.10	82.11	45.01	3.38	73.59	-7.61	36.74
224	绵阳市	30.52	-12.47	215.32	127.37	11.47	73.39	-0.95	19.97
225	通辽市	12.89	-37.95	215.18	89.87	-2.91	72.73	-8.19	35.21
226	沧州市	33.50	104.20	252.85	150.12	12.16	72.52	2.84	13.94
227	徐州市	50.43	9.32	553.92	259.59	4.19	72.34	-1.62	14.72
228	中卫市	4.84	0.62	39.14	18.59	4.44	72.25	-8.56	27.51
229	攀枝花市	16.98	50.31	116.39	64.53	15.22	72.17	1.97	55.64
230	武威市	9.09	-12.35	70.08	36.16	3.23	72.05	-4.46	32.32
231	乌兰察布市	15.52	45.59	98.61	44.95	22.05	71.47	5.47	60.92
232	克拉玛依市	13.68	17.63	151.52	70.20	3.68	70.87	-5.06	90.99
233	鞍山市	19.47	1.46	173.16	103.63	9.30	70.09	0.94	23.73
234	三门峡市	9.01	13.86	68.46	50.18	10.04	70.09	-1.22	44.25
235	陇南市	11.73	0.50	74.97	41.22	5.53	69.81	-1.64	42.86
236	保定市	35.45	47.22	249.22	162.81	15.57	69.51	-0.45	10.40
237	信阳市	15.02	47.54	101.89	70.55	14.03	69.28	-2.15	12.00
238	广元市	15.22	1.20	87.74	58.78	16.70	69.10	2.00	31.22
239	黄冈市	22.43	-4.47	141.50	91.14	12.24	69.08	-2.86	17.84
240	铜川市	3.22	-22.6	28.49	15.74	10.30	68.85	-0.29	33.09
241	本溪市	8.44	-24.71	89.17	52.91	5.08	68.55	-7.90	50.27
242	塔城地区	7.72	12.70	57.37	26.48	16.65	68.16	2.30	36.99
243	廊坊市	20.99	182.88	153.58	96.25	15.57	68.04	3.09	2.79
244	忻州市	10.89	-6.84	71.16	37.53	17.13	67.80	-2.71	46.38
245	承德市	13.73	22.26	132.93	77.54	7.5	67.06	-3.20	13.98
246	东营市	16.71	-31.91	205.71	104.07	1.67	66.55	-3.21	15.91
247	运城市	16.37	-20.81	122.94	59.65	13.25	65.96	-2.69	26.80

（续表）

序号	地方	当年贷款数（亿元）	同比增加（%）	累计贷款数（亿元）	贷款余额（亿元）	同比增加（%）	个贷率（%）	比上年增加百分点	市场占有率（%）
248	海东市	8.82	18.23	64.04	21.29	26.28	65.49	11.80	41.57
249	张家口市	20.80	49.21	176.77	93.15	12.50	65.07	−2.55	13.09
250	鄂尔多斯市	30.79	54.03	183.84	96.57	21.74	64.66	4.58	60.63
251	孝感市	12.85	22.00	102.06	64.39	8.00	64.00	−3.00	15.60
252	酒泉市	9.89	−8.59	70.39	33.20	6.21	63.96	−1.71	33.07
253	咸宁市	15.15	30.38	82.41	44.77	21.03	63.89	5.04	24.16
254	延安市	15.86	65.21	108.62	56.55	15.64	63.50	1.51	34.01
255	黄南州	3.08	19.38	20.50	7.69	23.24	62.47	8.82	92.98
256	吴忠市	7.07	−1.75	65.44	23.63	3.58	61.76	−3.35	24.96
257	商丘市	16.64	33.81	107.05	75.08	13.06	60.95	−5.82	10.04
258	开封市	6.18	80.70	63.80	40.92	6.20	60.87	−5.44	7.22
259	十堰市	29.34	24.96	141.00	95.66	26.07	59.90	4.97	30.13
260	朔州市	5.53	−12.91	54.64	29.47	7.20	58.67	−5.19	40.73
261	林芝市	5.39	76.72	21.08	11.89	45.35	58.34	10.17	81.28
262	仙桃市	4.57	54.91	16.13	10.57	49.08	58.01	12.68	6.36
263	安阳市	7.66	12.70	111.38	50.33	−2.30	58.00	−11.5	10.00
264	阿坝州	4.81	−22.42	50.06	32.56	1.85	57.93	−6.50	97.20
265	阿拉善盟	4.18	−16.92	56.59	16.18	5.22	57.64	−0.61	74.32
266	乌海市	4.02	20.00	42.30	19.04	3.99	57.02	−6.89	36.56
267	怒江州	4.80	17.97	40.99	11.21	5.98	56.93	−1.92	43.04
268	商洛市	6.07	23.8	56.59	25.39	9.48	55.70	−2.57	39.25
269	南阳市	25.32	23.39	171.74	98.78	16.36	55.16	1.25	33.76
270	海西州	7.28	51.35	42.64	19.44	29.43	54.98	9.68	75.26
271	果洛州	1.98	76.79	6.11	4.04	66.26	54.97	15.46	80.25
272	嘉峪关市	6.25	5.57	29.51	16.85	37.01	54.64	11.07	33.44
273	吐鲁番市	3.91	61.57	34.26	14.10	11.29	53.65	−3.19	64.08
274	晋城市	11.88	−0.92	86.96	51.88	9.92	53.61	−4.02	33.71
275	迪庆州	5.35	3.28	42.90	19.31	3.76	53.56	−4.62	75.61
276	哈密市	8.84	4.00	63.17	34.37	14.57	53.05	2.49	54.57
277	阿克苏地区	12.27	59.35	80.72	38.62	22.02	52.91	2.75	29.04
278	石嘴山市	3.39	−5.78	39.87	15.69	无数据	52.73	−1.10	44.98
279	松原市	11.18	−1.98	95.37	52.85	8.83	51.92	−0.70	21.89
280	黑河市	7.68	2.89	75.27	29.22	4.57	48.34	−0.51	39.86
281	铁岭市	5.86	−4.25	78.62	40.81	1.92	48.31	−3.68	32.14

（续表）

序号	地方	当年贷款数（亿元）	同比增加（%）	累计贷款数（亿元）	贷款余额（亿元）	同比增加（%）	个贷率（%）	比上年增加百分点	市场占有率（%）
282	巴音郭楞州	8.03	37.67	84.99	40.69	5.85	47.94	-4.90	26.66
283	榆林市	25.37	83.44	125.42	64.87	21.78	47.89	-0.92	44.11
284	绥化市	5.01	-42.41	59.22	32.00	-1.20	46.34	-5.25	30.72
285	昌都市	5.10	27.82	26.44	15.27	21.09	45.28	2.59	48.20
286	辽阳市	11.67	72.89	74.31	35.57	17.45	44.85	1.80	26.28
287	神农架林区	0.76	-4.10	4.88	2.46	0.82	44.24	-7.12	41.53
288	喀什地区	24.25	217.41	123.87	57.47	36.35	41.68	6.23	82.86
289	伊春市	2.76	2.60	33.95	14.30	-2.19	41.22	-7.89	62.56
290	阳泉市	3.82	-22.99	42.25	19.6	6.93	38.09	-5.65	22.64
291	那曲市	3.35	49.55	27.11	13.34	5.62	37.23	-6.01	77.91
292	鸡西市	3.60	-6.74	52.92	19.91	-1.04	36.48	-4.40	35.12
293	盘锦市	10.27	10.43	103.61	47.49	10.19	35.98	-2.29	34.20
294	潜江市	3.38	107.00	11.51	6.20	68.02	34.22	11.16	9.04
295	吕梁市	3.65	-21.84	42.14	23.47	1.34	31.34	-9.40	21.02
296	和田地区	7.69	106.72	53.24	21.01	20.82	29.56	-1.49	85.93
297	金昌市	2.58	-7.20	26.97	11.61	5.98	26.00	-0.75	25.65
298	白山市	2.65	22.78	24.34	9.15	11.72	24.14	0.74	25.96
299	克孜勒州	2.61	81.25	36.88	8.47	-5.57	23.35	-6.62	89.29
300	鹤岗市	0.55	-45.00	41.35	7.68	-17.42	18.40	-6.09	37.59
301	双鸭山市	1.37	-18.93	27.84	8.76	-4.78	15.72	-2.57	38.46
302	大兴安岭地区	0.62	0	6.76	3.10	0	12.94	-2.00	50.57
303	七台河市	1.03	0.80	9.21	3.86	8.73	11.07	0.07	19.77

2. 东部地市州盟住房公积金贷款比较

为了进行比较，将东部83个地市州盟单独进行统计分析，按照本年个贷率排序，具体数据见表1-3-12。

从当年贷款数指标分析，在东部83个地市州盟中，当年发放贷款数超过200亿元的有2个城市，分别是无锡市和苏州市；超过100亿元的有1个城市，为东莞市；在80亿～100亿元之间的有3个城市，为南通市、常州市和佛山市；在50亿～80亿元之间的有7个城市；在30亿～50亿元之间的有18个城市；在10亿～30亿元之间的46个，占55.42%；在5亿～10亿元之间的6个，占7.23%；在5亿元以下的无。反映全国地市州盟存在巨大的差异。

从当年贷款数同比增长率分析，在东部83个地市州盟中，同比增幅超过300个百分点的1个，为中山市；同比增幅超过200～300个百分点的无；同比增幅超过100～200个百分点的6个，占全国地市州盟同档增幅的50%；同比增幅超50～100个百分点的8个，占东部地区的

9.64%，占全国同档次（33 个）的 24.24%；同比增幅超 20～50 个百分点的 23 个，占东部地区的 27.71%，占全国同档次（67 个）的 34.33%；同比增幅 20 个百分点以内的 18 个，占东部地区的 21.69%，占全国同档次（84 个）的 21.43%；同比降幅在 0～20 个百分点的 16 个，占东部地区的 19.28%，占全国同档次（64 个）的 25.00%；同比降幅在 20 个百分点以上的 10 个，占东部地区的 12.05%，占全国同降幅档次（40 个）的 25%；最低为威海市，同比降低 48.37%。莆田市无本项数据。

从贷款余额指标分析，在东部 83 个地市州盟中，贷款余额超 600 亿元的 2 个，为苏州市、无锡市；在 400 亿～600 亿元之间的无；在 300 亿～400 亿元之间的 5 个；在 200 亿～300 亿元之间的 12 个，占全国地市州盟同指标同档次（14 个）的 85.71%；在 100 亿～200 亿元之间的 29 个，占全国同指标同档次（62 个）的 46.77%；在 50 亿～100 亿元之间的 28 个，占全国同指标同档次（120 个）的 23.33%；在 20 亿～50 亿元之间的 7 个，占全国同指标同档次（66 个）的 10.61%；在 20 亿元以下的无。全国地市州盟贷款余额超 600 亿元的 2 个城市，均位于东部地区，反映了东部地市相对较高的发展水平。

从个贷率指标分析，在东部 83 个地市州盟中，个贷率高于 100% 的城市有 14 个，最高的南通市为 119.88%；高于全国平均数的城市有 50 个，占 60.24%；高于 75% 的城市有 70 个，占 84.34%。个贷率低于 50% 的城市有 3 个，最低的仅为 35.98%。东部地区城市贷款资金使用率整体较高，发展也比较均衡。

表 1-3-12 2019 年东部地市州盟住房公积金贷款比较表

序号	地方	当年贷款数（亿元）	同比增加（%）	累计贷款数（亿元）	贷款余额（亿元）	同比增加（%）	个贷率（%）	比上年增加百分点	市场占有率（%）
1	南通市	96.26	29.35	702.42	374.75	16.35	119.88	5.40	15.96
2	无锡市	235.72	49.02	1253.42	684.11	29.41	116.05	17.10	21.34
3	龙岩市	23.36	66.96	207.40	98.44	8.88	113.83	0.82	12.59
4	盐城市	25.83	17.52	342.43	178.29	0.53	113.69	-11.45	12.97
5	丽水市	19.45	-4.20	240.92	127.22	3.20	113.50	-5.20	21.30
6	肇庆市	14.63	-1.95	129.47	85.87	9.66	112.39	-0.22	9.42
7	舟山市	13.16	-28.90	169.03	89.94	2.04	110.40	-11.54	14.93
8	衢州市	16.11	-35.69	238.15	112.90	-1.42	110.04	-16.29	15.39
9	湖州市	34.71	42.70	334.95	179.58	9.72	105.25	-5.03	17.27
10	常州市	88.85	-6.24	709.76	361.33	12.14	104.95	0.55	18.34
11	镇江市	22.06	-3.19	307.85	149.34	1.71	104.69	-7.96	16.62
12	泉州市	27.78	-42.40	439.80	246.64	-1.01	103.76	-12.31	13.74
13	济宁市	59.84	16.17	429.98	250.18	11.23	100.25	3.17	25.27
14	宿迁市	29.73	69.60	153.34	97.63	19.08	100.11	0.48	8.84
15	菏泽市	45.52	27.61	172.17	141.39	33.27	99.17	7.29	17.09

（续表）

序号	地方	当年贷款数（亿元）	同比增加（%）	累计贷款数（亿元）	贷款余额（亿元）	同比增加（%）	个贷率（%）	比上年增加百分点	市场占有率（%）
16	台州市	46.98	9.27	444.77	245.96	无数据	98.89	-3.04	15.59
17	云浮市	13.85	36.41	77.77	51.48	18.93	98.41	5.13	14.55
18	宁德市	20.79	-1.96	189.55	90.13	9.44	98.36	-0.43	14.08
19	泰州市	35.24	-4.81	309.32	155.90	8.85	97.87	-2.05	12.01
20	聊城市	46.80	54.97	232.38	131.66	33.15	97.69	16.78	17.95
21	阳江市	11.69	19.65	75.04	50.03	17.68	97.45	3.56	8.14
22	丹东市	12.48	-10.65	117.97	63.82	6.60	96.53	-5.56	18.88
23	佛山市	88.10	115.84	484.87	309.27	25.70	96.43	8.39	6.90
24	滨州市	29.08	35.38	157.68	98.16	23.72	96.24	7.16	21.07
25	南平市	14.89	-17.14	150.84	85.13	5.69	95.82	-1.24	18.62
26	温州市	54.23	-4.25	669.09	372.95	3.63	95.70	-2.89	21.29
27	潮州市	9.91	-21.41	50.73	39.35	21.38	95.56	1.96	24.55
28	营口市	16.92	8.94	133.42	79.85	11.73	94.96	0.31	37.47
29	烟台市	46.38	2.59	415.52	276.96	9.50	94.81	-1.35	20.80
30	漳州市	39.46	90.63	202.35	115.81	29.80	94.45	11.85	12.55
31	韶关市	14.34	-10.76	134.75	87.67	8.15	94.28	-0.63	16.91
32	绍兴市	44.52	13.30	398.48	216.91	8.10	93.70	-2.40	12.72
33	淄博市	50.67	37.69	370.97	241.23	14.08	93.14	3.67	26.58
34	日照市	21.50	10.16	140.87	89.66	14.60	92.59	0.80	14.79
35	苏州市	225.09	22.75	1663.87	913.89	15.22	91.99	-0.98	9.68
36	金华市	34.04	20.84	430.46	219.36	2.96	91.89	-7.36	12.79
37	淮安市	34.49	31.64	260.80	127.66	11.09	91.87	-3.81	9.87
38	德州市	35.36	22.47	170.95	107.27	22.05	91.74	4.60	12.66
39	秦皇岛市	21.71	18.12	187.07	110.19	11.71	91.16	5.36	14.20
40	葫芦岛市	19.36	3.97	138.49	81.44	14.38	90.98	4.41	33.00
41	汕头市	29.96	82.46	162.98	115.94	19.47	90.39	2.93	21.86
42	珠海市	39.24	159.93	192.76	109.15	36.98	90.05	16.73	6.10
43	枣庄市	27.40	11.75	194.06	113.30	12.98	90.01	1.56	22.00
44	茂名市	16.54	-19.80	177.25	108.86	5.05	89.88	-6.33	15.09
45	江门市	16.18	21.57	195.94	108.29	3.34	89.65	-3.19	8.26
46	潍坊市	43.64	-5.50	328.12	206.08	10.23	88.78	-1.99	13.66
47	清远市	16.69	46.52	137.28	83.58	10.34	87.52	0.10	8.80
48	唐山市	68.60	8.27	524.30	320.29	12.28	87.47	1.89	37.72
49	泰安市	28.72	8.99	194.68	113.62	18.00	87.37	5.67	12.86

（续表）

序号	地方	当年贷款数（亿元）	同比增加（%）	累计贷款数（亿元）	贷款余额（亿元）	同比增加（%）	个贷率（%）	比上年增加百分点	市场占有率（%）
50	扬州市	28.90	-7.70	400.90	194.40	-0.40	86.70	-11.6	14.10
51	连云港市	26.71	45.24	319.31	138.42	1.50	84.85	-9.52	11.95
52	临沂市	59.68	-17.95	453.68	205.59	11.23	84.65	0.01	9.11
53	梅州市	17.00	26.53	126.09	73.20	12.64	84.05	-1.95	13.23
54	邢台市	25.02	37.47	150.86	98.73	18.65	84.03	4.30	11.94
55	三明市	5.13	-17.79	197.61	90.15	-9.91	84.02	-16.25	29.12
56	威海市	12.90	-48.37	220.95	123.08	-0.53	82.63	-10.69	14.86
57	锦州市	18.30	14.73	128.89	77.37	16.12	81.68	7.80	43.39
58	嘉兴市	41.79	78.84	423.74	206.90	6.80	81.48	-4.32	8.94
59	湛江市	17.44	-20.87	234.56	137.05	0.26	81.28	-7.17	16.76
60	中山市	58.96	346.14	175.90	108.95	80.20	81.20	29.45	5.11
62	抚顺市	12.58	20.15	157.04	78.09	3.35	81.03	-1.73	48.17
61	朝阳市	15.68	40.63	123.20	67.16	11.39	81.03	0.07	38.15
63	揭阳市	13.10	-26.45	81.14	61.89	15.90	80.98	-2.54	21.33
64	东莞市	126.08	130.31	451.62	290.34	55.65	80.65	21.42	7.48
65	汕尾市	12.58	149.65	29.94	26.83	72.74	80.61	21.15	9.16
66	邯郸市	41.57	96.24	233.67	154.28	22.02	79.92	2.52	18.33
67	莆田市	11.99	无数据	118.92	71.82	7.32	79.36	-3.18	13.43
68	衡水市	15.49	18.97	110.92	63.03	10.75	78.31	-2.75	12.39
69	惠州市	38.64	45.29	238.26	145.87	19.34	76.94	3.12	4.50
70	河源市	9.36	47.32	73.23	39.13	13.99	75.85	-2.01	6.42
71	阜新市	5.38	-22.03	69.94	33.53	2.51	74.93	-7.32	39.68
72	沧州市	33.50	104.20	252.85	150.12	12.16	72.52	2.84	13.94
73	徐州市	50.43	9.32	553.92	259.59	4.19	72.34	-1.62	14.72
74	鞍山市	19.47	1.46	173.16	103.63	9.30	70.09	0.94	23.73
75	保定市	35.45	47.22	249.22	162.81	15.57	69.51	-0.45	10.40
76	本溪市	8.44	-24.71	89.17	52.91	5.08	68.55	-7.90	50.27
77	廊坊市	20.99	182.88	153.58	96.25	15.57	68.04	3.09	2.79
78	承德市	13.73	22.26	132.93	77.54	7.50	67.03	-3.20	13.98
79	东营市	16.71	-31.91	205.71	104.07	1.67	66.55	-3.21	15.91
80	张家口市	20.80	49.21	176.77	93.15	12.50	65.07	-2.55	13.09
81	铁岭市	5.86	-4.25	78.62	40.81	1.92	48.31	-3.68	32.14
82	辽阳市	11.67	72.89	74.31	35.57	17.45	44.85	1.80	26.28
83	盘锦市	10.27	10.43	103.61	47.49	10.19	35.98	-2.29	34.20

3. 中部地市州盟城市住房公积金贷款比较

为了进行比较，将中部125个地市州盟单独进行统计分析，按照本年个贷率排序，具体数据见表1-3-13。

从当年贷款数指标分析，在中部125个地市州盟中，当年发放贷款数均在50亿元以下。其中：在30亿～50亿元之间的9个；在10亿～30亿元之间的78个，占中部地市州盟的62.40%；在5亿～10亿元之间的22个，占17.60%；在5亿元以下的16个，占中部地市州盟的12.80%。反映了中部地市州盟在发展上也存在差异。

从当年贷款数同比增长率分析，在中部125个地市州盟中，同比增幅超过300个百分点的无；同比增幅超过200～300个百分点的无；同比增幅超过100～200个百分点的3个，为鹤壁市、潜江市、梧州市；同比增幅超50～100个百分点的12个，占中部地区的9.60%，占全国同档次（33个）的36.36%；同比增幅超20～50个百分点的28个，占中部地区的22.40%，占全国同档次（67个）的41.79%；同比增幅20个百分点以内的38个，占中部地区的30.40%，占全国同档次（84个）的45.24%；同比降幅在0～20个百分点的26个，占中部地区的20.80%，占全国同档次（64个）的40.63%；同比降幅在20个百分点以上的18个，占中部地区的14.40%，占全国同档次（40个）的45%；最低为滁州市，同比降低51.60%。

从贷款余额指标分析，在中部125个地市州盟中，贷款余额超300亿元的均无；在200亿～300亿元之间的2个，占全国地市州盟同指标同档次（14个）的14.29%；在100亿～200亿元之间的24个，占全国同指标同档次（62个）的38.71%；在50亿～100亿元之间的57个，占全国同指标同档次（120个）的47.50%；在20亿～50亿元之间的28个，占全国同指标同档次（66个）的42.42%；在20亿元以下的14个，占全国同指标同档次（34个）的41.18%。

从个贷率指标分析，在中部125个地市州盟中，个贷率高于100%的城市有11个，个贷率最高为120.76%；个贷率在全国平均数以上的56个，占44.80%；全国平均值以下高于75%的34个，占27.20%；个贷率低于50%的13个，最低为11.07%。中部地区贷款个贷率发展水平同东部地区差距已明显缩小，但低于50%的地市州盟稍多。

表1-3-13 2019年中部地市州盟住房公积金贷款比较表

序号	地方	当年贷款数（亿元）	同比增加（%）	累计贷款数（亿元）	贷款余额（亿元）	同比增加（%）	个贷率（%）	比上年增加百分点	市场占有率（%）
1	阜阳市	21.27	17.32	208.34	139.11	5.34	120.76	-3.15	12.37
2	宣城市	16.46	15.02	127.46	62.13	8.98	117.94	-1.90	11.40
3	崇左市	11.53	50.52	56.07	40.91	26.62	115.63	10.42	21.98
4	湘潭市	19.97	-29.71	154.27	88.02	12.00	111.72	-1.66	21.85
5	滁州市	9.65	-51.60	154.65	87.97	-2.83	110.32	-17.96	9.15
6	益阳市	26.10	8.61	171.08	96.50	12.35	109.33	1.00	28.96
7	萍乡市	16.46	3.00	75.47	54.76	27.38	106.16	15.55	26.53
8	蚌埠市	10.54	-17.59	142.95	85.32	0.29	105.63	-11.19	11.24

（续表）

序号	地方	当年贷款数（亿元）	同比增加（%）	累计贷款数（亿元）	贷款余额（亿元）	同比增加（%）	个贷率（%）	比上年增加百分点	市场占有率（%）
9	常德市	24.03	−24.81	204.92	129.21	9.69	100.40	1.60	18.91
10	芜湖市	22.07	−21.65	259.27	135.35	2.87	100.23	−8.31	13.33
11	锡林郭勒盟	14.57	5.78	112.11	58.87	12.36	100.15	1.30	60.72
12	吉安市	21.70	16.55	169.65	114.16	9.44	99.60	−5.65	4.19
13	钦州市	9.27	−0.72	66.44	48.75	12.64	99.50	1.63	15.66
14	宿州市	15.63	31.57	116.12	74.64	10.50	99.35	0.22	12.39
15	玉林市	18.07	5.46	119.21	88.24	14.63	99.13	2.40	14.43
16	贺州市	9.14	−7.21	57.66	37.61	16.19	98.92	6.70	27.38
18	赣州市	28.07	27.65	298.48	193.34	5.46	98.80	−7.24	3.43
19	焦作市	15.78	5.60	143.47	90.10	8.77	97.08	−5.61	26.21
20	安庆市	21.51	2.33	210.83	108.66	10.43	96.34	1.61	19.00
21	晋中市	23.00	29.29	97.41	70.12	31.34	96.00	12.14	22.37
22	永州市	27.33	7.95	172.45	108.69	18.18	95.60	4.49	21.02
23	梧州市	15.73	101.80	85.69	50.59	27.38	95.56	16.04	14.39
24	许昌市	16.85	3.50	126.11	76.10	11.20	95.30	−2.10	12.60
25	池州市	7.72	28.67	60.38	31.44	12.53	95.13	2.95	14.80
26	铜陵市	11.90	0.43	99.54	54.93	10.48	94.67	2.25	24.15
27	黄石市	23.10	−7.76	163.82	102.92	14.15	94.54	2.82	27.87
28	吉林市	25.22	−25.27	268.62	161.00	3.81	94.42	−4.38	32.59
29	怀化市	21.07	9.30	156.78	94.73	12.95	94.05	1.11	18.81
30	河池市	14.91	14.60	85.83	58.76	18.76	93.80	3.83	31.02
31	新乡市	24.18	60.20	130.87	95.85	17.80	92.90	3.60	11.40
32	大同市	30.21	20.78	117.94	91.31	35.27	92.70	10.50	38.69
33	随州市	10.21	19.14	49.57	34.13	21.07	92.67	2.61	17.78
34	六安市	14.79	54.22	134.78	83.18	6.48	92.32	−5.57	9.12
35	兴安盟	11.68	−30.85	113.52	46.22	3.52	92.24	−6.08	42.73
36	牡丹江市	19.02	23.35	101.65	62.32	21.58	91.93	9.61	31.28
37	桂林市	23.69	32.07	220.12	125.80	8.05	91.83	−1.16	15.53
38	百色市	14.81	24.85	95.66	69.78	15.14	91.65	2.04	24.98
39	北海市	9.63	72.28	59.47	38.52	20.00	91.59	6.57	9.33
40	黄山市	6.98	−5.68	76.49	39.19	3.62	91.27	−7.30	14.66
41	亳州市	12.76	39.30	102.20	63.84	8.79	90.88	−0.18	10.47
42	濮阳市	22.25	−1.10	155.14	91.35	10.3	90.60	0.40	26.70
43	包头市	32.51	−2.49	258.45	160.12	10.62	90.46	3.80	23.39

（续表）

序号	地方	当年贷款数（亿元）	同比增加（%）	累计贷款数（亿元）	贷款余额（亿元）	同比增加（%）	个贷率（%）	比上年增加百分点	市场占有率（%）
44	洛阳市	48.28	63.61	353.00	200.12	12.75	90.14	2.94	23.10
45	通化市	10.58	-31.52	101.22	55.98	8.28	90.09	-3.16	49.46
46	赤峰市	37.70	8.12	314.48	145.95	10.22	89.55	0.20	24.41
47	柳州市	24.42	25.49	196.04	123.26	13.44	88.87	2.13	11.62
48	郴州市	31.72	38.76	174.69	110.25	24.84	88.82	8.75	27.58
49	来宾市	7.11	3.71	49.01	31.77	13.10	88.57	-1.81	21.81
50	鹰潭市	6.95	-10.21	53.90	32.63	10.11	88.29	-1.47	20.57
51	恩施州	22.40	-20.00	140.07	82.71	19.01	88.07	2.53	23.90
52	呼伦贝尔市	20.54	-39.61	203.28	98.79	6.75	87.90	-6.49	57.27
53	四平市	17.34	26.38	95.81	55.84	23.13	87.87	2.40	30.72
54	齐齐哈尔市	22.08	6.92	164.03	100.38	10.51	86.26	2.06	33.27
55	大庆市	35.24	-37.53	546.69	243.71	1.04	86.10	-5.40	57.82
56	邵阳市	25.12	9.00	181.93	111.71	13.00	86.00	0.00	26.37
57	防城港市	4.76	20.77	30.55	20.40	17.44	85.22	1.51	9.96
58	巴彦淖尔市	14.93	0.96	137.39	65.90	8.70	85.20	-0.96	34.90
59	鹤壁市	11.32	186.60	68.91	34.03	21.79	84.76	4.72	16.57
60	宜春市	18.03	-0.39	142.54	88.32	7.94	84.56	-5.50	10.87
61	淮北市	21.72	45.58	159.24	91.37	12.79	84.16	7.00	32.87
62	抚州市	15.10	-19.64	114.61	74.26	10.21	83.79	-2.36	12.94
63	淮南市	32.69	52.26	246.96	125.63	15.06	83.75	7.85	27.09
64	湘西州	14.18	27.76	101.26	58.94	14.38	83.59	-0.54	26.59
65	九江市	22.70	40.73	188.61	94.59	7.89	83.43	-2.25	11.96
66	白城市	5.73	-27.56	56.02	29.18	6.07	83.40	-6.82	34.70
67	上饶市	24.22	27.81	175.51	118.69	12.46	83.23	-2.41	14.72
68	株洲市	26.08	3.05	231.07	132.27	12.23	83.01	-4.29	16.71
69	马鞍山市	18.04	9.48	194.07	90.13	2.81	82.97	-8.39	20.31
70	岳阳市	24.23	-3.35	191.73	125.09	10.63	81.74	-3.72	23.32
71	漯河市	10.91	-30.73	87.45	50.06	8.76	81.56	-5.78	15.70
72	周口市	15.90	-15.56	90.79	70.26	18.07	81.16	-6.17	17.31
73	娄底市	16.62	2.23	132.84	72.03	13.62	80.97	-2.55	27.7
74	贵港市	6.92	65.55	59.55	38.80	9.98	80.72	0.75	7.93
75	辽源市	6.75	10.03	39.57	24.86	20.00	80.51	3.59	无数据
76	新余市	7.59	10.48	54.92	32.45	11.47	79.3	-0.26	14.86

（续表）

序号	地方	当年贷款数（亿元）	同比增加（%）	累计贷款数（亿元）	贷款余额（亿元）	同比增加（%）	个贷率（%）	比上年增加百分点	市场占有率（%）
77	鄂州市	9.56	57.14	60.81	28.44	24.07	79.19	8.13	10.72
78	张家界市	6.95	12.16	44.36	28.20	16.82	79.00	-3.00	19.35
79	衡阳市	18.23	-38.16	183.85	108.71	5.78	78.71	-11.87	15.03
80	景德镇市	8.48	1.82	71.53	42.05	无数据	78.62	无数据	无数据
81	荆门市	17.70	-2.42	130.71	78.77	10.72	78.38	-3.74	16.63
83	平顶山市	37.72	36.04	192.31	130.96	22.26	78.34	9.38	30.53
82	佳木斯市	12.87	17.53	95.50	51.38	12.85	78.34	3.99	48.86
84	延边州	19. 67	13.99	145.31	83.38	13.41	78.30	3.07	33.88
85	济源市	5.15	-14.17	40.72	23.87	8.50	77.42	-1.04	17.55
86	临汾市	21.98	24.04	135.80	82.48	17.64	77.26	2.07	32.32
87	长治市	18.18	-5.85	101.60	69.81	19.46	76.79	-2.12	31.11
88	天门市	4.31	-10.95	19.56	13.89	21.73	76.78	4.10	13.29
89	襄阳市	28.10	54.57	170.79	116.15	16.24	76.23	0.35	21.05
90	宜昌市	20.04	7.74	222.83	132.38	3.91	75.79	-8.47	17.86
91	驻马店市	22.99	14.55	133.11	78.60	18.18	74.13	0.47	12.83
92	荆州市	20.47	16.43	135.24	83.36	14.66	73.82	1.12	19.31
93	通辽市	12.89	-37.95	215.18	89.87	-2.91	72.73	-8.19	35.21
94	乌兰察布市	15.52	45.59	98.61	44.95	22.05	71.47	5.47	60.92
95	三门峡市	9.01	13.86	68.46	50.18	10.04	70.09	-1.22	44.25
96	信阳市	15.02	47.54	101.89	70.55	14.03	69.28	-2.15	12.00
97	黄冈市	22.43	-4.47	141.50	91.14	12.24	69.08	-2.86	17.84
98	忻州市	10.89	-6.84	71.16	37.53	17.13	67.80	-2.71	46.38
99	运城市	16.37	-20.81	122.94	59.65	13.25	65.96	-2.69	26.80
100	鄂尔多斯市	30.79	54.03	183.84	96.57	21.74	64.66	4.58	60.63
101	孝感市	12.85	22.00	102.06	64.39	8.00	64.00	-3.00	15.60
102	咸宁市	15.15	30.38	82.41	44.77	21.03	63.89	5.04	24.16
103	商丘市	16.64	33.81	107.05	75.08	13.06	60.95	-5.82	10.04
104	开封市	6.18	80.70	63.80	40.92	6.20	60.87	5.44	7.22
105	十堰市	29.34	24.96	141.00	95.66	26.07	59.90	4.97	30.13
106	朔州市	5.53	-12.91	54.64	29.47	7.20	58.67	-5.19	40.73
107	仙桃市	4.57	54.91	16.13	10.57	49.08	58.01	12.68	6.36
108	安阳市	7.66	12.70	111.38	50.33	-2.30	58.00	-11.50	10.00
109	阿拉善盟	4.18	-16.92	56.59	16.18	5.22	57.64	-0.61	74.32

（续表）

序号	地方	当年贷款数（亿元）	同比增加（%）	累计贷款数（亿元）	贷款余额（亿元）	同比增加（%）	个贷率（%）	比上年增加百分点	市场占有率（%）
109	乌海市	4.02	20.00	42.30	19.04	3.99	57.02	-6.89	36.56
110	南阳市	25.32	23.39	171.74	98.78	16.36	55.16	1.25	33.76
111	晋城市	11.88	-0.92	86.96	51.88	9.92	53.61	-4.02	33.71
112	松原市	11.18	-1.98	95.37	52.85	8.83	51.92	-0.70	21.89
113	黑河市	7.68	2.89	75.27	29.22	4.57	48.34	-0.51	39.86
114	绥化市	5.01	-42.41	59.22	32.00	-1.20	46.34	-5.25	30.72
115	神农架林区	0.77	-4.10	4.88	2.46	0.82	44.24	-7.12	41.53
116	伊春市	2.76	2.60	33.95	14.30	-2.19	41.22	-7.89	62.56
117	阳泉市	3.82	-22.99	42.25	19.60	6.93	38.09	-5.65	22.64
118	鸡西市	3.60	-6.74	52.92	19.91	-1.04	36.48	-4.40	35.12
119	潜江市	3.38	107.00	11.51	6.20	68.02	34.22	11.16	9.04
120	吕梁市	3.65	-21.84	42.14	23.47	1.34	31.34	-9.40	21.02
121	白山市	2.65	22.78	24.34	9.15	11.72	24.14	0.74	25.96
122	鹤岗市	0.55	-45.00	41.35	7.68	-17.42	18.40	-6.09	37.59
123	双鸭山市	1.37	-18.93	27.84	8.76	-4.78	15.72	-2.57	38.46
124	大兴安岭地区	0.62	0	6.76	3.10	0	12.94	-2.00	50.57
125	七台河市	1.03	0.80	9.21	3.86	8.73	11.07	0.07	19.77

4. 西部地市州盟城市住房公积金贷款比较

为了进行比较，将西部95个地市州盟单独进行统计分析，按照本年个贷率排序，具体数据见表1-3-14。

按当年贷款数指标分析，在西部95个地市州盟中，当年发放贷款数超过200亿元的无；超过100亿元的无；在80亿～100亿元之间的无；在50亿～80亿元之间的无；在30亿～50亿元之间的4个；在10亿～30亿元之间的49个，占西部地市州盟的51.58%；在5亿～10亿元之间的26个，占西部地市州盟的27.37%；在5亿元以下的16个，占西部地市州盟的16.84%。

按当年贷款数同比增长率分析，在西部95个地市州盟中，同比增幅超过300个百分点的无；同比增幅超过200～300个百分点的1个，为喀什地区；同比增幅超过100～200个百分点的3个，占全国地市州盟同档增幅的50%；同比增幅超50～100个百分点的13个，占西部地区的13.68%，占全国同档次（33个）的39.39%；同比增幅超20～50个百分点的16个，占西部地区的16.84%，占全国同档次（67个）的23.88%；同比增幅20个百分点以内的28个，占西部地区的29.47%，占全国同档次（84个）的33.33%；同比降幅在0～20个百分点的23个，占西部地区的24.21%，占全国同档次（64个）的35.94%；同比降幅在20个百分点以上的11个，占西部地区的11.58%，占全国同档次（40个）的27.50%；最低为保山市，同比降低89.68%。

按贷款余额指标分析，在西部 95 个地市州盟中，贷款余额超 200 亿元的无；在 100 亿～ 200 亿元之间的 9 个，占全国同指标同档次（62 个）的 14.52%；在 50 亿～ 100 亿元之间的 35 个，占全国同指标同档次（120 个）的 29.17%；在 20 亿～ 50 亿元之间的 31 个，占全国同指标同档次（66 个）的 46.97%；在 20 亿元以下的 20 个，占全国同指标同档次的（34）的 58.82%。

按当年个贷率分析，在西部 95 个地市州盟中，个贷率高于 100% 的城市有 6 个城市，黔南州最高，为 114.57%；个贷率在全国平均数以上的有 36 个，占 37.89%；个贷率在 75% 以上的有 59 个，占 62.11%。个贷率在 50% 以下的有 8 个，占 8.42%，最低的仅为 23.35%。西部地区贷款发展水平整体低于中部地区，远低于东部地区。西部地市州盟的贷款资产体量相对比较小，无论是当年贷款数、累计贷款数，还是贷款余额，这与西部地区经济发展和房地产市场发展水平有直接关系。而西部地区的贷款市场占有率普遍较高，可能与金融市场发展不充分、住房公积金贷款的政策性优势有关。

表 1-3-14 2019 年西部地市州盟住房公积金贷款比较表

序号	地方	当年贷款数（亿元）	同比增加（%）	累计贷款数（亿元）	贷款余额（亿元）	同比增长（%）	个贷率（%）	比上年增加百分点	市场占有率（%）
1	黔南州	28.15	11.40	160.82	108.87	17.37	114.57	3.50	44.97
2	毕节市	34.02	17.27	177.60	100.55	22.00	105.18	8.07	39.32
3	黔西南州	26.40	43.50	126.91	84.14	26.98	105.03	5.53	13.20
4	海北州	2.89	−19.27	24.20	10.68	9.54	101.14	0.10	72.16
5	玉溪市	18.40	2.51	159.17	82.70	9.48	101.07	2.27	34.51
6	眉山市	11.62	−0.07	105.07	65.44	3.97	100.00	−9.38	14.59
7	雅安市	8.79	−34.01	62.02	45.55	12.07	99.54	0.27	34.72
8	遵义市	45.99	20.61	287.46	187.77	14.59	99.14	−4.05	22.27
9	阿勒泰地区	11.17	60.26	66.42	32.05	26.13	98.62	16.71	36.08
10	自贡市	14.45	−8.54	124.31	73.58	10.09	97.66	−4.45	19.23
11	铜仁市	25.31	48.27	130.82	83.41	22.70	97.31	11.42	31.74
12	黔东南州	27.54	−4.38	179.31	122.68	15.89	97.17	0.26	37.68
13	内江市	14.81	−10.19	101.33	73.15	11.88	96.78	−0.86	19.11
14	西双版纳州	15.81	64.52	86.02	43.50	28.90	95.60	17.91	29.27
15	昌吉州	19.75	12.28	162.55	84.27	11.44	95.33	2.64	30.86
16	资阳市	10.40	7.55	73.29	46.58	12.65	95.00	−2.57	20.75
17	安顺市	12.87	69.37	88.22	55.45	14.34	93.85	−0.60	31.63
18	巴中市	17.26	17.04	88.90	63.02	21.90	93.67	5.42	26.12
19	天水市	14.05	−11.45	86.93	61.28	14.31	93.28	0.05	27.04
20	乐山市	23.25	10.45	171.73	97.64	11.56	91.95	1.76	21.27
21	海南州	3.92	−31.71	31.39	13.59	12.78	91.82	6.18	82.97

（续表）

序号	地方	当年贷款数（亿元）	同比增加（%）	累计贷款数（亿元）	贷款余额（亿元）	同比增加（%）	个贷率（%）	比上年增加百分点	市场占有率（%）
22	宜宾市	23.49	-8.63	230.44	125.27	4.64	91.54	-3.41	19.47
23	泸州市	8.60	-8.26	127.09	91.14	0.33	91.35	-16.48	14.30
24	广安市	17.59	40.88	64.35	49.28	38.52	91.13	8.26	14.31
25	伊犁州	23.98	113.92	157.09	82.13	14.12	90.13	7.54	27.58
26	红河州	37.61	2.09	284.05	114.39	13.44	89.64	3.48	39.72
27	宝鸡市	24.20	6.75	119.94	89.56	23.62	89.27	6.29	23.95
28	保山市	1.21	-89.68	106.14	61.00	-8.74	88.43	-15.59	26.46
29	昭通市	20.37	-30.90	179.61	97.61	7.99	88.41	-1.92	42.28
30	白银市	7.73	-26.94	82.64	41.20	2.11	88.31	-7.64	34.00
31	普洱市	15.76	-3.85	137.75	67.58	11.64	88.14	-2.39	69.95
32	楚雄州	8.22	25.30	86.93	44.71	3.16	86.86	-5.97	4.21
33	大理州	18.54	0.05	132.34	75.51	13.81	86.38	1.23	18.64
34	甘孜州	11.92	-15.55	131.78	65.44	4.36	86.02	-7.96	93.19
35	德宏州	10.30	19.08	69.98	38.72	13.45	85.70	1.12	36.03
36	临沧市	20.00	27.41	97.51	58.91	26.73	85.50	7.10	63.29
37	咸阳市	21.72	28.37	122.92	86.21	19.89	85.29	0.95	14.39
38	文山州	19.26	-22.24	168.01	64.26	6.74	84.78	-4.76	22.97
39	博尔塔拉州	5.39	35.09	37.12	15.88	23.39	84.33	11.70	40.09
40	达州市	17.91	-25.31	115.61	86.56	14.23	84.24	-4.07	16.20
41	山南市	7.94	22.15	37.24	23.05	26.93	82.85	3.95	90.57
42	汉中市	17.53	10.25	101.83	63.30	13.14	82.46	-2.01	28.23
43	甘南州	9.81	-9.59	74.78	27.81	-0.64	82.06	4.11	82.89
44	安康市	11.46	8.63	88.74	43.75	15.56	81.73	0.24	25.18
45	固原市	7.75	23.80	52.00	26.81	19.10	80.92	4.61	39.05
46	平凉市	16.95	-9.47	118.09	62.18	11.46	80.84	2.54	4.40
47	日喀则市	10.92	2.06	76.94	46.43	11.40	80.66	-1.94	63.30
48	玉树州	3.33	-21.65	37.72	13.69	-0.07	80.20	-5.43	100.00
49	南充市	16.47	48.38	131.42	81.84	9.85	79.95	-4.01	10.89
50	曲靖市	27.84	-1.66	242.43	115.09	8.44	79.49	-1.37	34.69
51	遂宁市	10.31	12.53	81.44	47.63	7.10	78.29	-8.39	13.93
52	张掖市	6.52	-18.66	79.74	35.24	5.19	78.15	-3.2	31.39
53	渭南市	23.55	30.33	91.06	66.57	36.3	77.6	8.66	19.89
54	德阳市	16.79	-13.45	160.51	97.75	5.15	77.55	-5.96	22.72
55	六盘水市	12.47	57.45	93.59	57.00	13.55	77.37	0.41	28.85

（续表）

序号	地方	当年贷款数（亿元）	同比增加（%）	累计贷款数（亿元）	贷款余额（亿元）	同比增加（%）	个贷率（%）	比上年增加百分点	市场占有率（%）
56	定西市	13.27	4.64	94.32	49.08	12.26	77.22	-1.18	34.25
57	凉山州	28.37	-15.19	176.76	111.67	18.47	76.91	4.82	47.89
58	丽江市	6.32	-35.18	73.33	25.89	-3.68	75.98	-11.99	25.96
59	阿里地区	3.78	133.33	16.32	11.11	28.58	75.68	6.00	64.52
60	临夏州	9.95	16.78	52.32	29.50	15.69	74.76	-0.31	35.75
61	庆阳市	7.15	-18.10	82.11	45.01	3.38	73.59	-7.61	36.74
62	绵阳市	30.52	-12.47	215.32	127.37	11.47	73.39	-0.95	19.97
63	中卫市	4.84	0.62	39.14	18.59	4.44	72.25	-8.56	27.51
64	攀枝花市	16.98	50.31	116.39	64.53	15.22	72.17	1.97	55.64
65	武威市	9.09	-12.35	70.08	36.16	3.23	72.05	-4.46	32.32
66	克拉玛依市	13.68	17.63	151.52	70.20	3.68	70.87	-5.06	90.99
67	陇南市	11.73	0.50	74.97	41.22	5.53	69.81	-1.64	42.86
68	广元市	15.22	1.20	87.74	58.78	16.70	69.10	2.00	31.22
69	铜川市	3.22	-22.60	28.49	15.74	10.30	68.85	-0.29	33.09
70	塔城地区	7.72	12.70	57.37	26.48	16.65	68.16	2.30	36.99
71	海东市	8.82	18.23	64.04	21.29	26.28	65.49	11.80	41.57
72	酒泉市	9.89	-8.59	70.39	33.20	6.21	63.96	-1.71	33.07
73	延安市	15.86	65.21	108.62	56.55	15.64	63.50	1.51	34.01
74	黄南州	3.08	19.38	20.50	7.69	23.24	62.47	8.82	92.98
75	吴忠市	7.07	-1.75	65.44	23.63	3.58	61.76	-3.35	24.96
76	林芝市	5.39	76.72	21.08	11.89	45.35	58.34	10.17	81.28
77	阿坝州	4.81	-22.42	50.06	32.56	1.85	57.93	-6.50	97.20
78	怒江州	4.80	17.97	40.99	11.21	5.98	56.93	-1.92	43.04
79	商洛市	6.07	23.80	56.59	25.39	9.48	55.70	-2.57	39.25
80	海西州	7.28	51.35	42.64	19.44	29.43	54.98	9.68	75.26
81	果洛州	1.98	76.79	6.11	4.04	66.26	54.97	15.46	80.25
82	嘉峪关市	6.25	5.57	29.51	16.85	37.01	54.64	11.07	33.44
83	吐鲁番市	3.91	61.57	34.26	14.10	11.29	53.65	-3.19	64.08
84	迪庆州	5.35	3.28	42.90	19.31	3.76	53.56	-4.62	75.61
85	哈密市	8.84	4.00	63.17	34.37	14.57	53.05	2.49	54.57
86	阿克苏地区	12.27	59.35	80.72	38.62	22.02	52.91	2.75	29.04
87	石嘴山市	3.39	-5.78	39.87	15.69	无数据	52.73	-1.10	44.98
88	巴音郭楞州	8.03	37.67	84.99	40.69	5.85	47.94	-4.90	26.66
89	榆林市	25.37	83.44	125.42	64.87	21.78	47.89	-0.92	44.11

（续表）

序号	地方	当年贷款数（亿元）	同比增加（%）	累计贷款数（亿元）	贷款余额（亿元）	同比增加（%）	个贷率（%）	比上年增加百分点	市场占有率（%）
90	昌都市	5.10	27.82	26.44	15.27	21.09	45.28	2.59	48.20
91	喀什地区	24.25	217.41	123.87	57.47	36.35	41.68	6.23	82.86
92	那曲地区	3.35	49.55	27.11	13.34	5.62	37.23	-6.01	77.91
93	和田地区	7.69	106.72	53.24	21.01	20.82	29.56	-1.49	85.93
94	金昌市	2.58	-7.20	26.97	11.61	5.98	26.00	-0.75	25.65
95	克孜勒州	2.61	81.25	36.88	8.47	-5.57	23.35	-6.62	89.29

四、住房公积金管理效益指标比较

住房公积金管理效益指标分为5个二级指标：业务收入、业务支出、管理费用、增值收益、增值收益率。

业务收入包括存款利息收入、委托贷款利息收入、国债利息收入和其他收入。业务支出包括缴存职工账户余额计息支出、委托归集与贷款银行手续费支出、其他支出。管理费用是指各地住房公积金中心为保障住房公积金管理、运作，按规定列支的经费，包括人员经费、公用经费和专项经费。增值收益是当年业务收入减去当年业务支出的差额，增值收益主要用于政府建设廉租房补充资金、提取住房公积金贷款风险准备金和管理费用支出等。增值收益率是指当年增值收益额与当年住房公积金月均缴存余额的比率，它代表了单位资金的运营效率，也代表了管理机构综合理财能力的高低。列表以增值收益率排序。

（一）全国住房公积金管理效益情况

2019年全国住房公积金管理效益指标见表1-4-1。

全年住房公积金业务收入2051.25亿元，比上年增长13.05%。其中，存款利息收入331.34亿元，委托贷款利息收入1710.20亿元，国债利息收入0.55亿元，其他收入9.16亿元。全年住房公积金业务支出1075.10亿元，比上年增长11.97%。其中，支付缴存职工利息支出942.87亿元，支付受委托银行归集手续费支出27.65亿元、委托贷款手续费支出58.39亿元，公转商贴息、融资成本等其他支出46.19亿元。全年住房公积金增值收益976.15亿元，比上年增长14.27%，增值收益率1.58%，较上年增长0.02个百分点。

全年提取住房公积金贷款风险准备金273.63亿元，提取管理费用115.78亿元，提取城市公共租赁住房（廉租住房）建设补充资金588.7亿元。年末，累计提取住房公积金贷款风险准备金2223.21亿元，累计提取城市公共租赁住房（廉租住房）建设补充资金3952.73亿元。

全年实际支出管理费用112.50亿元，比上年增长2.30%。其中，人员经费56.32亿元，公用经费11.61亿元，专项经费44.57亿元，分别占比50.06%、10.32%和39.62%；其中人员经费比上年增加8.02%、公用经费、专项经费比上年减少0.85%、3.36%。

表 1-4-1 2019 年全国住房公积金管理效益情况表

指标	2018	2019	增长率（百分比）
业务收入（亿元）	1814.44	2051.25	13.05
业务支出（亿元）	960.19	1075.10	11.97
管理费用（亿元）	109.97	112.50	2.30
增值收益（亿元）	854.25	976.15	14.27
增值收益率（%）	1.56	1.58	0.02

（二）直辖市住房公积金管理效益比较

4 个直辖市住房公积金管理效益情况单独统计分析，具体数据见表 1-4-2。

在 4 个直辖市中上海增值收益率名列第一，为 1.90%，北京名列第二，为 1.70%。上海、北京两市增值收益率高于全国平均水平；天津、重庆两市低于全国平均水平，分别差距 0.08 和 0.17 个百分点。

在业务收入上，4 个直辖市中天津市增幅最低，较上年增长了 5.7%，其余 3 个直辖市增长均在 10% 以上；在业务支出上，天津市较上年降低了 0.90%，其余 3 个直辖市均为正增长；在管理费用上，上海、北京较上年增加 9.09%、3.35%，而天津、重庆分别较上年减少 1.11%、15.38%。

表 1-4-2 2019 年直辖市住房公积金管理效益比较表

序号	城市	业务收入（亿元）	增长率（%）	业务支出（亿元）	增长率（%）	管理费用（亿元）	增值收益额（亿元）	增值收益率（%）
1	上海市	159.99	14.82	74.81	11.44	1.44	83.98	1.90
2	北京市	151.39	12.50	74.73	13.00	6.48	76.65	1.70
3	天津市	46.39	5.70	25.87	-0.90	3.57	20.52	1.50
4	重庆市	34.28	11.10	19.81	5.18	2.09	14.48	1.41

（三）各省、自治区和新疆生产建设兵团住房公积金管理效益比较

1. 全国各省、自治区和新疆生产建设兵团住房公积金管理效益比较

全国各省、自治区和新疆生产建设兵团住房公积金管理效益情况见表 1-4-3。

从增值收益率分析，在 28 个省区中，增值收益率达到或高于全国平均水平的省、自治区有 12 个，占比 42.86%；在 1.50%～1.58% 之间的有 6 个，占比 21.43%；在 1.40%～1.50% 之间的有 6 个，占比 21.43%；在 1.30%～1.40% 之间的有 2 个，占比 7.14%；在 1.20%～1.30 之间的有 1 个，占比 3.57%；在 1.0% 以下的有 1 个。

从增值收益额分析，广东、江苏、山东、浙江增值收益额在 50 亿元以上，分列前四名。在 40 亿～50 亿元之间的有 3 个，分别为四川、湖北、辽宁；在 30 亿～40 亿元之间的有 3 个，分别为河南、湖南、河北；在 20 亿～30 亿元之间的有 7 个，分别为安徽、陕西、云南、山西、福建、江西、内蒙古；在 10 亿～20 亿元之间的有 6 个，分别为吉林、新疆、广西、黑龙江、贵州、甘肃；

在10亿元以下的5个，分别为海南、青海、宁夏、新疆生产建设兵团、西藏。

从业务收入增长率分析，28个省、自治区均实现正增长，其中增长10%及以上的有19个，占比67.86%，陕西省增幅最大，达23.95%。

从业务支出增长率分析，28个省、自治区全部为正增长，其中增长10%及以上的有17个，占比60.71%，黑龙江省增幅最大，达22.37%。

表1-4-3 2019年全国各省、自治区和新疆生产建设兵团住房公积金管理效益比较表

序号	地区	业务收入（亿元）	增长率（%）	业务支出（亿元）	增长率（%）	管理费用（亿元）	增值收益额（亿元）	增值收益率（%）
1	新疆生产建设兵团	4.77	14.94	2.13	12.53	0.21	2.64	1.99
2	山西省	42.00	18.87	19.48	20.66	2.87	22.52	1.92
3	江西省	43.63	11.89	21.14	5.27	3.04	22.16	1.77
4	湖南省	69.54	19.46	35.25	21.09	5.56	34.29	1.71
5	湖北省	84.59	18.24	42.32	15.53	6.39	42.27	1.70
6	四川省	98.07	14.59	48.56	13.98	6.09	49.52	1.67
7	辽宁省	82.72	8.99	41.35	3.95	4.85	41.37	1.64
8	陕西省	47.93	23.95	24.17	19.99	3.05	23.76	1.63
9	吉林省	37.77	10.42	18.91	10.11	2.54	18.86	1.62
10	内蒙古自治区	42.22	9.06	20.86	6.71	3.04	21.36	1.60
11	新疆维吾尔自治区	36.81	19.47	18.11	15.39	2.44	18.69	1.59
12	安徽省	59.27	5.30	32.14	3.56	4.37	27.13	1.58
13	河北省	67.56	14.79	34.62	13.86	7.40	32.95	1.57
14	云南省	47.14	8.49	23.96	7.81	3.42	23.19	1.56
15	山东省	119.16	12.52	62.13	14.02	5.80	57.03	1.56
16	广西壮族自治区	37.72	11.43	19.47	16.93	3.01	18.25	1.56
17	广东省	188.38	14.98	102.52	15.69	7.10	85.85	1.51
18	浙江省	115.92	10.20	65.51	7.10	5.43	50.42	1.50
19	青海省	10.39	2.90	5.63	1.43	0.82	4.76	1.47
20	河南省	74.10	15.73	39.55	9.98	3.79	34.55	1.46
21	江苏省	156.80	14.33	90.35	14.78	6.37	66.45	1.44
22	海南省	12.27	3.67	6.30	0.18	0.58	5.96	1.44
23	贵州省	34.09	15.44	19.03	9.90	2.17	15.06	1.40
24	甘肃省	32.06	8.38	17.96	8.72	3.37	14.10	1.40
25	福建省	54.95	11.06	32.47	11.44	2.00	22.48	1.37
26	宁夏回族自治区	9.53	9.25	5.39	13.37	0.62	4.14	1.33
27	黑龙江省	44.19	8.33	26.00	22.37	2.51	18.19	1.25
28	西藏自治区	5.84	13.08	4.48	20.59	0.11	1.36	0.20

2. 东部各省住房公积金管理效益比较

东部各省住房公积金管理效益情况见表 1-4-4。

在东部 8 个省中增值收益率达到 1.50% 以上的有 5 个，其中仅辽宁一省超过全国平均水平；增值收益率在 1.50% ～ 1.60% 之间的有 4 个；在 1.40% ～ 1.50% 之间的有 2 个；在 1.30% ～ 1.40% 之间的有 1 个。东部各省增值收益率差距不大，最高与最低相差 0.27 个百分点。

从增值收益额分析，广东省最多，达到 85.85 亿元，江苏省次之，为 66.45 亿元；山东、浙江两省也超过了 50 亿元；增值收益额在 40 亿～ 50 亿元之间的有 1 个，为辽宁省；在 30 亿～ 40 亿元之间的有 1 个，为河北省；在 20 亿～ 30 亿元之间的有 1 个，为福建省；在 10 亿元以下的有 1 个，为海南省。

从业务收支增长率分析，业务收入增长率在 10% 及以上的有 6 个，占比 75%；业务支出增长率在 10% 及以上的有 5 个，占比 62.5%。

表 1-4-4 2019 年东部各省住房公积金管理效益比较表

序号	地区	业务收入（亿元）	增长率（%）	业务支出（亿元）	增长率（%）	管理费用（亿元）	增值收益额（亿元）	增值收益率（%）
1	辽宁省	82.72	8.99	41.35	3.95	4.85	41.37	1.64
2	河北省	67.56	14.79	34.62	13.86	7.40	32.95	1.57
3	山东省	119.16	12.52	62.13	14.02	5.80	57.03	1.56
4	广东省	188.38	14.98	102.52	15.69	7.10	85.85	1.51
5	浙江省	115.92	10.20	65.51	7.10	5.43	50.42	1.50
6	江苏省	156.80	14.33	90.35	14.78	6.37	66.45	1.44
7	海南省	12.27	3.67	6.30	0.18	0.58	5.96	1.44
8	福建省	54.95	11.06	32.47	11.44	2.00	22.48	1.37

3. 中部各省、自治区住房公积金管理效益比较

中部各省、自治区住房公积金管理效益情况见表 1-4-5。

从增值收益率分析，在 10 个中部省区中增值收益率达到或超过全国平均水平的有 7 个，其中山西省最高，达到 1.92%。增值收益率在 1.70% ～ 1.80% 之间的有 3 个；在 1.60% ～ 1.70% 之间的有 2 个；在 1.50% ～ 1.60% 之间的有 2 个；在 1.40% ～ 1.50% 之间的有 1 个；在 1.20% ～ 1.30% 之间的有 1 个。增值收益率最高与最低相差 0.67 个百分点。

从增值收益额分析，中部 10 省区均未达到 50 亿元以上，最高收益额为湖北省 42.27 亿元。增值收益额在 30 亿～ 40 亿元之间的有 2 个；在 20 亿～ 30 亿元之间的有 4 个；在 10 亿～ 20 亿元之间的有 3 个。

从业务收支增长率分析，业务收入增长率在 10% 及以上的有 7 个，占比 70%；业务支出增长率在 10% 及以上的有 6 个，占比 60%。

表 1-4-5 2019 年中部各省住房公积金管理效益比较表

序号	地区	业务收入（亿元）	增长率（%）	业务支出（亿元）	增长率（%）	管理费用（亿元）	增值收益额（亿元）	增值收益率（%）
1	山西省	42.00	18.87	19.48	20.66	2.87	22.52	1.92
2	江西省	43.63	11.89	21.14	5.27	3.04	22.16	1.77
3	湖南省	69.54	19.46	35.25	21.09	5.56	34.29	1.71
4	湖北省	84.59	18.24	42.32	15.53	6.39	42.27	1.70
5	吉林省	37.77	10.42	18.91	10.11	2.54	18.86	1.62
6	内蒙古自治区	42.22	9.06	20.86	6.71	3.04	21.36	1.60
7	安徽省	59.27	5.30	32.14	3.56	4.37	27.13	1.58
8	广西壮族自治区	37.72	11.43	19.47	16.93	3.01	18.25	1.56
9	河南省	74.10	15.73	39.55	9.98	3.79	34.55	1.46
10	黑龙江省	44.19	8.33	26.00	22.37	2.51	18.19	1.25

4. 西部各省、自治区和新疆生产建设兵团住房公积金管理效益比较

西部各省、自治区和新疆生产建设兵团住房公积金管理效益情况见表 1-4-6。

从增值收益率分析，在 10 个西部省区中增值收益率达到或超过全国平均水平的共有 4 个，其中新疆生产建设兵团最高，为 1.99%。增值收益率在 1.50% ～ 1.58% 之间的有 1 个；在 1.40% ～ 1.50% 之间的有 3 个，在 1.30% ～ 1.40% 之间的有 1 个。西藏自治区最低，为 0.20%。增值收益率最高与最低之间相差 1.79 个百分点。

从增值收益额分析，10 个西部省区均未达到 50 亿元以上，最高收益额为四川省 49.52 亿元。增值收益额在 30 亿～ 40 亿元之间的没有；在 20 亿～ 30 亿元之间的有 2 个；在 10 亿～ 20 亿元之间的有 3 个；在 10 亿元以下的有 4 个。

从业务收支增长率分析，业务收入增长率在 10% 及以上的有 6 个，占比 60%；业务支出增长率在 10% 及以上的有 6 个，占比 60%。

表 1-4-6 2019 年西部各省、自治区住房公积金管理效益比较表

序号	地区	业务收入（亿元）	增长率（%）	业务支出（亿元）	增长率（%）	管理费用（亿元）	增值收益额（亿元）	增值收益率（%）
1	新疆生产建设兵团	4.77	14.94	2.13	12.53	0.21	2.64	1.99
2	四川省	98.07	14.59	48.56	13.98	6.09	49.52	1.67
3	陕西省	47.93	23.95	24.17	19.99	3.05	23.76	1.63
4	新疆维吾尔自治区	36.81	19.47	18.11	15.39	2.44	18.69	1.59
5	云南省	47.14	8.49	23.96	7.81	2.42	23.19	1.56
6	青海省	10.39	2.90	5.63	1.43	0.82	4.76	1.47
7	贵州省	34.09	15.44	19.03	9.90	2.17	15.06	1.40
8	甘肃省	32.06	8.38	17.96	8.72	3.37	14.10	1.40

（续表）

序号	地区	业务收入（亿元）	增长率（%）	业务支出（亿元）	增长率（%）	管理费用（亿元）	增值收益额（亿元）	增值收益率（%）
9	宁夏回族自治区	9.53	9.25	5.39	13.37	0.62	4.14	1.33
10	西藏自治区	5.84	13.08	4.48	20.59	0.11	1.36	0.20

（四）副省级、省会城市住房公积金管理效益比较

1. 全国副省级、省会城市住房公积金管理效益比较

全国副省级、省会城市住房公积金管理效益情况见表1-4-7。

在31个副省级、省会城市中，增值收益率达到或超过全国平均水平的有16个，占比51.61%，其中深圳市最高，为1.85%。收益率在1.70%～1.80%之间的有3个；在1.60%～1.70%之间的有7个；在1.50%～1.60%之间的有10个；在1.40%～1.50%之间的有3个；在1.30%～1.40%之间的有3个；在1.20%～1.30%之间的有2个；在1.00%以下的有2个，最低为0.26%。收益率最高与最低之间相差1.59个百分点。

从增值收益额分析，深圳市最高，达到32.10亿元；增值收益额在20亿～30亿元之间的有2个；在10亿～20亿元之间的有9个；在5亿～10亿元之间的有12个；在5亿元以下的有7个。

从业务收支增长率分析，业务收入增长率在10%及以上的有23个，占比74.19%；业务支出增长率在10%及以上的有21个，占比67.74%。

表1-4-7 2019年全国副省级、省会城市住房公积金管理效益比较表

序号	城市	业务收入（万元）	增长率（%）	业务支出（万元）	增长率（%）	管理费用（万元）	增值收益额（万元）	增值收益率（%）
1	深圳市	617227.55	19.65	296165.50	19.18	11099.29	321062.04	1.85
2	西宁市	66216.23	-3.93	31852.94	-10.79	4442.86	34363.29	1.75
3	大连市	220610.63	4.07	109948.30	2.22	11167.45	110662.33	1.71
4	呼和浩特市	110312.10	4.93	53355.86	0.98	6032.12	56956.24	1.70
5	成都市	419189.30	18.34	206046.55	16.76	18107.28	213142.75	1.67
6	青岛市	190940.14	10.84	90564.85	9.98	9000.54	100375.29	1.67
7	乌鲁木齐市	118315.78	12.24	58834.23	17.34	4021.02	59481.55	1.67
8	太原市	136671.69	22.06	70502.97	24.36	7099.38（含上年结转）	66168.72	1.66
9	南昌市	124718.40	6.60	62501.43	5.85	4980.57	62216.97	1.65
10	南宁市	73154.65	11.34	35149.12	43.39	4693.25	38005.53	1.62
11	长沙市	225686.66	19.48	115648.34	15.54	9105.05	110038.32	1.60
12	武汉市	407631.40	21.21	216437.25	10.28	16049.22	191194.15	1.59
13	南京市	388631.08	17.89	207136.38	16.90	7520.35	181494.70	1.59

（续表）

序号	城市	业务收入（万元）	增长率（%）	业务支出（万元）	增长率（%）	管理费用（万元）	增值收益额（万元）	增值收益率（%）
14	沈阳市	288330.26	10.28	153481.66	14.25	13624.47	134848.60	1.59
15	西安市	270943.66	28.28	145221.60	20.87	8173.90	125722.06	1.59
16	广州市	573984.28	13.58	299645.40	11.86	21449.77	274338.88	1.58
17	长春市	187241.07	7.29	94914.85	8.31	12891.32	92326.22	1.57
18	济南市	243321.28	13.60	127610.09	10.46	4388.62	115711.19	1.54
19	昆明市	144385.21	4.36	74178.07	2.47	6736.16	70207.14	1.52
20	兰州市	118890.51	9.87	65129.49	4.39	10527.15	53761.02	1.51
21	福州市	154273.96	18.38	83108.27	13.51	5091.59	71165.69	1.50
22	合肥市	146979.13	14.30	80577.13	12.25	5654.52	66402.01	1.46
23	石家庄市	144975.45	14.79	77506.41	13.87	8779.03	67469.04	1.42
24	杭州市	361373.60	15.10	206448.40	14.00	10949.30	154925.20	1.40
25	银川市	59753.92	8.60	34667.24	15.00	2606.12	25086.68	1.32
26	宁波市	181072.59	11.39	109577.10	7.07	7622.22	71495.49	1.32
27	郑州市	218878.55	13.08	123412.52	8.09	7850.24	95466.03	1.31
28	贵阳市	97155.53	11.70	57175.95	10.10	3474.09	39979.58	1.28
29	厦门市	122934.39	15.29	77593.58	28.19	2246.33	45340.81	1.20
30	哈尔滨市	175305.19	10.36	126570.71	49.44	10086.01	48734.48	0.87
31	拉萨市	7750.05	15.30	6749.50	41.99	68.40	1000.55	0.26

2. 东部副省级、省会城市住房公积金管理效益比较

东部副省级、省会城市住房公积金管理效益情况见表 1-4-8。

在东部 12 个副省级、省会城市中，增值收益率达到或超过全国平均水平的有 6 个，占比 50%，深圳市最高，为 1.85%。增值收益率在 1.50% ～ 1.58% 之间的有 2 个；在 1.40% ～ 1.50% 之间的有 2 个；在 1.40% 以下的有 2 个，最低为 1.20%。收益率最高与最低之间相差 0.65 个百分点。

从增值收益额分析，增值收益额在 30 亿元以上的有 1 个，为深圳市；在 20 亿～ 30 亿元之间的有 1 个，为广州市；在 10 亿～ 20 亿元之间的有 6 个，分别为南京、杭州、沈阳、济南、大连、青岛；在 5 亿～ 10 亿元之间的有 3 个，分别为宁波、福州、石家庄；在 5 亿元以下的有 1 个，为厦门市。

从业务收支增长率分析，东部 12 个副省级、省会城市业务收入、业务支出均实现了正增长；业务收入增长率在 10% 及以上的有 11 个，占比 91.67%；业务支出增长率在 10% 及以上的有 9 个，占比 75%。其中深圳市业务收入增长率最高，为 19.65%，厦门市业务支出增长率最高，为 28.19%；大连市业务收入与业务支出增长率均最低。

表 1-4-8 2019 年东部副省级、省会城市住房公积金管理效益比较表

序号	城市	业务收入（万元）	增长率（%）	业务支出（万元）	增长率（%）	管理费用（万元）	增值收益额（万元）	增值收益率（%）
1	深圳市	617227.55	19.65	296165.50	19.18	11099.29	321062.04	1.85
2	大连市	220610.63	4.07	109948.30	2.22	11167.45	110662.33	1.71
3	青岛市	190940.14	10.84	90564.85	9.98	9000.54	100375.29	1.67
4	沈阳市	288330.26	10.28	153481.66	14.25	13624.47	134848.60	1.59
5	南京市	388631.08	17.89	207136.38	16.90	7520.35	181494.70	1.59
6	广州市	573984.28	13.58	299645.40	11.86	21449.77	274338.88	1.58
7	济南市	243321.28	13.60	127610.09	10.46	4388.62	115711.19	1.54
8	福州市	154273.96	18.38	83108.27	13.51	5091.59	71165.69	1.50
9	石家庄市	144975.45	14.79	77506.41	13.87	8779.03	67469.04	1.42
10	杭州市	361373.60	15.10	206448.40	14.00	10949.30	154925.20	1.40
11	宁波市	181072.59	11.39	109577.10	7.07	7622.22	71495.49	1.32
12	厦门市	122934.39	15.29	77593.58	28.19	2246.33	45340.81	1.20

3. 中部副省级、省会城市住房公积金管理效益比较

中部副省级、省会城市住房公积金管理效益情况见表 1-4-9。

在中部 10 个副省级、省会城市中，增值收益率达到或超过全国平均水平的有 6 个，占比 60%，其中呼和浩特市最高，为 1.70%。增值收益率在 1.60% ～ 1.70% 之间的有 4 个；在 1.50% ～ 1.60% 之间的有 2 个；在 1.30% ～ 1.50% 之间的有 2 个；在 1.00% 以下的有 1 个，最低为 0.87%。增值收益率最高与最低之间相差 0.83 个百分点。

从增值收益额分析，增值收益额在 20 亿元及以上的没有；在 15 亿～ 20 亿元之间的有 1 个，为武汉市；在 10 亿～ 15 亿元之间的有 1 个，为长沙市；在 5 亿～ 10 亿元之间的有 6 个；在 5 亿元以下的有 2 个。

从业务收支增长率分析，业务收入增长率在 10% 及以上的有 7 个，占比 70%；业务支出增长率在 10% 及以上的有 6 个，占比 60%。总体来看，中部副省级、省会城市业务收支增长率差距较大，业务收入增长率最高为 22.06%，最低为 4.93%；业务支出增长率最高为 49.44%，最低仅为 0.98%；其中呼和浩特市业务收入、业务支出增长率均最低。

表 1-4-9 2019 年中部副省级、省会城市住房公积金管理效益比较表

序号	城市	业务收入（万元）	增长率（%）	业务支出（万元）	增长率（%）	管理费用（万元）	增值收益额（万元）	增值收益率（%）
1	呼和浩特市	110312.10	4.93	53355.86	0.98	6032.12	56356.24	1.70
2	太原市	136671.69	22.06	70502.97	24.36	7099.38（含上年结转）	66168.72	1.66

（续表）

序号	城市	业务收入（亿元）	增长率（%）	业务支出（亿元）	增长率（%）	管理费用（亿元）	增值收益额（亿元）	增值收益率（%）
3	南昌市	124718.40	6.60	62501.43	5.85	4980.57	62216.97	1.65
4	南宁市	73154.65	11.34	35149.12	43.39	4693.25	38005.53	1.62
5	长沙市	225686.66	19.48	115648.34	15.54	9105.05	110038.32	1.60
6	武汉市	407631.40	21.21	216437.25	10.28	16049.22	191194.15	1.59
7	长春市	187241.07	7.29	94914.85	8.31	12891.32	92326.22	1.57
8	合肥市	146979.13	14.30	80577.13	12.25	5654.52	66402.01	1.46
9	郑州市	218878.55	13.08	123412.52	8.09	7850.24	95466.03	1.31
10	哈尔滨市	175305.19	10.36	126570.71	49.44	10086.01	48734.48	0.87

4. 西部副省级、省会城市住房公积金管理效益比较

西部副省级、省会城市住房公积金管理效益情况见表 1-4-10。

在西部 9 个副省级、省会城市中，增值收益率达到或超过全国平均水平的有 4 个，占比 44.44%，其中西宁市最高，为 1.75%。增值收益率在 1.60% ～ 1.70% 之间的有 2 个；在 1.50% ～ 1.60% 之间的有 3 个；在 1.20% ～ 1.40% 之间的有 2 个；在 1.00% 以下的有 1 个，最低为 0.26%。增值收益率最高与最低之间相差 1.49 个百分点。

从增值收益额分析，增值收益额在 20 亿元及以上的有 1 个，为成都市；在 15 亿～ 20 亿元之间的没有；在 10 亿～ 15 亿元之间的有 1 个，为西安市；在 5 亿～ 10 亿元之间的有 3 个，分别为昆明、乌鲁木齐、兰州；在 5 亿元以下的有 4 个，分别为贵阳、西宁、银川、拉萨。

从业务收支增长率分析，除西宁市业务收入、业务支出增长率为负值外，其余 8 个西部副省级、省会城市业务收入、业务支出均实现了正增长；其中业务收入增长率在 10% 及以上的有 5 个，占比 55.56%；业务支出增长率在 10% 及以上的有 6 个，占比 66.67%。

表 1-4-10 2019 年西部副省级、省会城市住房公积金管理效益比较表

序号	城市	业务收入（万元）	增长率（%）	业务支出（万元）	增长率（%）	管理费用（万元）	增值收益额（万元）	增值收益率（%）
1	西宁市	66216.23	-3.93	31852.94	-10.79	4442.86	34363.29	1.75
2	成都市	419189.30	18.34	206046.55	16.76	18107.28	213142.75	1.67
3	乌鲁木齐市	118315.78	12.24	58834.23	17.34	4021.02	59481.55	1.67
4	西安市	270943.66	28.28	145221.60	20.87	8173.90	125722.06	1.59
5	昆明市	144385.21	4.36	74178.07	2.47	6736.16	70207.14	1.52
6	兰州市	118890.51	9.87	65129.49	4.39	10527.15	53761.02	1.51
7	银川市	59753.92	8.60	34667.24	15.00	2606.12	25086.68	1.32
8	贵阳市	97155.53	11.70	57175.95	10.10	3474.09	39979.58	1.28
9	拉萨市	7750.05	15.30	6749.50	41.99	68.40	1000.55	0.26

（五）地市州盟住房公积金管理效益比较

1. 全国地市州盟住房公积金管理效益比较

全国地市州盟住房公积金管理效益情况见表 1-4-11。

对未披露当年增值收益率或者个别数据明显失真的情况，我们进行了重新核定计算，按增值收益额与缴存余额的比率得出，可能与实际数据稍有误差（例如：河源市、盘锦市、景德镇市）；景德镇市年报中未披露的业务收入、业务支出、管理费用等数据摘自《住房保障与住房公积金》。

在 303 个地市州盟中，增值收益率达到或超过全国平均水平的有 156 个，占比 51.49%，忻州市最高，为 4.84%。增值收益率在 2.0% ～ 3.0% 之间的有 20 个，占比 6.60%；在 1.0% ～ 2.0% 之间的有 263 个，占比 86.80%；在 1.0% 以下的有 19 个，占比 6.27%。

从增值收益额分析，增值收益额在 10 亿元及以上的有 1 个，为苏州市；在 5 亿～ 10 亿元之间的有 3 个；在 4 亿～ 5 亿元之间的有 5 个；在 3 亿～ 4 亿元之间的有 15 个；在 2 亿～ 3 亿元之间的有 40 个；在 1 亿～ 2 亿元之间的有 129 个；在 1 亿元以下的有 110 个。

从业务收支增长率分析，全国 303 个地市州盟中，19 个地市州盟业务收入为负增长，41 个地市州盟业务支出为负增长，其余均为正增长；其中业务收入增长率在 10% 及以上的有 198 个，占比 65.35%；业务支出增长率在 10% 及以上的有 177 个，占比 58.42%。

表 1-4-11 2019 年全国地市州盟住房公积金管理效益比较表

序号	地方	业务收入（万元）	增长率（%）	业务支出（万元）	增长率（%）	管理费用（万元）	增值收益额（万元）	增值收益率（%）
1	忻州市	31469.84	56.65	7836.77	20.77	649.92	23633.07	4.84
2	铁岭市	30117.80	31.61	6638.64	-41.40	1868.99	23479.16	2.91
3	哈密市	21167.25	-27.68	3089.89	-67.06	2332.66	18077.36	2.88
4	渭南市	24600.41	27.83	1984.67	35.69	1494.78	22615.74	2.83
5	黄石市	49027.72	60.16	24154.74	132.05	1890.43	24872.98	2.37
6	新余市	13740.51	26.29	4457.57	-8.79	1075.83	9282.94	2.36
7	宿州市	25739.92	-9.64	9173.17	-29.18	2447.69	16566.75	2.32
8	鄂州市	13110.50	8.68	5412.27	15.68	900.41	7698.24	2.29
9	吕梁市	23909.31	115.79	9174.36	77.89	1718.40	14734.95	2.25
10	黄山市	14465.26	4.09	5384.12	0.94	1344.91	9081.14	2.23
11	本溪市	19701.53	-12.26	3049.53	-48.68	1710.67	16652.00	2.16
12	阳泉市	14480.30	12.22	7377.01	26.89	1067.02	7103.29	2.14
13	伊春市	11302.58	56.93	4498.09	13.93	1355.27	6804.49	2.12
14	荆门市	31456.22	-2.67	11866.21	-28.96	5242.88	19590.01	2.09
15	晋城市	32571.94	28.69	14046.51	22.25	1865.54	18525.43	2.09
16	大兴安岭地区	8007.11	28.33	3334.01	25.45	453.86	4673.11	2.09
17	鸡西市	18690.39	-14.6	7970.79	-24.57	1312.93	10719.60	2.07
18	商洛市	15355.35	27.54	6515.20	28.57	1823.81	8840.15	2.03

（续表）

序号	地方	业务收入（万元）	增长率（%）	业务支出（万元）	增长率（%）	管理费用（万元）	增值收益额（万元）	增值收益率（%）
19	曲靖市	43174.04	2.88	15067.67	3.10	2247.67	28106.37	2.03
20	凉山州	48154.86	10.7	20676.30	10.96	3575.91	27478.56	2.01
21	怀化市	33001.70	12.61	14189.47	7.85	3831.18	18812.23	2.00
22	白山市	12711.58	21.78	5584.85	9.01	604.54	7126.73	1.97
23	岳阳市	49339.93	13.01	21339.93	12.55	4343.54	28000.00	1.96
24	塔城地区	15349.53	38.2	8105.04	65.47	1349.21	7244.49	1.96
25	芜湖市	55083.43	−5.84	30063.32	−6.77	11608.33	25020.11	1.95
26	四平市	20592.60	23.85	9147.58	17.81	1750.54	11445.02	1.95
27	潜江市	5906.33	14.85	2565.12	11.66	609.16	3341.22	1.95
28	攀枝花市	31172.83	18.75	14683.83	14.22	1606.29	16489.00	1.95
29	衡阳市	44075.54	21.02	19551.62	18.76	3549.10	24523.92	1.95
30	和田地区	21195.84	103.3	8717.35	8.76	1097.41	12478.49	1.95
31	驻马店市	31256.42	19.86	13938.85	16.08	1493.89	17317.57	1.94
32	运城市	30520.75	20.86	14268.27	29.30	2776.98	16252.48	1.94
33	自贡市	24451.87	11.45	11045.81	2.49	1649.90	13406.06	1.91
34	湘西州	22652.57	11.24	10007.58	7.11	3193.68	12644.99	1.91
35	张家界市	11046.13	27.79	4851.02	22.46	1178.21	6195.11	1.90
36	吉安市	39254.88	9.97	19242.27	12.19	1937.06	20012.61	1.88
37	河池市	20474.72	22.98	9388.07	19.16	1869.83	11086.65	1.88
38	鹰潭市	12694.44	9.00	6139.30	6.80	1528.29	6555.14	1.87
39	娄底市	28395.29	22.14	13111.89	24.14	3392.32	15283.40	1.84
40	临汾市	33759.67	16.06	15431.90	10.45	3592.21	18327.77	1.84
41	咸宁市	23374.00	4.90	11244.53	14.81	2977.94	12129.47	1.83
42	邵阳市	41143.52	15.00	18856.99	16.00	4344.67	22286.53	1.83
43	鹤壁市	13505.71	18.04	6588.21	8.77	1491.55	6917.50	1.83
44	汉中市	25437.18	14.31	12316.01	20.24	2245.00	13121.17	1.83
45	武威市	16649.02	37.35	7936.25	13.26	1052.32	8712.77	1.82
46	朔州市	15526.24	15.74	7186.03	18.08	1013.60	8340.21	1.82
47	抚州市	29496.88	18.16	13790.07	14.70	4083.00	15706.81	1.81
48	株洲市	49860.98	18.08	23240.26	16.85	3684.39	26620.72	1.80
49	上饶市	44885.75	10.87	20959.12	13.87	3103.30	23926.63	1.80
50	三门峡市	19069.68	−4.87	6837.62	−44.00	1188.61	12232.06	1.80
51	池州市	10474.52	−2.81	4717.60	−14.95	798.74	5756.92	1.80
52	滨州市	31724.68	14.97	14471.81	−5.11	2570.83	17252.87	1.80
53	宜春市	32468.50	19.15	14900.34	19.59	1816.78	17568.16	1.79

（续表）

序号	地方	业务收入（万元）	增长率（%）	业务支出（万元）	增长率（%）	管理费用（万元）	增值收益额（万元）	增值收益率（%）
54	丽江市	10805.18	15.6	4923.51	12.55	1620.31	5881.67	1.79
55	贺州市	13088.23	17.97	6583.17	29.75	964.55	6505.06	1.79
56	东营市	53272.88	0.04	25820.52	3.58	4988.62	27452.36	1.79
57	咸阳市	31630.21	21.15	14898.44	4.11	1850.00	16731.77	1.78
58	随州市	11092.32	20.74	5084.45	18.62	1115.29	6007.87	1.78
59	甘孜州	24850.01	14.85	11932.96	12.80	3348.85	12917.05	1.78
60	延边州	34705.85	15.77	16566.02	9.41	2404.68	18139.83	1.77
61	北海市	13814.73	11.62	6684.82	13.83	1339.59	7129.91	1.77
62	孝感市	30101.07	18.00	13699.92	6.00	3960.00	16401.15	1.76
63	南充市	30950.26	11.00	14246.62	12.11	2576.98	16703.64	1.76
64	晋中市	23832.02	5.90	11797.02	32.30	2477.03	12035.00	1.76
65	淮北市	32685.38	8.01	13875.84	−17.97	1780.83	18809.54	1.76
66	绵阳市	52942.67	1.96	24392.94	−6.44	3231.35	28549.72	1.75
67	龙岩市	32270.91	3.42	17639.77	0.06	3644.61	14631.14	1.75
68	嘉峪关市	9767.19	−2.53	4521.16	5.37	975.87	5246.03	1.75
69	亳州市	21653.35	4.32	9831.25	−3.83	747.15	11822.10	1.75
70	仙桃市	5813.26	13.92	2619.58	15.43	700.40	3193.68	1.74
71	铜川市	7110.42	10.13	3300.79	7.81	976.46	3809.63	1.74
72	来宾市	11252.55	12.42	5395.57	8.28	1131.09	5856.98	1.74
73	张家口市	43389.67	22.04	20512.04	16.33	5728.71	22877.63	1.73
74	雅安市	16628.68	26.02	9186.74	38.60	1183.61	7441.94	1.73
75	宿迁市	29659.02	15.95	13908.68	6.59	1394.24	15750.34	1.73
76	韶关市	30500.33	8.80	14933.30	8.32	1858.96	15567.03	1.73
77	廊坊市	46117.09	28.19	22803.76	19.92	5463.14	23313.33	1.73
78	焦作市	29935.98	20.27	14839.29	7.14	2264.33	15096.69	1.73
79	菏泽市	40970.11	29.22	18656.46	22.36	2602.35	22313.65	1.73
80	沧州市	66987.81	11.21	32420.49	6.91	8772.77	34567.32	1.73
81	黄冈市	39912.99	8.68	18757.95	35.20	5191.01	21155.04	1.72
82	呼伦贝尔市	34618.09	14.06	16581.20	12.71	3847.83	18036.89	1.72
83	辽源市	9482.90	14.48	4102.66	16.10	1092.75	5380.24	1.71
84	九江市	37971.25	12.79	19395.58	9.36	3712.79	18575.67	1.71
85	金华市	80104.54	7.06	41117.26	0.58	3393.01	38987.28	1.71
86	承德市	36138.00	91.2	17422.84	5.51	2050.61	18715.16	1.71
87	昌吉州	28135.16	12.14	13508.64	4.39	3293.90	14626.52	1.71
88	昭通市	34603.35	12.37	16635.93	7.20	2893.84	17967.43	1.70

（续表）

序号	地方	业务收入（万元）	增长率（%）	业务支出（万元）	增长率（%）	管理费用（万元）	增值收益额（万元）	增值收益率（%）
89	宜昌市	54459.71	6.53	26757.44	46.81	8102.08	27702.27	1.70
90	宜宾市	44580.11	8.06	22060.11	8.95	2221.09	22520.00	1.70
91	泸州市	33064.58	2.17	17564.75	43.62	9053.37（含融资费用6581.05）	15499.83	1.70
92	邯郸市	60657.27	19.23	30289.63	15.34	4940.52	30367.64	1.70
93	潮州市	11989.79	24.02	5526.05	35.23	526.57	6463.74	1.70
94	安阳市	26436.59	16.60	12990.53	14.10	1025.33	13446.06	1.70
95	资阳市	15036.43	-1.93	7544.98	1.59	670.00	7491.45	1.69
96	长治市	27089.23	24.26	13198.84	19.30	1424.87	13890.39	1.69
97	潍坊市	71527.37	18.46	34218.25	27.34	5281.02	37309.11	1.69
98	荆州市	34782.43	14.49	16858.49	12.58	2751.53	17923.94	1.69
99	临沧市	21451.33	11.94	10539.50	16.32	1957.71	10911.83	1.68
100	淮安市	42615.54	11.82	20791.41	10.91	1992.93	21824.13	1.68
101	恩施州	27957.25	22.18	13210.75	15.85	4162.90	14746.50	1.68
102	德州市	35741.65	21.41	17576.87	17.37	2082.75	18164.78	1.68
103	阿勒泰地区	10583.90	-5.33	5143.54	26.12	1187.03	5440.36	1.68
104	益阳市	29885.26	14.32	15927.72	13.64	3838.45	13957.54	1.67
105	泰安市	41254.66	21.66	20590.28	20.87	2468.05	20664.38	1.67
106	十堰市	49975.97	15.89	25332.27	19.79	3875.96	24643.70	1.67
107	柳州市	42390.57	6.53	20481.22	4.53	2811.38	21909.35	1.67
108	安庆市	39601.36	12.32	21492.48	-0.65	2092.17	18108.88	1.67
109	襄阳市	45612.34	18.87	21972.03	11.59	4883.10	23640.31	1.66
110	佳木斯市	20309.36	7.87	9772.73	6.73	1330.81	10536.63	1.66
111	郴州市	37907.97	15.19	18674.49	13.38	4300.10	19233.48	1.66
112	包头市	56667.75	12.05	28122.28	3.50	3316.33	28545.47	1.66
113	西双版纳州	14327.09	20.99	7049.79	7.02	833.15	7277.30	1.65
114	六安市	27983.66	-0.77	13995.22	4.74	3635.75	13988.43	1.65
115	湖州市	57157.80	6.81	30734.90	-1.42	5385.43	26422.90	1.65
116	德阳市	38817.47	13.27	19372.72	10.79	2066.80	19444.75	1.65
117	毕节市	29589.67	14.81	14726.07	10.07	1852.88	14863.60	1.65
118	扬州市	73000.00	7.35	38000.00	0.00	4134.00	35000.00	1.64
119	兴安盟	14938.01	8.44	7240.28	4.53	2380.18	7697.73	1.64
120	台州市	82022.75	9.18	43093.31	5.71	4567.54	38929.44	1.64
121	牡丹江市	21121.52	15.14	10138.62	9.13	1798.25	10982.90	1.64

（续表）

序号	地方	业务收入（万元）	增长率（%）	业务支出（万元）	增长率（%）	管理费用（万元）	增值收益额（万元）	增值收益率（%）
122	开封市	20178.24	26.44	9880.53	-14.84	1779.55	10297.71	1.64
123	巴中市	19747.00	17.71	9512.23	14.59	969.34	10234.77	1.64
124	铜陵市	18724.53	10.17	9682.59	2.28	834.50	9041.95	1.63
125	通化市	19077.29	14.33	9600.10	17.32	1161.08	9477.19	1.63
126	丽水市	44138.00	-1.70	26484.00	-0.03	3092.00	17654.00	1.63
127	朝阳市	24894.74	14.37	12051.74	8.15	2307.39	12843.00	1.63
128	萍乡市	18484.26	19.81	10219.26	30.31	1970.40	8265.00	1.62
129	连云港市	48254.54	2.95	23219.39	-5.76	3406.21	25035.15	1.62
130	酒泉市	15693.76	9.69	7663.31	10.01	3191.06	8030.45	1.62
131	红河州	41081.40	11.47	21243.14	5.99	1879.40	19838.26	1.62
132	阿克苏地区	22104.31	59.23	10878.53	23.52	1595.52	11225.78	1.62
133	吉林市	54912.18	8.67	28700.10	9.82	2812.72	26212.08	1.61
134	抚顺市	30585.48	9.58	15490.94	5.26	1767.92	15094.54	1.61
135	许昌市	24944.19	13.40	12715.14	-21.20	1310.59	12229.05	1.60
136	齐齐哈尔市	35225.08	9.46	17270.15	6.61	1047.51	17954.93	1.60
137	濮阳市	30564.72	10.9	15504.47	10.90	1876.62	15060.25	1.60
138	南通市	114388.71	14.30	67140.68	17.21	4217.99	47248.02	1.60
139	洛阳市	69921.08	9.58	35397.54	9.58	2664.93	34523.54	1.60
140	陇南市	18808.02	2.00	8903.56	9.20	2125.00	9904.46	1.60
141	辽阳市	24109.07	20.12	11998.29	26.27	1359.98	12110.78	1.60
142	乐山市	32882.76	11.42	16566.65	9.43	2208.53	16316.11	1.60
143	巴彦淖尔市	23156.04	1.45	11263.58	10.99	798.23	11892.46	1.60
144	邢台市	35696.95	12.49	18529.72	12.36	5600.25	17167.23	1.59
145	唐山市	116525.76	9.42	60736.74	14.71	5574.98	55789.02	1.59
146	宁德市	28972.25	8.78	15022.06	10.40	1332.35	13950.19	1.59
147	鄂尔多斯市	42441.21	7.14	20114.46	9.48	1156.73	22326.75	1.59
148	大庆市	85931.98	0.62	42430.67	3.19	2782.60	43501.31	1.59
149	赤峰市	49360.71	14.63	24676.24	9.96	4005.94	24684.47	1.59
150	鞍山市	41428.36	6.67	21697.55	-1.27	4046.75	19730.81	1.59
151	张掖市	13859.46	-5.43	6996.08	8.73	1588.13	6863.38	1.58
152	阳江市	15892.44	10.89	8253.64	8.63	1026.79	7638.80	1.58
153	衢州市	43261.30	4.28	27824.73	-7.49	2956.60	15436.57	1.58
154	钦州市	15499.82	5.78	8031.80	11.77	951.04	7468.02	1.58
155	赣州市	63727.34	4.98	32168.77	-17.12	4407.76	31558.56	1.58
156	安顺市	17418.96	12.13	8624.65	-17.50	1897.89	8794.31	1.58

（续表）

序号	地方	业务收入（万元）	增长率（%）	业务支出（万元）	增长率（%）	管理费用（万元）	增值收益额（万元）	增值收益率（%）
157	温州市	130085.16	7.05	70767.43	10.57	5698.83	59317.73	1.57
158	内江市	22787.08	11.49	11695.66	12.75	1262.08	11091.42	1.57
159	宝鸡市	29389.65	12.76	14816.88	18.87	2695.00	14572.77	1.57
160	河源市	15290.13	24.87	7173.87	−2.18	1340.30	8116.27	1.57
161	眉山市	21798.16	5.89	12120.43	−2.41	2626.54	9677.74	1.56
162	玉林市	28370.02	15.02	15241.69	21.14	1669.12	13128.33	1.55
163	营口市	24811.87	9.4	12460.65	10.50	1112.47	12351.22	1.55
164	黔东南州	38763.62	14.51	20464.35	4.39	4605.78	18299.27	1.55
165	锡林郭勒盟	18249.54	8.78	9612.46	15.00	2598.67	8637.08	1.55
166	贵港市	14869.97	9.10	8170.17	13.26	1143.00	6699.80	1.55
167	天水市	20318.87	17.17	10760.10	13.89	1999.41	9558.77	1.54
168	济宁市	82592.50	8.57	45399.74	9.43	4201.14	37192.76	1.54
169	衡水市	23291.60	19.43	11756.02	9.97	2768.78	11535.58	1.54
170	阜阳市	40268.45	7.01	23174.51	4.85	1129.40	17093.93	1.54
171	保山市	21916.09	−1.60	11646.28	−13.71	1731.11	10269.81	1.54
172	周口市	24043.26	30.03	12255.59	27.25	1245.90	11787.67	1.53
173	乌兰察布市	17461.29	21.59	8658.93	13.16	1855.40	8802.37	1.53
174	商丘市	33773.50	22.24	16664.54	18.67	2409.74	17108.96	1.53
175	南阳市	51176.77	27.39	26019.88	22.51	2322.52	25156.89	1.53
176	嘉兴市	76595.01	8.91	39631.50	8.19	4005.53	36963.51	1.53
177	烟台市	99639.04	15.83	56837.05	22.55	3996.33	42801.99	1.52
178	绍兴市	74551.46	12.70	40986.69	6.80	4572.46	33564.77	1.52
179	茂名市	37488.96	8.85	19955.21	11.51	2013.57	17533.75	1.52
180	葫芦岛市	27217.36	12.29	14187.73	11.89	1998.57	13029.63	1.52
181	桂林市	41846.21	8.19	21877.14	3.38	3727.83	19969.07	1.52
182	永州市	36818.06	23.41	20644.64	36.06	3225.08	16173.42	1.51
183	济源市	9504.94	15.49	5026.09	−15.79	832.55	4478.84	1.51
184	珠海市	36879.63	13.96	19612.79	−25.73	3371.20	17266.84	1.50
185	新乡市	31443.95	16.10	16316.57	19.00	1359.23	15127.38	1.50
186	防城港市	6959.92	15.6	3628.48	14.95	959.71	3331.44	1.50
187	丹东市	21241.35	11.8	11809.87	12.90	2271.73	9431.48	1.50
188	大同市	28262.65	22.22	14868.56	19.33	2288.78	13394.09	1.50
189	常德市	55105.11	36.36	36576.48	64.02	5733.49	18528.63	1.50
190	铜仁市	25621.50	17.30	13244.62	6.73	1757.67	12376.87	1.49
191	三明市	33831.84	−1.18	18447.73	−12.59	1315.42	15384.11	1.49

（续表）

序号	地方	业务收入（万元）	增长率（%）	业务支出（万元）	增长率（%）	管理费用（万元）	增值收益额（万元）	增值收益率（%）
192	克拉玛依市	29326.62	10.62	15225.30	6.84	1886.06	14101.32	1.49
193	百色市	22279.58	17.49	11458.77	14.37	2502.49	10820.81	1.49
194	无锡市	204350.12	21.75	120188.78	33.42	6127.33	84161.34	1.48
195	天门市	5377.50	11.44	2621.60	17.86	743.18	2755.90	1.48
196	景德镇市	15786.84	27.57	7855.75	16.64	1775.72	7931.09	1.48
197	惠州市	58862.21	22.25	32338.49	19.48	2844.00	26523.72	1.48
198	威海市	43694.30	7.49	23218.98	6.94	3439.23	20475.32	1.46
199	锦州市	29401.80	9.82	15846.43	4.85	1569.27	13555.37	1.46
200	博州	5469.01	21.37	2787.04	10.35	594.45	2681.97	1.46
201	广安市	14981.67	29.36	7951.18	30.99	832.60	7030.49	1.45
202	迪庆州	10141.15	15.05	5190.01	15.29	1380.03	4951.14	1.45
203	达州市	29383.57	17.92	15797.33	12.04	1338.38	13586.24	1.45
204	湘潭市	30499.26	25.80	19883.00	38.09	1902.03	10616.26	1.44
205	白银市	17227.64	5.44	10404.45	9.88	1375.79	6823.19	1.44
206	遵义市	56835.48	20.67	31785.47	12.90	2666.78	25050.01	1.43
207	通辽市	34970.53	10.51	17995.15	6.95	1978.09	16975.38	1.43
208	遂宁市	17785.26	16.09	9783.58	22.16	383.10	8001.68	1.43
209	楚雄州	15145.72	5.68	8089.68	5.68	1271.82	7056.04	1.43
210	松原市	28961.84	11.54	15088.41	12.44	1730.46	13873.43	1.42
211	南平市	28526.52	8.35	16563.42	22.93	1209.23	11963.10	1.42
212	果洛州	2406.10	178.56	1471.36	−7.56	8.30	934.75	1.42
213	泰州市	50976.44	10.36	29652.30	14.96	3641.80	21324.14	1.41
214	石嘴山市	8502.25	10.89	4481.03	5.04	948.55	4021.22	1.41
215	阜新市	12687.00	12.26	6706.28	9.05	1173.08	5980.72	1.41
216	临沂市	72653.00	11.52	40279.06	40.93	1885.09	32373.94	1.40
217	德宏州	13166.78	9.95	7179.21	26.13	1774.29	5987.57	1.40
218	宣城市	19324.48	6.70	12263.75	6.92	1102.45	7060.73	1.39
219	信阳市	27390.29	24.78	14317.45	−0.22	1639.74	13072.84	1.39
220	梧州市	16450.87	16.00	9388.02	11.43	2331.31	7062.85	1.39
221	黔西南州	23925.57	21.58	13669.67	21.43	2124.82	10255.90	1.39
222	阿坝州	18806.98	20.83	11371.58	24.25	638.82	7435.40	1.39
223	定西市	18229.32	15.96	9867.36	14.20	1964.46	8361.96	1.38
224	淄博市	76044.58	7.66	42039.28	5.05	3404.68	34005.30	1.37
225	伊犁州	27972.19	12.66	15616.22	6.97	1938.18	12355.97	1.37
226	文山州	20846.95	11.33	11027.54	13.13	2434.44	9819.41	1.37

（续表）

序号	地方	业务收入（万元）	增长率（%）	业务支出（万元）	增长率（%）	管理费用（万元）	增值收益额（万元）	增值收益率（%）
227	秦皇岛市	36724.67	6.75	20668.84	13.22	1826.44	16055.83	1.37
228	揭阳市	20695.25	15.13	11131.02	18.18	937.71	9564.24	1.37
229	云浮市	15666.94	13.13	8939.95	14.42	1534.20	6726.99	1.36
230	固原市	9246.48	9.14	4935.40	4.87	369.39	4311.08	1.36
231	滁州市	34038.69	0.70	23827.40	38.07	5634.84	10211.29	1.36
232	阿拉善盟	7746.47	1.04	4037.98	−3.11	887.22	3708.50	1.36
233	湛江市	51247.41	11.45	29332.68	9.30	2701.47	21914.73	1.35
234	吴忠市	10699.75	17.08	5733.57	12.08	1280.93	4966.18	1.35
235	保定市	65132.38	14.2	33534.56	17.46	22458.36	31597.82	1.35
236	七台河市	9420.66	32.59	4994.18	14.70	761.31	4426.48	1.34
237	安康市	14918.44	11.96	8255.86	13.32	1496.78	6662.58	1.34
238	漯河市	17016.62	11.88	9424.32	−0.50	1469.12	7592.30	1.33
239	广元市	22713.02	30.91	12002.30	16.47	1360.97	10710.72	1.33
240	玉树州	4964.81	3.01	2778.42	5.31	639.76	2186.39	1.32
241	庆阳市	16931.90	10.80	9389.89	13.44	1601.25	7542.01	1.32
242	江门市	37153.19	5.43	21648.84	6.08	1728.34	15504.36	1.32
243	大理州	26547.50	22.21	15496.14	24.21	2843.27	11051.35	1.32
244	黔南州	28617.85	14.61	17064.96	7.52	1399.28	11552.89	1.31
245	莆田市	25878.74	5.38	14619.75	1.72	805.75	11258.99	1.31
246	聊城市	39941.69	7.62	23052.46	34.43	3544.87	16889.23	1.31
247	玉溪市	26983.82	8.10	16499.46	21.13	2838.15	10484.36	1.30
248	日照市	28906.99	12.58	17096.64	13.10	1889.16	11810.34	1.30
249	马鞍山市	31422.99	5.22	17805.72	29.52	1600.39	13617.27	1.30
250	白城市	10002.02	10.95	5362.72	12.41	949.26	4639.30	1.30
251	中卫市	7128.67	2.59	4067.54	23.14	657.11	3061.13	1.29
252	镇江市	49786.54	2.02	32183.21	−0.15	3785.78	17603.33	1.29
253	蚌埠市	29545.24	2.88	19687.37	−8.20	1408.10	9857.87	1.29
254	舟山市	30784.00	6.53	20325.00	−3.49	2030.00	10458.00	1.28
255	普洱市	22360.91	13.68	12187.27	19.03	1562.39	10173.64	1.28
256	淮南市	44724.72	3.88	25876.28	4.00	1893.44	18848.44	1.28
257	徐州市	101870.66	7.80	57663.30	10.06	4745.23	44207.36	1.27
258	崇左市	11426.87	18.67	7249.57	36.71	1004.30	4177.30	1.27
259	肇庆市	27464.32	8.04	18492.85	6.41	2101.15	8971.47	1.24
260	甘南州	10427.72	10.89	6209.89	40.71	2850.06	4217.83	1.24
261	常州市	114141.72	16.33	73701.03	9.94	6654.28	40440.70	1.24

（续表）

序号	地方	业务收入（万元）	增长率（%）	业务支出（万元）	增长率（%）	管理费用（万元）	增值收益额（万元）	增值收益率（%）
262	延安市	26058.76	22.46	15681.18	42.59	1515.95	10377.58	1.23
263	泉州市	83802.27	0.88	56188.64	−2.96	2337.46	27613.63	1.23
264	清远市	31624.01	13.76	20313.72	18.04	2297.98	11310.29	1.23
265	六盘水市	21358.67	14.02	12672.37	13.09	1225.45	8686.30	1.23
266	海南州	4851.76	12.86	3086.71	22.75	1117.68	1765.05	1.21
267	枣庄市	39409.79	12.75	23859.97	7.22	2257.91	15549.82	1.20
268	苏州市	295467.22	15.25	185195.61	18.52	13141.59	110271.61	1.19
269	喀什地区	33790.02	120.90	18243.05	82.28	1844.30	15546.97	1.19
270	巴州	20409.96	30.34	10912.29	39.67	1778.23	9497.67	1.19
271	盐城市	54704.00	6.58	34313.00	0.71	4316.00	20391.00	1.16
272	东莞市	101527.47	17.64	62452.99	16.32	4197.93	39074.48	1.16
273	绥化市	16433.97	5.54	8892.51	8.72	1280.58	7541.46	1.15
274	海北州	3479.91	10.62	2300.80	24.68	206.58	1179.11	1.15
275	榆林市	32168.14	20.84	18496.17	19.39	8161.06	13671.97	1.14
276	汕尾市	9714.10	59.12	6307.43	90.16	1200.69	3406.67	1.14
277	梅州市	24639.34	13.49	15247.40	36.56	1100.80	9391.94	1.14
278	黑河市	15865.09	6.93	9149.71	8.96	959.33	6715.38	1.13
279	林芝市	4991.09	26.21	2922.50	56.59	3.11	2068.59	1.10
280	漳州市	36475.25	24.30	24041.41	32.25	1830.17	12433.84	1.08
281	盘锦市	32047.26	16.01	18086.24	−4.56	2497.87	13961.02	1.06
282	乌海市	7800.20	8.75	4612.63	21.87	839.82	3187.57	1.04
283	怒江州	4476.72	22.49	2602.49	18.49	91.30	1874.23	1.01
284	海西州	10316.14	21.56	6891.30	53.60	760.48	3424.84	1.00
285	鹤岗市	9834.83	7.97	6039.73	3.69	857.28	3795.10	0.95
286	金昌市	10795.98	7.43	6850.13	13.35	1224.40	3945.85	0.91
287	海东市	8713.88	10.08	5793.35	17.87	717.56	2920.53	0.90
288	中山市	32877.45	−8.86	22245.36	18.01	2789.44	10632.09	0.85
289	平顶山市	50311.66	14.50	36793.06	66.23	1747.93	13518.60	0.85
290	吐鲁番市	6429.23	26.85	4377.15	58.78	745.45	2052.08	0.83
291	双鸭山市	12458.09	15.79	8104.37	10.46	875.48	4353.72	0.82
292	平凉市	22223.82	6.04	16690.80	10.67	1883.87	5533.03	0.76
293	临夏州	10878.34	2.54	8298.47	−0.35	1319.40	2579.87	0.71
294	黄南州	2951.99	17.05	2101.24	17.60	285.99	850.75	0.68
295	佛山市	95284.67	19.04	75511.56	22.72	3548.79	19773.11	0.66
296	汕头市	37755.21	−8.85	20841.57	15.70	1309.08	7766.27	0.65

（续表）

序号	地方	业务收入（万元）	增长率（%）	业务支出（万元）	增长率（%）	管理费用（万元）	增值收益额（万元）	增值收益率（%）
297	克孜勒苏州	7811.68	35.65	5697.62	50.34	734.18	2114.06	0.63
298	神农架林区	1146.53	−18.26	867.31	−25.52	172.71	279.22	0.54
299	那曲市	7851.40	20.71	4951.11	53.18	15.57	2900.30	0.54
300	山南市	5341.32	17.39	3985.87	19.57	63.22	1355.45	0.53
301	昌都市	6052.79	3.48	4696.64	18.23	19.03	1356.15	0.44
302	阿里地区	2662.33	5.81	2073.85	7.50	31.20	588.47	0.44
303	日喀则市	10019.83	11.87	9319.80	12.31	11.15	700.04	0.12

2. 东部地市州盟住房公积金管理效益比较

东部地市州盟住房公积金管理效益情况见表1-4-12。

在东部83个地市州盟城市中，增值收益率达到或超过全国平均水平的有34个，占比40.96%，最高收益率为2.91%。增值收益率在2.0%及以上的有2个，占比2.41%；在1.0%～2.0%之间的有78个，占比93.98%；在1.0%以下的有3个，占比3.61%，最低为0.65%。

从增值收益额分析，增值收益额在10亿元以上的有1个，为苏州市；在5亿～10亿元之间的有3个；在4亿～5亿元之间的有4个；在3亿～4亿元之间的有13个；在2亿～3亿元之间的有15个；在1亿～2亿元之间的有36个；在1亿元以下的有11个。

从业务收支增长率分析，业务收入增长率在10%及以上的有46个，占比55.42%；业务支出增长率在10%及以上的有41个，占比49.40%。

表1-4-12 2019年东部地市州盟住房公积金管理效益比较表

序号	地方	业务收入（万元）	增长率（%）	业务支出（万元）	增长率（%）	管理费用（万元）	增值收益额（万元）	增值收益率（%）
1	铁岭市	30117.80	31.61	6638.64	−41.40	1868.99	23479.16	2.91
2	本溪市	19701.53	−12.26	3049.53	−48.68	1710.67	16652.00	2.16
3	滨州市	31724.68	14.97	14471.81	−5.11	2570.83	17252.87	1.80
4	东营市	53272.88	0.04	25820.52	3.58	4988.62	27452.36	1.79
5	龙岩市	32270.91	3.42	17639.77	0.06	3644.61	14631.14	1.75
6	张家口市	43389.67	22.04	20512.04	16.33	5728.71	22877.63	1.73
7	宿迁市	29659.02	15.95	13908.68	6.59	1394.24	15750.34	1.73
8	韶关市	30500.33	8.80	14933.30	8.32	1858.96	15567.03	1.73
9	廊坊市	46117.09	28.19	22803.76	19.92	5463.14	23313.33	1.73
10	菏泽市	40970.11	29.22	18656.46	22.36	2602.35	22313.65	1.73
11	沧州市	66987.81	11.21	32420.49	6.91	8772.77	34567.32	1.73
12	金华市	80104.54	7.06	41117.26	0.58	3393.01	38987.28	1.71

（续表）

序号	地方	业务收入（万元）	增长率（%）	业务支出（万元）	增长率（%）	管理费用（万元）	增值收益额（万元）	增值收益率（%）
13	承德市	36138.00	91.20	17422.84	5.51	2050.61	18715.16	1.71
14	邯郸市	60657.27	19.23	30289.63	15.34	4940.52	30367.64	1.70
15	潮州市	11989.79	24.02	5526.05	35.23	526.57	6463.74	1.70
16	潍坊市	71527.37	18.46	34218.25	27.34	5281.02	37309.11	1.69
17	淮安市	42615.54	11.82	20791.41	10.91	1992.93	21824.13	1.68
18	德州市	35741.65	21.41	17576.87	17.37	2082.75	18164.78	1.68
19	泰安市	41254.66	21.66	20590.28	20.87	2468.05	20664.38	1.67
20	湖州市	57157.80	6.81	30734.90	−1.42	5385.43	26422.90	1.65
21	扬州市	73000.00	7.35	38000.00	0.00	4134.00	35000.00	1.64
22	台州市	82022.75	9.18	43093.31	5.71	4567.54	38929.44	1.64
23	丽水市	44138.00	−1.70	26484.00	−0.03	3092.00	17654.00	1.63
24	朝阳市	24894.74	14.37	12051.74	8.15	2307.39	12843.00	1.63
25	连云港市	48254.54	2.95	23219.39	−5.76	3406.21	25035.15	1.62
26	抚顺市	30585.48	9.58	15490.94	5.26	1767.92	15094.54	1.61
27	南通市	114388.71	14.30	67140.68	17.21	4217.99	47248.02	1.60
28	辽阳市	24109.07	20.12	11998.29	26.27	1359.98	12110.78	1.60
29	邢台市	35696.95	12.49	18529.72	12.36	5600.25	17167.23	1.59
30	唐山市	116525.76	9.42	60736.74	14.71	5574.98	55789.02	1.59
31	宁德市	28972.25	8.78	15022.06	10.40	1332.35	13950.19	1.59
32	鞍山市	41428.36	6.67	21697.55	−1.27	4046.75	19730.81	1.59
33	阳江市	15892.44	10.89	8253.64	8.63	1026.79	7638.80	1.58
34	衢州市	43261.30	4.28	27824.73	−7.49	2956.60	15436.57	1.58
35	温州市	130085.16	7.05	70767.43	10.57	5698.83	59317.73	1.57
36	河源市	15290.13	24.87	7173.87	−2.18	1340.30	8116.27	1.57
37	营口市	24811.87	9.40	12460.65	10.50	1112.47	12351.22	1.55
38	济宁市	82592.50	8.57	45399.74	9.43	4201.14	37192.76	1.54
39	衡水市	23291.60	19.43	11756.02	9.97	2768.78	11535.58	1.54
40	嘉兴市	76595.01	8.91	39631.50	8.19	4005.53	36963.51	1.53
41	烟台市	99639.04	15.83	56837.05	22.55	3996.33	42801.99	1.52
42	绍兴市	74551.46	12.70	40986.69	6.80	4572.46	33564.77	1.52
43	茂名市	37488.96	8.85	19955.21	11.51	2013.57	17533.75	1.52
44	葫芦岛市	27217.36	12.29	14187.73	11.89	1998.57	13029.63	1.52
45	珠海市	36879.63	13.96	19612.79	−25.73	3371.20	17266.84	1.50
46	丹东市	21241.35	11.80	11809.87	12.90	2271.73	9431.48	1.50
47	三明市	33831.84	−1.18	18447.73	−12.59	1315.42	15384.11	1.49
48	无锡市	204350.12	21.75	120188.78	33.42	6127.33	84161.34	1.48

（续表）

序号	地方	业务收入（万元）	增长率（%）	业务支出（万元）	增长率（%）	管理费用（万元）	增值收益额（万元）	增值收益率（%）
49	惠州市	58862.21	22.25	32338.49	19.48	2844.00	26523.72	1.48
50	威海市	43694.30	7.49	23218.98	6.94	3439.23	20475.32	1.46
51	锦州市	29401.80	9.82	15846.43	4.85	1569.27	13555.37	1.46
52	南平市	28526.52	8.35	16563.42	22.93	1209.23	11963.10	1.42
53	泰州市	50976.44	10.36	29652.30	14.96	3641.80	21324.14	1.41
54	阜新市	12687.00	12.26	6706.28	9.05	1173.08	5980.72	1.41
55	临沂市	72653.00	11.52	40279.06	40.93	1885.09	32373.94	1.40
56	淄博市	76044.58	7.66	42039.28	5.05	3404.68	34005.30	1.37
57	秦皇岛市	36724.67	6.75	20668.84	13.22	1826.44	16055.83	1.37
58	揭阳市	20695.25	15.13	11131.02	18.18	937.71	9564.24	1.37
59	云浮市	15666.94	13.13	8939.95	14.42	1534.20	6726.99	1.36
60	湛江市	51247.41	11.45	29332.68	9.30	2701.47	21914.73	1.35
61	保定市	65132.38	14.20	33534.56	17.46	22458.36	31597.82	1.35
62	江门市	37153.19	5.43	21648.84	6.08	1728.34	15504.36	1.32
63	莆田市	25878.74	5.38	14619.75	1.72	805.75	11258.99	1.31
64	聊城市	39941.69	7.62	23052.46	34.43	3544.87	16889.23	1.31
65	日照市	28906.99	12.58	17096.64	13.10	1889.16	11810.34	1.30
66	镇江市	49786.54	2.02	32183.21	-0.15	3785.78	17603.33	1.29
67	舟山市	30784.00	6.53	20325.00	-3.49	2030.00	10458.00	1.28
68	徐州市	101870.66	7.80	57663.30	10.06	4745.23	44207.36	1.27
69	肇庆市	27464.32	8.04	18492.85	6.41	2101.15	8971.47	1.24
70	常州市	114141.72	16.33	73701.03	9.94	6654.28	40440.70	1.24
71	泉州市	83802.27	0.88	56188.64	-2.96	2337.46	27613.63	1.23
72	清远市	31624.01	13.76	20313.72	18.04	2297.98	11310.29	1.23
73	枣庄市	39409.79	12.75	23859.97	7.22	2257.91	15549.82	1.20
74	苏州市	295467.22	15.25	185195.61	18.52	13141.59	110271.61	1.19
75	盐城市	54704.00	6.58	34313.00	0.71	4316.00	20391.00	1.16
76	东莞市	101527.47	17.64	62452.99	16.32	4197.93	39074.48	1.16
77	汕尾市	9714.10	59.12	6307.43	90.16	1200.69	3406.67	1.14
78	梅州市	24639.34	13.49	15247.40	36.56	1100.80	9391.94	1.14
79	漳州市	36475.25	24.30	24041.41	32.25	1830.17	12433.84	1.08
80	盘锦市	32047.26	16.01	18086.24	-4.56	2497.87	13961.02	1.06
81	中山市	32877.45	-8.86	22245.36	18.01	2789.44	10632.09	0.85
82	佛山市	95284.67	19.04	75511.56	22.72	3548.79	19773.11	0.66
83	汕头市	37755.21	-8.85	20841.57	15.70	1309.08	7766.27	0.65

3. 中部地市州盟住房公积金管理效益比较

中部地市州盟住房公积金管理效益情况见表 1-4-13。

在中部 125 个地市州盟中，增值收益率达到或超过全国平均水平的有 85 个，占比 68%，最高收益率为 4.84%；增值收益率在 2.0% 及以上的有 14 个，占比 11.20%；在 1.0% ～ 2.0% 之间的有 107 个，占比 85.60%；在 1.00% 以下的有 4 个，占比 3.20%，最低为 0.54%。总体分析，中部地市州盟增值收益率高于全国水平地市占比以及超过 2.0% 以上城市数量均领先，说明中部地区总体经营管理能力较高。

从增值收益额分析，增值收益额在 5 亿元以上的没有；在 4 亿～ 5 亿元之间的有 1 个；在 3 亿～ 4 亿元之间的有 2 个；在 2 亿～ 3 亿元之间的有 19 个；在 1 亿～ 2 亿元之间的有 58 个；在 1 亿元以下的有 45 个。

从业务收支增长率分析，业务收入增长率在 10% 及以上的有 82 个，占比 65.60%；业务支出增长率在 10% 及以上的有 73 个，占比 58.40%。

表 1-4-13 2019 年中部地市州盟住房公积金管理效益比较表

序号	地方	业务收入（万元）	增长率（%）	业务支出（万元）	增长率（%）	管理费用（万元）	增值收益额（万元）	增值收益率（%）
1	忻州市	31469.84	56.65	7836.77	-20.77	649.92	23633.07	4.84
2	黄石市	49027.72	60.16	24154.74	132.05	1890.43	24872.98	2.37
3	新余市	13740.51	26.29	4457.57	-8.79	1075.83	9282.94	2.36
4	宿州市	25739.92	-9.64	9173.17	-29.18	2447.69	16566.75	2.32
5	鄂州市	13110.50	8.68	5412.27	15.68	900.41	7698.24	2.29
6	吕梁市	23909.31	115.79	9174.36	77.89	1718.40	14734.95	2.25
7	黄山市	14465.26	4.09	5384.12	0.94	1344.91	9081.14	2.23
8	阳泉市	14480.30	12.22	7377.01	26.89	1067.02	7103.29	2.14
9	伊春市	11302.58	56.93	4498.09	13.93	1355.27	6804.49	2.12
10	荆门市	31456.22	-2.67	11866.21	-28.96	5242.88	19590.01	2.09
11	晋城市	32571.94	28.69	14046.51	22.25	1865.54	18525.43	2.09
12	大兴安岭地区	8007.11	28.33	3334.01	25.45	453.86	4673.11	2.09
13	鸡西市	18690.39	-14.60	7970.79	-24.57	1312.93	10719.60	2.07
14	怀化市	33001.70	12.61	14189.47	7.85	3831.18	18812.23	2.00
15	白山市	12711.58	21.78	5584.85	9.01	604.54	7126.73	1.97
16	岳阳市	49339.93	13.01	21339.93	12.55	4343.54	28000.00	1.96
17	芜湖市	55083.43	-5.84	30063.32	-6.77	11608.33	25020.11	1.95
18	衡阳市	44075.54	21.02	19551.62	18.76	3549.10	24523.92	1.95
19	四平市	20592.60	23.85	9147.58	17.81	1750.54	11445.02	1.95
20	潜江市	5906.33	14.85	2565.12	11.66	609.16	3341.22	1.95
21	驻马店市	31256.42	19.86	13938.85	16.08	1493.89	17317.57	1.94

（续表）

序号	地方	业务收入（万元）	增长率（%）	业务支出（万元）	增长率（%）	管理费用（万元）	增值收益额（万元）	增值收益率（%）
22	运城市	30520.75	20.86	14268.27	29.30	2776.98	16252.48	1.94
23	湘西州	22652.57	11.24	10007.58	7.11	3193.68	12644.99	1.91
24	张家界市	11046.13	27.79	4851.02	22.46	1178.21	6195.11	1.90
25	吉安市	39254.88	9.97	19242.27	12.19	1937.06	20012.61	1.88
26	河池市	20474.72	22.98	9388.07	19.16	1869.83	11086.65	1.88
27	鹰潭市	12694.44	9.00	6139.30	6.80	1528.29	6555.14	1.87
28	临汾市	33759.67	16.06	15431.90	10.45	3592.21	18327.77	1.84
29	娄底市	28395.29	22.14	13111.89	24.14	3392.32	15283.40	1.84
30	邵阳市	41143.52	15.00	18856.99	16.00	4344.67	22286.53	1.83
31	咸宁市	23374.00	4.90	11244.53	14.81	2977.94	12129.47	1.83
32	鹤壁市	13505.71	18.04	6588.21	8.77	1491.55	6917.50	1.83
33	朔州市	15526.24	15.74	7186.03	18.08	1013.60	8340.21	1.82
34	抚州市	29496.88	18.16	13790.07	14.70	4083.00	15706.81	1.81
35	株洲市	49860.98	18.08	23240.26	16.85	3684.39	26620.72	1.80
36	上饶市	44885.75	10.87	20959.12	13.87	3103.30	23926.63	1.80
37	三门峡市	19069.68	−4.87	6837.62	−44.00	1188.61	12232.06	1.80
38	池州市	10474.52	−2.81	4717.60	−14.95	798.74	5756.92	1.80
39	宜春市	32468.50	19.15	14900.34	19.59	1816.78	17568.16	1.79
40	贺州市	13088.23	17.97	6583.17	29.75	964.55	6505.06	1.79
41	随州市	11092.32	20.74	5084.45	18.62	1115.29	6007.87	1.78
42	延边州	34705.85	15.77	16566.02	9.41	2404.68	18139.83	1.77
43	北海市	13814.73	11.62	6684.82	13.83	1339.59	7129.91	1.77
44	淮北市	32685.38	8.01	13875.84	−17.97	1780.83	18809.54	1.76
45	孝感市	30101.07	18.00	13699.92	6.00	3960.00	16401.15	1.76
46	晋中市	23832.02	5.90	11797.02	32.30	2477.03	12035.00	1.76
47	亳州市	21653.35	4.32	9831.25	−3.83	747.15	11822.10	1.75
48	来宾市	11252.55	12.42	5395.57	8.28	1131.09	5856.98	1.74
49	仙桃市	5813.26	13.92	2619.58	15.43	700.40	3193.68	1.74
50	焦作市	29935.98	20.27	14839.29	7.14	2264.33	15096.69	1.73
51	黄冈市	39912.99	8.68	18757.95	35.20	5191.01	21155.04	1.72
52	呼伦贝尔市	34618.09	14.06	16581.20	12.71	3847.83	18036.89	1.72
53	九江市	37971.25	12.79	19395.58	9.36	3712.79	18575.67	1.71
54	辽源市	9482.90	14.48	4102.66	16.10	1092.75	5380.24	1.71
55	宜昌市	54459.71	6.53	26757.44	46.81	8102.08	27702.27	1.70
56	安阳市	26436.59	16.60	12990.53	14.10	1025.33	13446.06	1.70

（续表）

序号	地方	业务收入（万元）	增长率（%）	业务支出（万元）	增长率（%）	管理费用（万元）	增值收益额（万元）	增值收益率（%）
57	荆州市	34782.43	14.49	16858.49	12.58	2751.53	17923.94	1.69
58	长治市	27089.23	24.26	13198.84	19.30	1424.87	13890.39	1.69
59	恩施州	27957.25	22.18	13210.75	15.85	4162.90	14746.50	1.68
60	十堰市	49975.97	15.89	25332.27	19.79	3875.96	24643.70	1.67
61	柳州市	42390.57	6.53	20481.22	4.53	2811.38	21909.35	1.67
62	安庆市	39601.36	12.32	21492.48	−0.65	2092.17	18108.88	1.67
63	益阳市	29885.26	14.32	15927.72	13.64	3838.45	13957.54	1.67
64	包头市	56667.75	12.05	28122.28	3.50	3316.33	28545.47	1.66
65	襄阳市	45612.34	18.87	21972.03	11.59	4883.10	23640.31	1.66
66	郴州市	37907.97	15.19	18674.49	13.38	4300.10	19233.48	1.66
67	佳木斯市	20309.36	7.87	9772.73	6.73	1330.81	10536.63	1.66
68	六安市	27983.66	−0.77	13995.22	4.74	3635.75	13988.43	1.65
69	牡丹江市	21121.52	15.14	10138.62	9.13	1798.25	10982.90	1.64
70	开封市	20178.24	26.44	9880.53	−14.84	1779.55	10297.71	1.64
71	兴安盟	14938.01	8.44	7240.28	4.53	2380.18	7697.73	1.64
72	铜陵市	18724.53	10.17	9682.59	2.28	834.50	9041.95	1.63
73	通化市	19077.29	14.33	9600.10	17.32	1161.08	9477.19	1.63
74	萍乡市	18484.26	19.81	10219.26	30.31	1970.40	8265.00	1.62
75	吉林市	54912.18	8.67	28700.10	9.82	2812.72	26212.08	1.61
76	许昌市	24944.19	13.40	12715.14	−21.20	1310.59	12229.05	1.60
77	齐齐哈尔市	35225.08	9.46	17270.15	6.61	1047.51	17954.93	1.60
78	濮阳市	30564.72	10.90	15504.47	10.90	1876.62	15060.25	1.60
79	洛阳市	69921.08	9.58	35397.54	9.58	2664.93	34523.54	1.60
80	巴彦淖尔市	23156.04	1.45	11263.58	10.99	798.23	11892.46	1.60
81	鄂尔多斯市	42441.21	7.14	20114.46	9.48	1156.73	22326.75	1.59
82	大庆市	85931.98	0.62	42430.67	3.19	2782.60	43501.31	1.59
83	赤峰市	49360.71	14.63	24676.24	9.96	4005.94	24684.47	1.59
84	赣州市	63727.34	4.98	32168.77	−17.12	4407.76	31558.56	1.58
85	钦州市	15499.82	5.78	8031.80	11.77	951.04	7468.02	1.58
86	玉林市	28370.02	15.02	15241.69	21.14	1669.12	13128.33	1.55
87	锡林郭勒盟	18249.54	8.78	9612.46	15.00	2598.67	8637.08	1.55
88	贵港市	14869.97	9.10	8170.17	13.26	1143.00	6699.80	1.55
89	阜阳市	40268.45	7.01	23174.51	4.85	1129.40	17093.93	1.54
90	周口市	24043.26	30.03	12255.59	27.25	1245.90	11787.67	1.53
91	乌兰察布市	17461.29	21.59	8658.93	13.16	1855.40	8802.37	1.53

（续表）

序号	地方	业务收入（万元）	增长率（%）	业务支出（万元）	增长率（%）	管理费用（万元）	增值收益额（万元）	增值收益率（%）
92	商丘市	33773.50	22.24	16664.54	18.67	2409.74	17108.96	1.53
93	南阳市	51176.77	27.39	26019.88	22.51	2322.52	25156.89	1.53
94	桂林市	41846.21	8.19	21877.14	3.38	3727.83	19969.07	1.52
95	永州市	36818.06	23.41	20644.64	36.06	3225.08	16173.42	1.51
96	济源市	9504.94	15.49	5026.09	−15.79	832.55	4478.84	1.51
97	新乡市	31443.95	16.10	16316.57	19.00	1359.23	15127.38	1.50
98	防城港市	6959.92	15.60	3628.48	14.95	959.71	3331.44	1.50
99	大同市	28262.65	22.22	14868.56	19.33	2288.78	13394.09	1.50
100	常德市	55105.11	36.36	36576.48	64.02	5733.49	18528.63	1.50
101	百色市	22279.58	17.49	11458.77	14.37	2502.49	10820.81	1.49
102	天门市	5377.50	11.44	2621.60	17.86	743.18	2755.90	1.48
103	景德镇市	15786.84	27.57	7855.75	16.64	1775.72	7931.09	1.48
104	湘潭市	30499.26	25.80	19883.00	38.09	1902.03	10616.26	1.44
105	通辽市	34970.53	10.51	17995.15	6.95	1978.09	16975.38	1.43
106	松原市	28961.84	11.54	15088.41	12.44	1730.46	13873.43	1.42
107	宣城市	19324.48	6.70	12263.75	6.92	1102.45	7060.73	1.39
108	信阳市	27390.29	24.78	14317.45	−0.22	1639.74	13072.84	1.39
109	梧州市	16450.87	16.00	9388.02	11.43	2331.31	7062.85	1.39
110	滁州市	34038.69	0.70	23827.40	38.07	5634.84	10211.29	1.36
111	阿拉善盟	7746.47	1.04	4037.98	−3.11	887.22	3708.50	1.36
112	七台河市	9420.66	32.59	4994.18	14.70	761.31	4426.48	1.34
113	漯河市	17016.62	11.88	9424.32	−0.50	1469.12	7592.30	1.33
114	马鞍山市	31422.99	5.22	17805.72	29.52	1600.39	13617.27	1.30
115	白城市	10002.02	10.95	5362.72	12.41	949.26	4639.30	1.30
116	蚌埠市	29545.24	2.88	19687.37	−8.20	1408.10	9857.87	1.29
117	淮南市	44724.72	3.88	25876.28	4.00	1893.44	18848.44	1.28
118	崇左市	11426.87	18.67	7249.57	36.71	1004.30	4177.30	1.27
119	绥化市	16433.97	5.54	8892.51	8.72	1280.58	7541.46	1.15
120	黑河市	15865.09	6.93	9149.71	8.96	959.33	6715.38	1.13
121	乌海市	7800.20	8.75	4612.63	21.87	839.82	3187.57	1.04
122	鹤岗市	9834.83	7.97	6039.73	3.69	857.28	3795.10	0.95
123	平顶山市	50311.66	14.50	36793.06	66.23	1747.93	13518.60	0.85
124	双鸭山市	12458.09	15.79	8104.37	10.46	875.48	4353.72	0.82
125	神农架林区	1146.53	−18.26	867.31	−25.52	172.71	279.22	0.54

4. 西部地市州盟住房公积金管理效益比较

西部地市州盟住房公积金管理效益情况见表 1-4-14。

在西部 95 个地市州盟城市中，增值收益率达到或超过全国平均水平的有 37 个，占比 38.95%，最高收益率为 2.88%。增值收益率在 2.0% 及以上的有 5 个，占比 5.26%；在 1.0% ～ 2.0% 之间的有 78 个，占比 82.11%；在 1.0% 以下的有 12 个，占比 12.63%，最低为 0.12%。

从增值收益额分析，增值收益额在 3 亿元以上的没有；在 2 亿～ 3 亿元之间的有 6 个；在 1 亿～ 2 亿元之间的有 35 个；在 1 亿元以下的有 54 个。

从业务收支增长率分析，业务收入增长率在 10% 及以上的有 70 个，占比 73.68%；业务支出增长率在 10% 及以上的有 62 个，占比 65.26%。

表 1-4-14 2019 年西部地市州盟住房公积金管理效益比较表

序号	地方	业务收入（万元）	增长率（%）	业务支出（万元）	增长率（%）	管理费用（万元）	增值收益额（万元）	增值收益率（%）
1	哈密市	21167.25	-27.68	3089.89	-67.06	2332.66	18077.36	2.88
2	渭南市	24600.41	27.83	1984.67	35.69	1494.78	22615.74	2.83
3	曲靖市	43174.04	2.88	15067.67	3.10	2247.67	28106.37	2.03
4	商洛市	15355.35	27.54	6515.20	28.57	1823.81	8840.15	2.03
5	凉山州	48154.86	10.70	20676.30	10.96	3575.91	27478.56	2.01
6	塔城地区	15349.53	38.20	8105.04	65.47	1349.21	7244.49	1.96
7	攀枝花市	31172.83	18.75	14683.83	14.22	1606.29	16489.00	1.95
8	和田地区	21195.84	103.30	8717.35	8.76	1097.41	12478.49	1.95
9	自贡市	24451.87	11.45	11045.81	2.49	1649.90	13406.06	1.91
10	汉中市	25437.18	14.31	12316.01	20.24	2245.00	13121.17	1.83
11	武威市	16649.02	37.35	7936.25	13.26	1052.32	8712.77	1.82
12	丽江市	10805.18	15.60	4923.51	12.55	1620.31	5881.67	1.79
13	咸阳市	31630.21	21.15	14898.44	4.11	1850.00	16731.77	1.78
14	甘孜州	24850.01	14.85	11932.96	12.80	3348.85	12917.05	1.78
15	南充市	30950.26	11.00	14246.62	12.11	2576.98	16703.64	1.76
16	绵阳市	52942.67	1.96	24392.94	-6.44	3231.35	28549.72	1.75
17	嘉峪关市	9767.19	-2.53	4521.16	5.37	975.87	5246.03	1.75
18	铜川市	7110.42	10.13	3300.79	7.81	976.46	3809.63	1.74
19	雅安市	16628.68	26.02	9186.74	38.60	1183.61	7441.94	1.73
20	昌吉州	28135.16	12.14	13508.64	4.39	3293.90	14626.52	1.71
21	宜宾市	44580.11	8.06	22060.11	8.95	2221.09	22520.00	1.70
22	昭通市	34603.35	12.37	16635.93	7.20	2893.84	17967.43	1.70
23	泸州市	33064.58	2.17	17564.75	43.62	9053.37（含融资费用6581.05）	15499.83	1.70

（续表）

序号	地方	业务收入（万元）	增长率（%）	业务支出（万元）	增长率（%）	管理费用（万元）	增值收益额（万元）	增值收益率（%）
24	资阳市	15036.43	-1.93	7544.98	1.59	670.00	7491.45	1.69
25	临沧市	21451.33	11.94	10539.50	16.32	1957.71	10911.83	1.68
26	阿勒泰地区	10583.90	-5.33	5143.54	26.12	1187.03	5440.36	1.68
27	德阳市	38817.47	13.27	19372.72	10.79	2066.80	19444.75	1.65
28	毕节市	29589.67	14.81	14726.07	10.07	1852.88	14863.60	1.65
29	西双版纳州	14327.09	20.99	7049.79	7.02	833.15	7277.30	1.65
30	巴中市	19747.00	17.71	9512.23	14.59	969.34	10234.77	1.64
31	酒泉市	15693.76	9.69	7663.31	10.01	3191.06	8030.45	1.62
32	红河州	41081.40	11.47	21243.14	5.99	1879.40	19838.26	1.62
33	阿克苏地区	22104.31	59.23	10878.53	23.52	1595.52	11225.78	1.62
34	陇南市	18808.02	2.00	8903.56	9.20	2125.00	9904.46	1.60
35	乐山市	32882.76	11.42	16566.65	9.43	2208.53	16316.11	1.60
36	张掖市	13859.46	-5.43	6996.08	8.73	1588.13	6863.38	1.58
37	安顺市	17418.96	12.13	8624.65	-17.50	1897.89	8794.31	1.58
38	内江市	22787.08	11.49	11695.66	12.75	1262.08	11091.42	1.57
39	宝鸡市	29389.65	12.76	14816.88	18.87	2695.00	14572.77	1.57
40	眉山市	21798.16	5.89	12120.43	-2.41	2626.54	9677.74	1.56
41	黔东南州	38763.62	14.51	20464.35	4.39	4605.78	18299.27	1.55
42	天水市	20318.87	17.17	10760.10	13.89	1999.41	9558.77	1.54
43	保山市	21916.09	-1.60	11646.28	-13.71	1731.11	10269.81	1.54
44	铜仁市	25621.50	17.30	13244.62	6.73	1757.67	12376.87	1.49
45	克拉玛依市	29326.62	10.62	15225.30	6.84	1886.06	14101.32	1.49
46	博州	5469.01	21.37	2787.04	10.35	594.45	2681.97	1.46
47	广安市	14981.67	29.36	7951.18	30.99	832.60	7030.49	1.45
48	迪庆州	10141.15	15.05	5190.01	15.29	1380.03	4951.14	1.45
49	达州市	29383.57	17.92	15797.33	12.04	1338.38	13586.24	1.45
50	白银市	17227.64	5.44	10404.45	9.88	1375.79	6823.19	1.44
51	遵义市	56835.48	20.67	31785.47	12.90	2666.78	25050.01	1.43
52	遂宁市	17785.26	16.09	9783.58	22.16	383.10	8001.68	1.43
53	楚雄州	15145.72	5.68	8089.68	5.68	1271.82	7056.04	1.43
54	果洛州	2406.10	178.56	1471.36	-7.56	8.30	934.75	1.42
55	石嘴山市	8502.25	10.89	4481.03	5.04	948.55	4021.22	1.41
56	德宏州	13166.78	9.95	7179.21	26.13	1774.29	5987.57	1.40
57	黔西南州	23925.57	21.58	13669.67	21.43	2124.82	10255.90	1.39
58	阿坝州	18806.98	20.83	11371.58	24.25	638.82	7435.40	1.39
59	定西市	18229.32	15.96	9867.36	14.20	1964.46	8361.96	1.38

（续表）

序号	地方	业务收入（万元）	增长率（%）	业务支出（万元）	增长率（%）	管理费用（万元）	增值收益额（万元）	增值收益率（%）
60	伊犁州	27972.19	12.66	15616.22	6.97	1938.18	12355.97	1.37
61	文山州	20846.95	11.33	11027.54	13.13	2434.44	9819.41	1.37
62	固原市	9246.48	9.14	4935.40	4.87	369.39	4311.08	1.36
63	吴忠市	10699.75	17.08	5733.57	12.08	1280.93	4966.18	1.35
64	安康市	14918.44	11.96	8255.86	13.32	1496.78	6662.58	1.34
65	广元市	22713.02	30.91	12002.30	16.47	1360.97	10710.72	1.33
66	玉树州	4964.81	3.01	2778.42	5.31	639.76	2186.39	1.32
67	庆阳市	16931.90	10.80	9389.89	13.44	1601.25	7542.01	1.32
68	大理州	26547.50	22.21	15496.14	24.21	2843.27	11051.35	1.32
69	黔南州	28617.85	14.61	17064.96	7.52	1399.28	11552.89	1.31
70	玉溪市	26983.82	8.10	16499.46	21.13	2838.15	10484.36	1.30
71	中卫市	7128.67	2.59	4067.54	23.14	657.11	3061.13	1.29
72	普洱市	22360.91	13.68	12187.27	19.03	1562.39	10173.64	1.28
73	甘南州	10427.72	10.89	6209.89	40.71	2850.06	4217.83	1.24
74	延安市	26058.76	22.46	15681.18	42.59	1515.95	10377.58	1.23
75	六盘水市	21358.67	14.02	12672.37	13.09	1225.45	8686.30	1.23
76	海南州	4851.76	12.86	3086.71	22.75	1117.68	1765.05	1.21
77	喀什地区	33790.02	120.90	18243.05	82.28	1844.30	15546.97	1.19
78	巴州	20409.96	30.34	10912.29	39.67	1778.23	9497.67	1.19
79	海北州	3479.91	10.62	2300.80	24.68	206.58	1179.11	1.15
80	榆林市	32168.14	20.84	18496.17	19.39	8161.06	13671.97	1.14
81	林芝市	4991.09	26.21	2922.50	56.59	3.11	2068.59	1.10
82	怒江州	4476.72	22.49	2602.49	18.49	91.30	1874.23	1.01
83	海西州	10316.14	21.56	6891.30	53.60	760.48	3424.84	1.00
84	金昌市	10795.98	7.43	6850.13	13.35	1224.40	3945.85	0.91
85	海东市	8713.88	10.08	5793.35	17.87	717.56	2920.53	0.90
86	吐鲁番市	6429.23	26.85	4377.15	58.78	745.45	2052.08	0.83
87	平凉市	22223.82	6.04	16690.80	10.67	1883.87	5533.03	0.76
88	临夏州	10878.34	2.54	8298.47	−0.35	1319.40	2579.87	0.71
89	黄南州	2951.99	17.05	2101.24	17.60	285.99	850.75	0.68
90	克孜勒苏州	7811.68	35.65	5697.62	50.34	734.18	2114.06	0.63
91	那曲市	7851.40	20.71	4951.11	53.18	15.57	2900.30	0.54
92	山南市	5341.32	17.39	3985.87	19.57	63.22	1355.45	0.53
93	昌都市	6052.79	3.48	4696.64	18.23	19.03	1356.15	0.44
94	阿里地区	2662.33	5.81	2073.85	7.50	31.20	588.47	0.44
95	日喀则市	10019.83	11.87	9319.80	12.31	11.15	700.04	0.12

五、住房公积金管理水平综合评价

为综合评价我国城市住房公积金管理水平，需要建立科学合理并切合实际的指标体系。综合评价指标体系的构建遵循如下原则：（1）重要性原则。可以依据主管部门使用指标的频率来选择，使用指标频率越高，说明该指标的重要性越高，所占的权重也越大，同时这些指标也是与住房公积金管理机构综合管理水平和风险防控紧密相关的。（2）全面性原则。在设置指标体系时尽可能把多方面影响因素考虑进去，从公积金的使用能力、管理水平及风险控制三方面入手，并分解为9个具体指标去衡量。（3）可比性原则。可比性要求评价者选择指标的含义明确、范围清晰，统计口径一致，在时间和空间上使指标具有可比性。评价指标选择了相对指标，而没有选择总量指标，这样就消除了由于人口数量、经济发展水平、规模大小、物质基础等客观条件不同导致的不可比。（4）可计量原则。选取指标尽可能采用现行各地公告公布的指标，没有明确公布的也可以根据公告数据直接验算出来。（5）主导性原则。选取指标在尽量满足全面性的同时，重点突出，分清主次，对影响公积金作用发挥、管理效率和风险防控具有典型代表意义的指标赋予较高权重。

（一）住房公积金综合评价指标体系构建

结合住房公积金行业发展实际、上级要求、缴存人需求和社会关注度，设置一级指标3个，即使用能力、管理水平和风险控制；二级指标9个，即提取使用率（提取率）、个人住房贷款率（个贷率）、市场占有率、备付金率、缴存增长率、增值收益率、费用比率、贷款逾期率、风险准备金率。其中费用比率和贷款逾期率为逆指标，其他7个为正指标。具体见表1-5-1。

表1-5-1 住房公积管理水平综合评价指标体系

一级指标	二级指标	计算方法	指标性质
使用能力	提取率（%）	当年提取额/当年缴存额	正指标
	个贷率（%）	个人住房贷款余额/缴存余额	正指标
	市场占有率（%）	当年公积金个人贷款新增余额/当地全部个人住房贷款新增余额	正指标
	备付金率（%）	（公缴存余额-贷款额-项目贷款余额）/缴存余额	正指标
管理水平	缴存增长率（%）	当年缴存增加值/去年年末缴存余额	正指标
	增值收益率（%）	当年增值收益/月均缴存余额	正指标
	费用比率（‰）	人员及公共经费合计/缴存余额	逆指标
风险控制	贷款逾期率（‰）	贷款逾期额/个人贷款余额	逆指标
	风险准备金率（%）	风险准备金余额/个人贷款余额	正指标

（二）住房公积金综合评价指标取值和权重确定

我们选择熵值法确定各指标权重。“熵”（Entropy）基本概念源于热力学，是对系统状态不确定性的一种度量，熵值越大，状态的不确定性也就越大。在信息论中，信息是系统有序程度的一个度量，熵是系统无序程度的一个度量，两者绝对值相等，符号相反，当系统可能处于 n 种不同状态且每种状态出现的概率显而易见，某个指标的信息熵越小，表明其指标值的变异程度越大，提供的信息量越大，在综合评价中所起的作用就越大，则该指标的权重也应越大；反之，某个指标的信息熵越大，表明其指标值的变异程度越小，提供的信息量越小，在综合评价中所起的作用就越小，则该指标的权重也应越小。可根据各个指标值的变异程度，利用信息熵这一工具计算各指标的权重。熵值法（Entropy Method）是一种客观赋权法，为多准则综合评价提供可靠的依据。熵值法确定权重的步骤如下：

1. 确定各指标原始数据

熵值法的原始信息直接来源于客观环境，根据各指标所提供信息量的大小来确定相应指标的权重系数，有效克服了主观确定权重的缺陷。

设有 m 个评价指标，n 组数据，形成原始指标数据矩阵：

$$x_{ij}(i=1,2,\cdots,n;j=1,2,\cdots,m)$$

$$\boldsymbol{X}_{ij}=(x_{ij})_{n\times m}=\begin{bmatrix} x_{11} & x_{12} & \cdots & x_{1m} \\ x_{21} & x_{22} & \cdots & x_{2m} \\ \vdots & \vdots & & \vdots \\ x_{n1} & x_{n2} & \cdots & x_{nm} \end{bmatrix}$$

2. 将指标作无量纲化处理

由于各个评价指标的含义和计量单位不同，且量级相差悬殊，为了便于统计比较，在进行综合评价之前必须除去不同指标间的量纲差异以及个别极端值对评价结果的影响，将这些指标标准化，使其均落到某一无量纲区间。根据各指标数据大小，将标准化后数据变为 0 与 1 之间数据，当指标属于正指标时最大数据值隶属最好值为 1，反之为 0；当指标为逆指标时，最小数据值隶属最好值为 1，反之为 0。由于各指标性质不同，所采用公式也不同，下面分别介绍指标体系中 9 个指标无量纲化处理公式。

（1）提取率

提取率是正指标。但如果提取率太大，将对后期贷款额度、收益率有很大影响，不利于事业发展，为此经测算，当提取率在 55% ～ 65% 之间时该指标属于最好的隶属度为 1；大于等于 100.0% 时，该指标属于最好的隶属度为 0.5；当提取率小于 55.0% 或者大于 65.0% 小于 100.0% 时，按照相关公式计算，具体计算公式如下：

当 $x<55.0\%$ 时，$x'=x/0.55$；当 $55\%\leqslant x\leqslant 65.0\%$ 时，$x'=1$；

当 $65.0\%<x<100.0\%$ 时，$x'=\dfrac{27}{14}-\dfrac{20}{14}x$；当 $x\geqslant 100.0\%$ 时，$x'=0.5$。

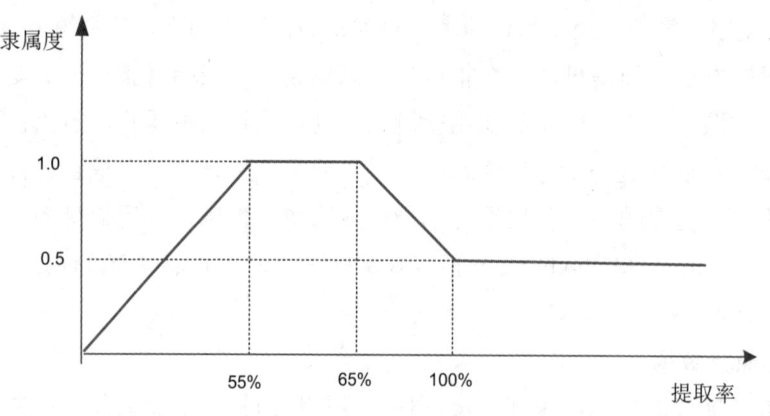

图 1-5-1 不同提取率属于最好的隶属度图

（2）个贷率

个贷率与提取率相同，当该值太大时，必将对后期贷款额度有很大影响，不利于住房公积金的可持续发展。为此经测算，当个贷率在 85.0% ～ 90.0% 时，该指标属于最好的隶属度为 1；当个贷率大于 100.0% 时，该指标属于最好的隶属度为 0.5；当个贷率小于 85.0% 或者大于 90.0% 小于 100.0% 时，按照相关公式计算，具体计算公式如下：

当$x<85.0\%$ 时，$x'=x/0.85$；当 $85\%\leqslant x\leqslant 90.0\%$ 时，$x'=1$；

当 $90.0\%<x<100\%$ 时，$x'=5.5-5.0x$；当 $x\geqslant 100.0\%$ 时，$x'=0.5$。

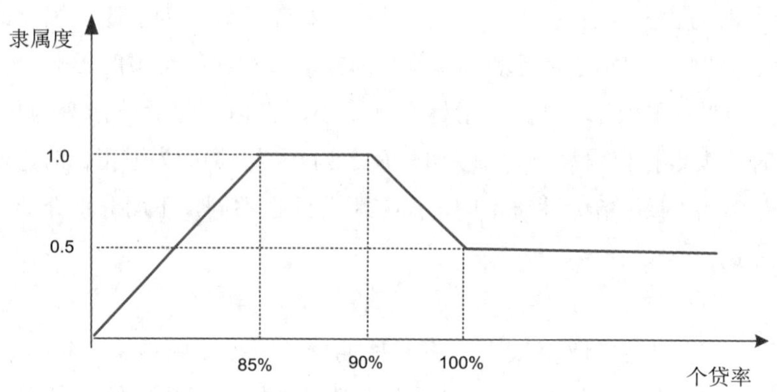

图 1-5-2 不同个贷率属于最好的隶属度图

（3）市场占有率

市场占有率是正指标。从各方面分析该指标达到 20.0%，就反映市场开拓能力非常高。为此经测算，当市场占有率大于等于 20.0% 时，该指标属于最好的隶属度为 1；当市场占有率小于 20.0% 时，按照相关公式计算，具体计算公式如下：

当$x\geqslant 20.0\%$时，$x'=1.0$；当$x<20.0\%$时，$x'=x/0.20$。

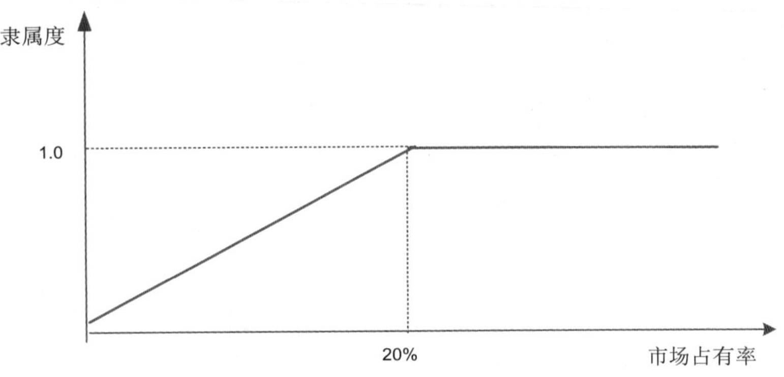

图 1-5-3 不同市场占有率属于最好的隶属度图

（4）备付金率

备付金率是正指标，但当该值太大时，反映资金的利用率比较低。为此经测算，当备付金率在 5.0% ～ 15.0% 时，该指标属于最好的隶属度为 1；当备付金率大于 20.0% 时，该指标属于最好的隶属度为 0.5；当备付金率小于 5.0% 或者大于 15.0% 小于 20.0% 时，按照相关公式计算，具体计算公式如下：

当$x<5.0\%$时，$x'=x/0.05$；当$5.0\%\leqslant x\leqslant 15.0\%$时，$x'=1$；

当$15.0\%<x<20.0\%$时，$x'=2.5-10x$；当 $x\geqslant 20.0\%$时，$x'=0.5$。

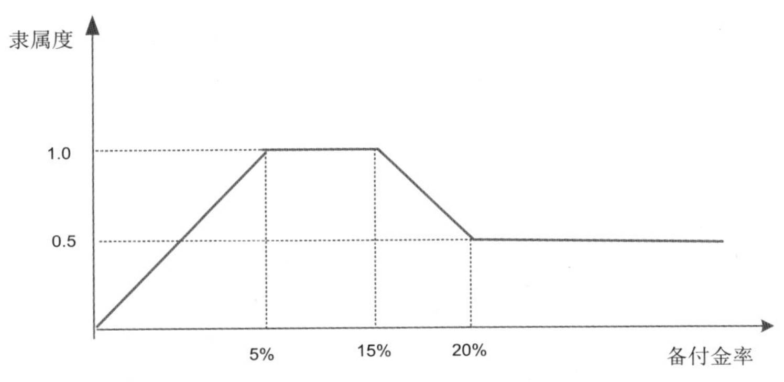

图 1-5-4 不同备付金率属于最好的隶属度图

（5）缴存增长率

缴存增长率是正指标，该指标越大越好，从现实分析该指标达到 15.0%，就反映建制扩面水平比较好。为此经测算，当缴存增长率大于等于 15.0% 时，该指标属于最好的隶属度为 1；当缴存增长率小于 15.0% 时，按照相关公式计算，具体计算公式如下：

当 $x\leqslant 15.0\%$ 时，$x'=x/0.15$；当$x>15.0\%$时，$x'=1.0$。

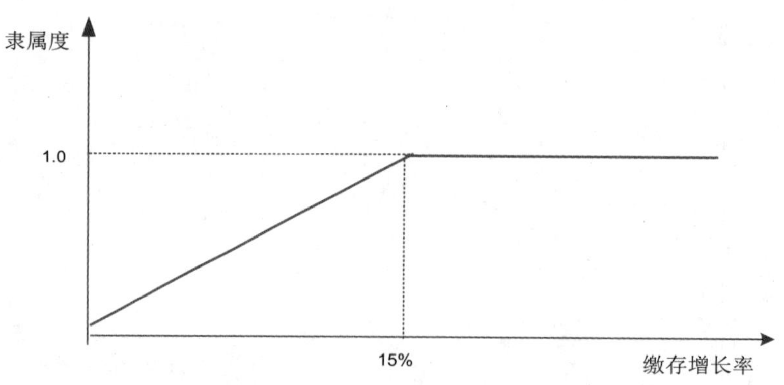

图 1-5-5 不同缴存增长率属于最好的隶属度图

（6）增值收益率

增值收益率是正指标，该指标越大越好，从现实分析该指标达到 1.8%，就反映出管理水平比较高。为此经测算，当增值收益率大于等于 1.8% 时，该指标属于最好的隶属度为 1；当增值收益率小于 1.8% 时，按照相关公式计算，具体计算公式如下：

当 $x \leqslant 1.8\%$ 时，$x' = x/0.018$；当 $x > 1.8\%$ 时，$x' = 1.0$。

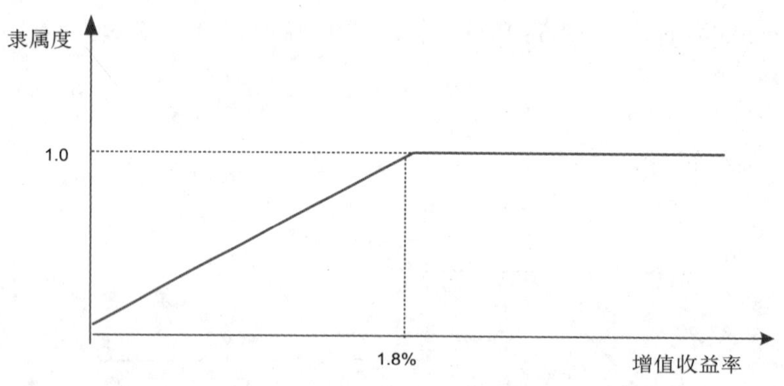

图 1-5-6 不同增值收益率属于最好的隶属度图

（7）费用比率

费用比率是逆指标，该指标越小越好，从现实分析该指标达到 5.0‰，就反映管理水平非常差。为此经测算，当费用比率大于等于 5.0‰时，该指标属于最好的隶属度为 0；当费用比率小于 5.0‰时，按照相关公式计算，具体计算公式如下：

当 $x < 5.0‰$ 时，$x' = 1 - x/0.005$；当 $x \geqslant 5.0‰$ 时，$x' = 0$。

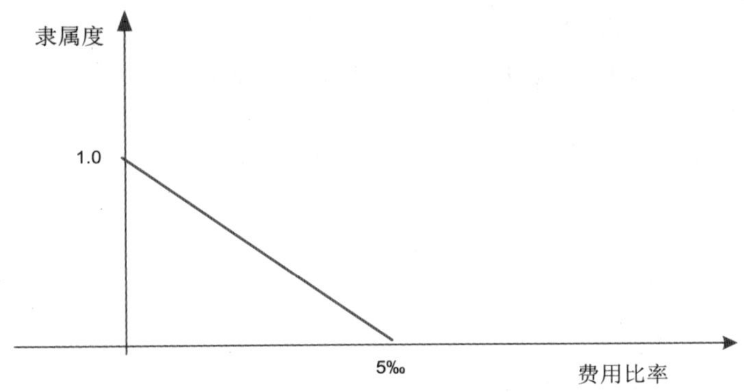

图 1-5-7 不同费用比率属于最好的隶属度图

（8）贷款逾期率

贷款逾期率是逆指标，该指标越小越好，从现实分析该指标达到 3‰，就反映贷款风险非常大。为此经测算，当贷款逾期率大于等于 3‰时，该指标属于最好的隶属度为 0；当贷款逾期率小于 0.5‰时，属于最好的隶属度为 1；当贷款逾期率大于 0.5‰小于 1‰或大于 1‰小于 3‰时，按照相关公式计算，具体计算公式如下：

当 $x<0.5‰$ 时，$x'=1$；

当 $0.5‰\leqslant x\leqslant 1.0‰$ 时，$x'=\frac{3}{2}-1000x$；

当 $1.0‰<x<3.0‰$ 时，$x'=\frac{3}{4}-\frac{1}{4}1000x$；

当 $x\geqslant 3‰$ 时，$x'=0$。

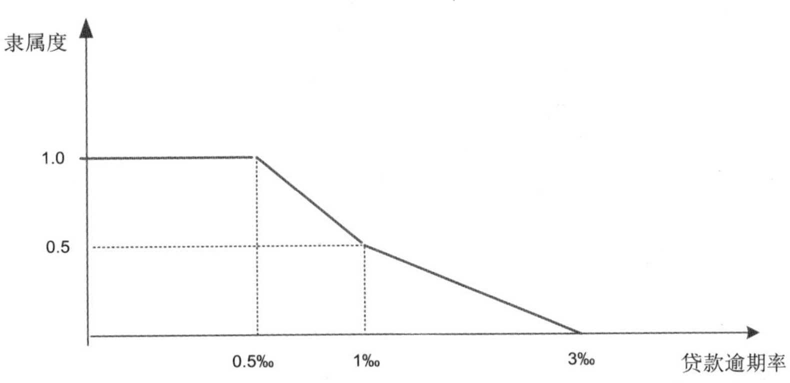

图 1-5-8 不同贷款逾期率属于最好的隶属度图

（9）风险准备金率

风险准备金率是正指标，该指标越大越好，反映贷款风险补偿率比较高。当该值太大时，说明大量资金闲置，减少了增值收益，不利于住房公积金管理效率的提高。当风险准备金率在 1.05% ～ 2.5% 时，该指标属于最好的隶属度为 1；当风险准备金率大于 4.0% 时，该指标属于最好的隶属度为 0.5；当准备金率小于 1.0% 或者大于 2.5% 小于 4.0% 时，按照相关公式计算，具体计算公式如下：

当 $x<1.0\%$ 时，$x'=x/0.01$；当 $1.0\%\leqslant x\leqslant 2.5\%$ 时，$x'=1$；

当 $2.5\%<x<4.0\%$ 时，$x'=\frac{11}{6}-\frac{100}{3}x$；当 $x\geqslant 4.0\%$ 时，$x'=0.5$。

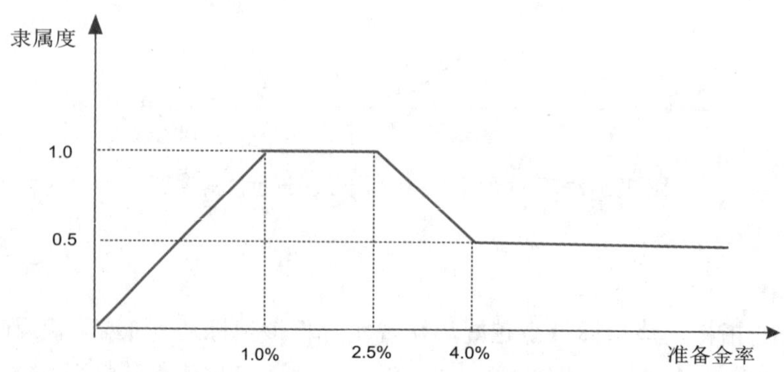

图 1-5-9 不同风险准备金率属于最好的隶属度图

根据上面公式对不同指标进行标准化，得到归一化的矩阵 $\boldsymbol{X}'$：

$$\boldsymbol{X}_{ij}^{'}=(x_{ij}^{'})_{n\times m}=\begin{bmatrix} x_{11}^{'} & x_{12}^{'} & \cdots & x_{1m}^{'} \\ x_{21}^{'} & x_{22}^{'} & \cdots & x_{2m}^{'} \\ \vdots & \vdots & & \vdots \\ x_{n1}^{'} & x_{n2}^{'} & \cdots & x_{nm}^{'} \end{bmatrix}$$

3. 计算无量纲化处理后数据的比重或概率

计算无量纲化处理后第 j 项指标、第 i 个数据的比重或概率，其公式为：

$$p_{ij}=x_{ij}'\Big/\sum_{i=1}^{n}x_{ij}'\ ,\quad (i=1,2,\cdots,n;j=1,2,\cdots,m)$$

$$\boldsymbol{P}_{ij}=(p_{ij})_{n\times m}=\begin{bmatrix} p_{11} & p_{12} & \cdots & p_{1m} \\ p_{21} & p_{22} & \cdots & p_{2m} \\ \vdots & \vdots & & \vdots \\ p_{n1} & p_{n2} & \cdots & p_{nm} \end{bmatrix}$$

4. 计算第 j 项指标的熵值

第 j 项指标的熵值计算公式为：

$$e_j=-\frac{1}{\ln n}\sum_{i=1}^{n}p_{ij}\ln p_{ij}\ ,\quad (j=1,2,\cdots,m)$$

ln 为自然对数，$e_j\geqslant 0$。

5. 计算第 j 项指标的差异性系数 g_j

定义差异性系数为：

$$g_j = 1 - e_j$$

当 g_j 越大时，指标越重要。

6. 计算第 j 项指标权重

第 j 项指标权重公式为：

$$w_j = g_j \Big/ \sum_{j=1}^{m} g_j \text{，} \quad (j = 1, 2, \cdots, m)$$

根据上述公式，利用全部评价指标数据，计算出住房公积管理水平综合评价指标权重，具体数据见表 1-5-2。

表 1-5-2 住房公积管理水平综合评价指标权重

一级指标	二级指标（x_i'）	权重（w_i）
使用能力	提取率 x_1'	0.1202
	个贷率 x_2'	0.1367
	市场占有率 x_3'	0.1175
	备付金率 x_4'	0.1075
管理水平	缴存增长率 x_5'	0.1225
	增值收益率 x_6'	0.1318
	经费比率 x_7'	0.1011
风险控制	贷款逾期率 x_8'	0.0983
	风险准备金率 x_9'	0.0644

（三）住房公积金管理水平综合评价计分方法

当确定不同指标的权重后，为了能够直观了解比较评价对象不同指标的优劣，我们将各指标属于好的隶属度都乘以 100%，使之变为分数。将评价对象不同指标分数乘以相应的权重求和，就得到不同评价对象综合打分，计算公式如下：

$$F = x_1'w_1 + x_2'w_2 + x_3'w_3 + x_4'w_4 + x_5'w_5 + x_6'w_6 + x_7'w_7 + x_8'w_8 + x_9'w_9$$

（四）全国城市和地区住房公积金管理水平综合评价结果

由于我国对住房公积金实行设区市属地管理体制，在设区市设立住房公积金管理委员会和独立的住房公积金管理中心，因此我们对 333 个设区市和地区州盟按照以上模型进行了测算，并按照得分高低进行了排名。其中，最高分为江西省鹰潭市，为 95.65 分；最低分为西藏自治区昌都市，为 55.14 分，全国平均分为 78.54 分。分值在 90 分以上的有 20 个，80 ～ 90 分的有 134 个，70 ～ 80 分的有 120 个，60 ～ 70 分的有 52 个，55 ～ 60 分的有 7 个。80 分以上的占比 46.25%，60 分以下的仅占比 2.10%，总体反映出全国住房公积金管理水平比较高，住房支持作用发挥明显，风险性控制比较好。

为便于参阅，我们对直辖市、副省级和省会城市、各省自治区所辖城市和地区分别进行了排序。

表 1-5-3 全国城市和地区住房公积金发展指标综合评价排名

排名	城市或地区	得分	排名	城市或地区	得分	排名	城市或地区	得分
1	鹰潭市	95.65	35	贵阳市	88.89	69	襄阳市	86.00
2	北京市	94.15	36	大庆市	88.87	70	长春市	86.00
3	长沙市	93.68	37	株洲市	88.79	71	漯河市	85.92
4	昭通市	93.65	38	德州市	88.71	72	河池市	85.90
5	上海市	93.48	39	保山市	88.54	73	营口市	85.90
6	淮北市	92.95	40	淄博市	88.54	74	成都市	85.73
7	西安市	92.90	41	邯郸市	88.48	75	汕头市	85.64
8	唐山市	92.86	42	曲靖市	88.45	76	普洱市	85.59
9	武汉市	92.37	43	随州市	88.35	77	杭州市	85.55
10	宝鸡市	92.16	44	资阳市	88.28	78	吉林市	85.53
11	茂名市	91.92	45	巴彦淖尔市	88.15	79	太原市	85.52
12	临沧市	91.78	46	白银市	88.09	80	九江市	85.48
13	咸阳市	91.13	47	日照市	88.00	81	庆阳市	85.48
14	黄山市	90.97	48	怀化市	87.86	82	长治市	85.40
15	郴州市	90.95	49	文山州	87.71	83	三明市	85.37
16	淮安市	90.81	50	丹东市	87.64	84	连云港市	85.35
17	来宾市	90.46	51	新乡市	87.63	85	柳州市	85.34
18	恩施州	90.35	52	朝阳市	87.62	86	天水市	85.20
19	大同市	90.27	53	扬州市	87.58	87	济南市	84.99
20	桂林市	90.06	54	安康市	87.50	88	大理州	84.97
21	潮州市	89.91	55	泸州市	87.26	89	淮南市	84.80
22	伊犁州	89.78	56	福州市	87.19	90	铜陵市	84.66
23	宜宾市	89.60	57	梅州市	87.19	91	六安市	84.58
24	红河州	89.55	58	张家界市	87.07	92	银川市	84.48
25	揭阳市	89.46	59	岳阳市	87.03	93	天津市	84.42
26	黄石市	89.36	60	安顺市	87.03	94	固原市	84.30
27	德宏州	89.36	61	葫芦岛市	86.90	95	温州市	84.28
28	兰州市	89.35	62	塔城地区	86.69	96	金华市	84.26
29	潍坊市	89.33	63	沈阳市	86.61	97	定西市	84.16
30	洛阳市	89.29	64	湘西州	86.54	98	呼伦贝尔市	84.14
31	邵阳市	89.18	65	渭南市	86.40	99	苏州市	84.14
32	马鞍山市	89.11	66	果洛州	86.35	100	北海市	84.12
33	滨州市	88.95	67	攀枝花市	86.21	101	中卫市	84.11
34	枣庄市	88.89	68	南京市	86.08	102	德阳市	84.09

（续表）

排名	城市或地区	得分	排名	城市或地区	得分	排名	城市或地区	得分
103	焦作市	84.07	139	汉中市	81.37	175	深圳市	79.02
104	达州市	84.04	140	喀什地区	81.33	176	秦皇岛市	79.02
105	六盘水市	84.01	141	延边州	81.19	177	酒泉市	78.89
106	兴安盟	83.91	142	辽源市	80.95	178	清远市	78.86
107	濮阳市	83.89	143	信阳市	80.75	179	聊城市	78.83
108	通辽市	83.83	144	池州市	80.72	180	东营市	78.79
109	巴中市	83.79	145	白城市	80.58	181	西宁市	78.77
110	厦门市	83.60	146	乌鲁木齐市	80.57	182	阿坝州	78.75
111	湛江市	83.55	147	四平市	80.54	183	惠州市	78.66
112	百色市	83.54	148	广州市	80.41	184	甘孜州	78.55
113	广安市	83.49	149	宜昌市	80.39	185	博尔塔拉州	78.51
114	阿克苏地区	83.44	150	东莞市	80.36	186	昌吉州	78.48
115	绵阳市	83.39	151	克拉玛依市	80.28	187	汕尾市	78.29
116	威海市	83.31	152	遵义市	80.28	188	通化市	78.27
117	许昌市	83.29	153	景德镇市	80.13	189	山南市	78.25
118	邢台市	83.10	154	武威市	80.02	190	哈密市	78.17
119	烟台市	83.02	155	宜春市	79.93	191	齐齐哈尔市	78.17
120	娄底市	83.01	156	遂宁市	79.93	192	安阳市	78.14
121	韶关市	82.93	157	临夏州	79.91	193	咸宁市	78.00
122	南昌市	82.88	158	鄂州市	79.79	194	铜仁市	78.00
123	郑州市	82.83	159	永州市	79.75	195	莆田市	77.93
124	绍兴市	82.82	160	衡阳市	79.72	196	晋城市	77.87
125	黔东南州	82.78	161	朔州市	79.72	197	赤峰市	77.72
126	上饶市	82.65	162	泰安市	79.70	198	哈尔滨市	77.64
127	凉山州	82.62	163	周口市	79.67	199	嘉峪关市	77.62
128	宁波市	82.51	164	鄂尔多斯市	79.65	200	南充市	77.58
129	南平市	82.39	165	驻马店市	79.63	201	海南州	77.58
130	新余市	82.25	166	和田地区	79.56	202	乌兰察布市	77.47
131	乐山市	82.03	167	拉萨市	79.53	203	鞍山市	77.44
132	陇南市	82.00	168	嘉兴市	79.48	204	抚顺市	77.42
133	牡丹江市	82.00	169	梧州市	79.40	205	保定市	77.33
134	亳州市	81.84	170	三门峡市	79.35	206	十堰市	77.31
135	鹤壁市	81.75	171	商洛市	79.34	207	阳江市	77.24
136	呼和浩特市	81.75	172	内江市	79.27	208	青岛市	77.03
137	漳州市	81.54	173	江门市	79.10	209	菏泽市	76.91
138	安庆市	81.51	174	包头市	79.03	210	石家庄市	76.54

（续表）

排名	城市或地区	得分	排名	城市或地区	得分	排名	城市或地区	得分
211	辽阳市	76.33	247	石嘴山市	72.77	283	大兴安岭地区	68.85
212	临沂市	76.04	248	徐州市	72.60	284	廊坊市	68.64
213	自贡市	75.84	249	佛山市	72.57	285	河源市	68.40
214	本溪市	75.80	250	黔西南州	72.25	286	重庆市	68.34
215	荆州市	75.66	251	台州市	72.15	287	丽江市	68.33
216	衡水市	75.66	252	云浮市	71.93	288	铁岭市	68.15
217	荆门市	75.65	253	开封市	71.91	289	宁德市	67.93
218	珠海市	75.65	254	克孜勒苏州	71.84	290	西双版纳州	67.82
219	中山市	75.52	255	沧州市	71.80	291	龙岩市	67.81
220	迪庆州	75.26	256	张掖市	71.76	292	钦州市	67.76
221	楚雄州	74.91	257	济宁市	71.69	293	吉安市	67.62
222	防城港市	74.76	258	无锡市	71.65	294	芜湖市	67.42
223	广元市	74.76	259	合肥市	71.65	295	黑河市	67.39
224	抚州市	74.66	260	阿勒泰地区	71.60	296	乌海市	67.32
225	海西州	74.50	261	黄冈市	71.57	297	南阳市	67.26
226	黔南州	74.43	262	巴音郭楞州	71.55	298	蚌埠市	67.21
227	承德市	74.42	263	毕节市	71.47	299	衢州市	67.18
228	锦州市	74.40	264	阿里地区	71.37	300	丽水市	67.12
229	张家口市	74.26	265	南通市	71.25	301	舟山市	66.89
230	常州市	74.25	266	萍乡市	71.18	302	黄南州	66.69
231	平顶山市	74.17	267	南宁市	71.17	303	阜阳市	66.58
232	昆明市	74.08	268	林芝市	70.90	304	双鸭山市	66.52
233	吐鲁番市	73.96	269	雅安市	70.84	305	眉山市	66.50
234	铜川市	73.73	270	平凉市	70.80	306	海北州	66.00
235	金昌市	73.60	271	赣州市	70.55	307	贺州市	65.43
236	佳木斯市	73.59	272	吴忠市	70.46	308	绥化市	64.86
237	湘潭市	73.45	273	玉树州	70.38	309	玉溪市	64.65
238	锡林郭勒盟	73.31	274	常德市	70.18	310	宿州市	64.33
239	湖州市	73.19	275	玉林市	69.95	311	吕梁市	64.14
240	伊春市	73.18	276	临汾市	69.83	312	阳泉市	64.05
241	泰州市	73.11	277	甘南州	69.83	313	松原市	64.05
242	商丘市	73.09	278	宿迁市	69.82	314	泉州市	63.77
243	榆林市	73.06	279	孝感市	69.75	315	滁州市	63.07
244	晋中市	73.02	280	益阳市	69.60	316	海东市	62.85
245	贵港市	72.94	281	阜新市	69.16	317	阿拉善盟	62.73
246	鸡西市	72.89	282	宣城市	68.88	318	延安市	62.57

（续表）

排名	城市或地区	得分	排名	城市或地区	得分	排名	城市或地区	得分
319	忻州市	62.23	324	大连市	61.26	329	日喀则市	57.27
320	那曲市	62.04	325	运城市	61.10	330	盐城市	57.02
321	镇江市	61.94	326	白山市	60.57	331	肇庆市	56.69
322	鹤岗市	61.74	327	七台河市	59.77	332	怒江州	56.47
323	崇左市	61.36	328	盘锦市	59.37	333	昌都市	55.14

注：全国城市和地区平均分为78.54分。

表1-5-4 全国城市和地区住房公积金综合发展50强

序号	城市或地区	序号	城市或地区	序号	城市或地区	序号	城市或地区	序号	城市或地区
1	鹰潭市	11	茂名市	21	潮州市	31	邵阳市	41	邯郸市
2	北京市	12	临沧市	22	伊犁州	32	马鞍山市	42	曲靖市
3	长沙市	13	咸阳市	23	宜宾市	33	滨州市	43	随州市
4	昭通市	14	黄山市	24	红河州	34	枣庄市	44	资阳市
5	上海市	15	郴州市	25	揭阳市	35	贵阳市	45	巴彦淖尔市
6	淮北市	16	淮安市	26	黄石市	36	大庆市	46	白银市
7	西安市	17	来宾市	27	德宏州	37	株洲市	47	日照市
8	唐山市	18	恩施州	28	兰州市	38	德州市	48	怀化市
9	武汉市	19	大同市	29	潍坊市	39	保山市	49	文山州
10	宝鸡市	20	桂林市	30	洛阳市	40	淄博市	50	丹东市

按得分排序。全国50强中，除北京市、上海市外，云南省入围最多为7个，山东省6个，湖南省5个，湖北省4个，广东省3个，安徽省3个，陕西省3个，河北省2个，四川省2个，广西壮族自治区2个，甘肃省2个，江西省、黑龙江省、新疆维吾尔自治区、贵州省、内蒙古自治区、江苏省、山西省、河南省、辽宁省各为1个。

表1-5-5 直辖市住房公积金发展指标评价排名

序号	城市	全国排名	序号	城市	全国排名	序号	城市	全国排名	序号	城市	全国排名
1	北京市	2	2	上海市	5	3	天津市	93	4	重庆市	286

表1-5-6 副省级、省会城市住房公积金发展指标评价排名

序号	城市	全国排名	序号	城市	全国排名	序号	城市	全国排名	序号	城市	全国排名
1	长沙市	3	5	贵阳市	35	9	长春市	70	13	济南市	87
2	西安市	7	6	福州市	56	10	成都市	74	14	银川市	92
3	武汉市	9	7	沈阳市	63	11	杭州市	77	15	厦门市	110
4	兰州市	28	8	南京市	68	12	太原市	79	16	南昌市	122

（续表）

序号	城市	全国排名	序号	城市	全国排名	序号	城市	全国排名	序号	城市	全国排名
17	郑州市	123	21	广州市	148	25	哈尔滨市	198	29	合肥市	259
18	宁波市	128	22	拉萨市	167	26	青岛市	208	30	南宁市	267
19	呼和浩特	136	23	深圳市	175	27	石家庄市	210	31	大连市	324
20	乌鲁木齐	146	24	西宁市	181	28	昆明市	232			

表 1-5-7 各省自治区城市和地区住房公积金发展指标评价排名

河北省

序号	城市	全国排名	序号	城市	全国排名	序号	城市	全国排名	序号	城市	全国排名
1	唐山市	8	4	秦皇岛市	176	7	衡水市	216	10	沧州市	255
2	邯郸市	41	5	保定市	205	8	承德市	227	11	廊坊市	284
3	邢台市	118	6	石家庄市	210	9	张家口市	229			

山西省

序号	城市	全国排名	序号	城市	全国排名	序号	城市	全国排名	序号	城市	全国排名
1	大同市	19	4	朔州市	161	7	临汾市	276	10	忻州市	319
2	太原市	79	5	晋城市	196	8	吕梁市	311	11	运城市	325
3	长治市	82	6	晋中市	244	9	阳泉市	312			

内蒙古自治区

序号	城市或地区	全国排名	序号	城市或地区	全国排名	序号	城市或地区	全国排名	序号	城市或地区	全国排名
1	巴彦淖尔市	45	4	通辽市	108	7	包头市	174	10	锡林郭勒盟	238
2	呼伦贝尔市	98	5	呼和浩特市	136	8	赤峰市	197	11	乌海市	296
3	兴安盟	106	6	鄂尔多斯市	164	9	乌兰察布市	202	12	阿拉善盟	317

辽宁省

序号	城市	全国排名	序号	城市	全国排名	序号	城市	全国排名	序号	城市	全国排名
1	丹东市	50	5	营口市	73	9	本溪市	214	13	大连市	324
2	朝阳市	52	6	鞍山市	203	10	锦州市	228	14	盘锦市	328
3	葫芦岛市	61	7	抚顺市	204	11	阜新市	281			
4	沈阳市	63	8	辽阳市	211	12	铁岭市	288			

吉林省

序号	城市	全国排名	序号	城市	全国排名	序号	城市	全国排名	序号	城市	全国排名
1	长春市	70	4	辽源市	142	7	通化市	188			
2	吉林市	78	5	白城市	145	8	松原市	313			
3	延边州	141	6	四平市	147	9	白山市	326			

黑龙江省

序号	城市或地区	全国排名	序号	城市或地区	全国排名	序号	城市或地区	全国排名	序号	城市或地区	全国排名
1	大庆市	36	3	齐齐哈尔市	191	5	佳木斯市	236	7	鸡西市	246
2	牡丹江市	133	4	哈尔滨市	198	6	伊春市	240	8	大兴安岭地区	283

（续表）

序号	城市或地区	全国排名	序号	城市或地区	全国排名	序号	城市或地区	全国排名	序号	城市或地区	全国排名
9	黑河市	295	11	绥化市	308	13	七台河市	327			
10	双鸭山市	304	12	鹤岗市	322						

江苏省

序号	城市	全国排名	序号	城市	全国排名	序号	城市	全国排名	序号	城市	全国排名
1	淮安市	16	5	苏州市	99	9	无锡市	258	13	盐城市	330
2	扬州市	53	6	常州市	230	10	南通市	265			
3	南京市	68	7	泰州市	241	11	宿迁市	278			
4	连云港市	84	8	徐州市	248	12	镇江市	321			

浙江省

序号	城市	全国排名	序号	城市	全国排名	序号	城市	全国排名	序号	城市	全国排名
1	杭州市	77	4	绍兴市	124	7	湖州市	239	10	丽水市	300
2	温州市	95	5	宁波市	128	8	台州市	251	11	舟山市	301
3	金华市	96	6	嘉兴市	168	9	衢州市	299			

安徽省

序号	城市	全国排名	序号	城市	全国排名	序号	城市	全国排名	序号	城市	全国排名
1	淮北市	6	5	铜陵市	90	9	池州市	144	13	蚌埠市	298
2	黄山市	14	6	六安市	91	10	合肥市	259	14	阜阳市	303
3	马鞍山市	32	7	亳州市	134	11	宣城市	282	15	宿州市	310
4	淮南市	89	8	安庆市	138	12	芜湖市	294	16	滁州市	315

福建省

序号	城市	全国排名	序号	城市	全国排名	序号	城市	全国排名	序号	城市	全国排名
1	福州市	56	4	南平市	129	7	宁德市	289			
2	三明市	83	5	漳州市	137	8	龙岩市	291			
3	厦门市	110	6	莆田市	195	9	泉州市	314			

江西省

序号	城市	全国排名	序号	城市	全国排名	序号	城市	全国排名	序号	城市	全国排名
1	鹰潭市	1	4	上饶市	126	7	宜春市	155	10	赣州市	271
2	九江市	80	5	新余市	130	8	抚州市	224	11	吉安市	293
3	南昌市	122	6	景德镇市	153	9	萍乡市	266			

山东省

序号	城市	全国排名	序号	城市	全国排名	序号	城市	全国排名	序号	城市	全国排名
1	潍坊市	29	5	淄博市	40	9	烟台市	119	13	青岛市	208
2	滨州市	33	6	日照市	47	10	泰安市	162	14	菏泽市	209
3	枣庄市	34	7	济南市	87	11	聊城市	179	15	临沂市	212
4	德州市	38	8	威海市	116	12	东营市	180	16	济宁市	257

（续表）

河南省

序号	城市	全国排名	序号	城市	全国排名	序号	城市	全国排名	序号	城市	全国排名
1	洛阳市	30	6	许昌市	117	11	驻马店市	165	16	开封市	253
2	新乡市	51	7	郑州市	123	12	三门峡市	170	17	南阳市	297
3	漯河市	71	8	鹤壁市	135	13	安阳市	196			
4	焦作市	103	9	信阳市	143	14	平顶山市	231			
5	濮阳市	107	10	周口市	163	15	商丘市	242			

湖北省

序号	城市或地区	全国排名	序号	城市或地区	全国排名	序号	城市或地区	全国排名	序号	城市或地区	全国排名
1	武汉市	9	5	襄阳市	69	9	十堰市	206	13	孝感市	279
2	恩施州	18	6	宜昌市	149	10	荆州市	215			
3	黄石市	26	7	鄂州市	158	11	荆门市	217			
4	随州市	43	8	咸宁市	193	12	黄冈市	261			

湖南省

序号	城市或地区	全国排名	序号	城市或地区	全国排名	序号	城市或地区	全国排名	序号	城市或地区	全国排名
1	长沙市	3	5	怀化市	48	9	娄底市	120	13	常德市	274
2	郴州市	15	6	张家界市	58	10	永州市	159	14	益阳市	280
3	邵阳市	31	7	岳阳市	59	11	衡阳市	160			
4	株洲市	37	8	湘西州	64	12	湘潭市	237			

广东省

序号	城市	全国排名	序号	城市	全国排名	序号	城市	全国排名	序号	城市	全国排名
1	茂名市	11	7	韶关市	121	13	惠州市	183	19	云浮市	252
2	潮州市	21	8	广州市	148	14	汕尾市	187	20	河源市	285
3	揭阳市	25	9	东莞市	150	15	阳江市	207	21	肇庆市	331
4	梅州市	57	10	江门市	173	16	珠海市	218			
5	汕头市	75	11	深圳市	175	17	中山市	219			
6	湛江市	111	12	清远市	178	18	佛山市	249			

广西壮族自治区

序号	城市	全国排名	序号	城市	全国排名	序号	城市	全国排名	序号	城市	全国排名
1	来宾市	17	5	北海市	100	9	贵港市	245	13	贺州市	307
2	桂林市	20	6	百色市	112	10	南宁市	267	14	崇左市	323
3	河池市	72	7	梧州市	169	11	玉林市	275			
4	柳州市	85	8	防城港市	222	12	钦州市	292			

四川省

序号	城市或地区	全国排名	序号	城市或地区	全国排名	序号	城市或地区	全国排名	序号	城市或地区	全国排名
1	宜宾市	23	4	攀枝花市	67	7	达州市	104	10	绵阳市	115
2	资阳市	44	5	成都市	74	8	巴中市	109	11	凉山州	127
3	泸州市	55	6	德阳市	102	9	广安市	113	12	乐山市	131

（续表）

序号	城市	全国排名	序号	城市	全国排名	序号	城市	全国排名	序号	城市	全国排名
13	遂宁市	156	16	甘孜州	184	19	广元市	223			
14	内江市	172	17	南充市	200	20	雅安市	269			
15	阿坝州	182	18	自贡市	213						

贵州省

序号	城市或地区	全国排名	序号	城市或地区	全国排名	序号	城市或地区	全国排名	序号	城市或地区	全国排名
1	贵阳市	35	4	黔东南州	125	7	黔南州	226			
2	安顺市	60	5	遵义市	152	8	黔西南州	250			
3	六盘水市	105	6	铜仁市	194	9	毕节市	263			

云南省

序号	城市或地区	全国排名	序号	城市或地区	全国排名	序号	城市或地区	全国排名	序号	城市或地区	全国排名
1	昭通市	4	5	保山市	39	9	大理州	88	13	丽江市	287
2	临沧市	12	6	曲靖市	42	10	迪庆州	220	14	西双版纳州	290
3	红河州	24	7	文山州	49	11	楚雄州	221	15	玉溪市	309
4	德宏州	27	8	普洱市	76	12	昆明市	232	16	怒江州	332

西藏自治区

序号	城市或地区	全国排名	序号	城市或地区	全国排名	序号	城市或地区	全国排名	序号	城市或地区	全国排名
1	拉萨市	167	3	阿里地区	264	5	那曲市	320	7	昌都市	333
2	山南市	189	4	林芝市	268	6	日喀则市	329			

陕西省

序号	城市	全国排名	序号	城市	全国排名	序号	城市	全国排名	序号	城市	全国排名
1	西安市	7	4	安康市	54	7	商洛市	171	10	延安市	318
2	宝鸡市	10	5	渭南市	65	8	铜川市	234			
3	咸阳市	13	6	汉中市	139	9	榆林市	243			

甘肃省

序号	城市或地区	全国排名	序号	城市或地区	全国排名	序号	城市或地区	全国排名	序号	城市或地区	全国排名
1	兰州市	28	5	定西市	97	9	酒泉市	177	13	平凉市	270
2	白银市	46	6	陇南市	132	10	嘉峪关市	199	14	甘南州	277
3	庆阳市	81	7	武威市	154	11	金昌市	235			
4	天水市	86	8	临夏州	157	12	张掖市	256			

青海省

序号	城市或地区	全国排名	序号	城市或地区	全国排名	序号	城市或地区	全国排名	序号	城市或地区	全国排名
1	果洛州	66	3	海南州	201	5	玉树州	273	7	海北州	306
2	西宁市	181	4	海西州	225	6	黄南州	302	8	海东市	316

宁夏回族自治区

序号	城市	全国排名	序号	城市	全国排名	序号	城市	全国排名	序号	城市	全国排名
1	银川市	92	3	中卫市	101	5	吴忠市	272			
2	固原市	94	4	石嘴山市	247						

（续表）

新疆维吾尔自治区											
序号	城市或地区	全国排名	序号	城市或地区	全国排名	序号	城市或地区	全国排名	序号	城市或地区	全国排名
1	伊犁州	22	5	乌鲁木齐市	146	9	昌吉州	186	13	阿勒泰地区	260
2	塔城地区	62	6	克拉玛依市	151	10	哈密市	190	14	巴音郭楞州	262
3	阿克苏地区	114	7	和田地区	166	11	吐鲁番市	233			
4	喀什地区	140	8	博尔塔拉州	185	12	克孜勒苏州	254			

（五）备注及说明

（1）本评价报告所采用数字均来源于全国各城市和地区公开发布的2019年住房公积金年度报告。我们不负责数据的真实性核实，其正确与否由发布人负责。对于明显不符合常识和存在重大偏差的数据，我们进行了重新测算，并进行了适当修正。数据均保留到小数点后两位，采取四舍五入法取值。

（2）本报告只是抽取主要指标数据，通过设置统一的指标体系，采取一定的数学方法进行客观计算，得出分值后进行排序。排序主要是对指标数据的综合评价，不能兼顾主观因素，可能与上级掌握的综合情况以及城市形象有一定差异（比如有的城市和地区住房公积金发挥住房支持作用非常大，社会反响也很好，但由于存在很高的风险性和不可持续性导致减分），因此评价结果仅供决策者和地方改进工作的参考。

（3）由于海南省住房公积金实行全省统一管理，每年由海南省住房公积金管理局统一发布年度报告，故评价中没有海口、三亚、儋州、三沙四个地级市。另外，由于各省自治区直管的县级市比较多，住房公积金管理机构设置不一，且与地级行政区的可比性不大，故对有的省区公布的一些独立设置的住房公积金管理机构数据没有收录和评价。

第二部分

2019 年度住房公积金研究报告

燕山大学住房公积金研究中心
公积金信息化（西安）研究中心

一、住房公积金指标与地方经济社会发展指标比较

我们共收集到297个城市的数据，文中无特殊说明的，均指这部分城市数据。由于城市规模和经济发展的不平衡，为保证可比性，对比住房公积金与经济、人口、房地产等指标时，我们沿用了第一财经•新一线城市研究所发布的《2019城市商业魅力排行榜》分类进行对比。

中位数在反映数据分布情况上，不容易受到极值的影响，比平均值更具有代表性。在对比各省、各线城市平均水平时，我们采用中位数替代平均数，文中无特殊说明，平均类数值均为中位数。我们使用集合的区间来表示数值范围，比如数值范围为[1，3]，代表1≤数值≤3。

该套数据全部来源于互联网，可能存在部分数据采集错误，请以各地官网发布数据为准。为避免数据偏差过大，对分项数据不全的城市计算时做了以下处理：平均、人均类数据以其他城市数据的平均值填充，总计类数据以0填充进行计算。未能从互联网获取的数据，表中均以“—”表示。

（一）住房公积金与经济发展整体指标对比

表2-1-1 住房公积金与经济发展整体指标对比表

序号	省级	城市级别	城市	生产总值（亿元）	财政收入（亿元）	缴存额			提取额			贷款额		
						缴存额（亿元）	占生产总值比重	占财政收入比重	提取额（亿元）	占生产总值比重	占财政收入比重	贷款额（亿元）	占生产总值比重	占财政收入比重
1	安徽省	三线城市	安庆市	2380.5	321.5	40.73	0.02	0.13	31.81	0.01	0.1	21.51	0.01	0.07
2	安徽省	三线城市	蚌埠市	2057.17	317.01	28.22	0.01	0.09	20.27	0.01	0.06	10.54	0.01	0.03
3	安徽省	四线城市	亳州市	1749	214.3	24.77	0.01	0.12	18.96	0.01	0.09	12.76	0.01	0.06
4	安徽省	五线城市	池州市	831.7	112.6	13.47	0.02	0.12	10.73	0.01	0.1	7.72	0.01	0.07
5	安徽省	三线城市	滁州市	2909.1	357.1	34.69	0.01	0.1	25.52	0.01	0.07	9.65	—	0.03
6	安徽省	三线城市	阜阳市	2705	352.3	36.03	0.01	0.1	27.41	0.01	0.08	21.27	0.01	0.06
7	安徽省	二线城市	合肥市	9409.4	1432.38	211.11	0.02	0.15	146.54	0.02	0.1	120.22	0.01	0.08
8	安徽省	五线城市	淮北市	1077.9	140.5	33.08	0.03	0.24	29.51	0.03	0.21	21.72	0.02	0.15
9	安徽省	四线城市	淮南市	1296.2	176.7	44.47	0.03	0.25	38.32	0.03	0.22	32.69	0.03	0.19
10	安徽省	四线城市	黄山市	818	120.1	16.9	0.02	0.14	12.32	0.02	0.1	6.98	0.01	0.06
11	安徽省	四线城市	六安市	1620.1	220.2	33.45	0.02	0.15	23.15	0.01	0.11	134.79	0.08	0.61
12	安徽省	三线城市	马鞍山市	2111	284.62	46.22	0.02	0.16	33.55	0.02	0.12	18.04	0.01	0.06
13	安徽省	四线城市	铜陵市	960.2	181.1	22.14	0.02	0.12	17.93	0.02	0.1	11.9	0.01	0.07
14	安徽省	三线城市	芜湖市	3618.26	621.18	51.97	0.01	0.08	38.16	0.01	0.06	22.07	0.01	0.04
15	安徽省	四线城市	宿州市	1978.75	201.25	24.62	0.01	0.12	17.64	0.01	0.09	15.63	0.01	0.08
16	安徽省	四线城市	宣城市	1561.3	254.7	25.1	0.02	0.1	19.99	0.01	0.08	16.46	0.01	0.06
17	北京市	一线城市	北京市	35371.3	5817.1	2213.55	0.06	0.38	1612.64	0.05	0.28	557.56	0.02	0.1
18	福建省	二线城市	福州市	9392.3	1095.36	197.21	0.02	0.18	139.93	0.01	0.13	96.96	0.01	0.09
19	福建省	三线城市	龙岩市	2678.96	155.62	34.71	0.01	0.22	28.24	0.01	0.18	23.36	0.01	0.15
20	福建省	三线城市	南平市	1991.57	149.1	29.71	0.01	0.2	23.86	0.01	0.16	14.89	0.01	0.1

（续表）

序号	省级	城市级别	城市	生产总值（亿元）	财政收入（亿元）	缴存额			提取额			贷款额		
						缴存额（亿元）	占生产总值比重	占财政收入比重	提取额（亿元）	占生产总值比重	占财政收入比重	贷款额（亿元）	占生产总值比重	占财政收入比重
21	福建省	三线城市	宁德市	2451.7	126.8	31.41	0.01	0.25	23.13	0.01	0.18	20.79	0.01	0.16
22	福建省	三线城市	莆田市	2595.39	143.12	28.1	0.01	0.2	18.68	0.01	0.13	11.99	—	0.08
23	福建省	二线城市	泉州市	9946.66	457.75	87.06	0.01	0.19	64.01	0.01	0.14	27.78	—	0.06
24	福建省	三线城市	三明市	2601.56	107.76	38.21	0.01	0.35	30.72	0.01	0.29	5.13	—	0.05
25	福建省	二线城市	厦门市	5995.04	768.37	168.75	0.03	0.22	117.73	0.02	0.15	90	0.02	0.12
26	福建省	三线城市	漳州市	4741.83	219.41	47.83	0.01	0.22	33.22	0.01	0.15	39.46	0.01	0.18
27	甘肃省	五线城市	白银市	486.33	31.12	15.47	0.03	0.5	10.34	0.02	0.33	7.73	0.02	0.25
28	甘肃省	五线城市	定西市	416.38	24.67	16.89	0.04	0.68	9.1	0.02	0.37	13.27	0.03	0.54
29	甘肃省	五线城市	甘南州	218.33	19.12	11.34	0.05	0.59	9.93	0.05	0.52	9.81	0.04	0.51
30	甘肃省	五线城市	嘉峪关市	283.4	19.49	9.67	0.03	0.5	7.04	0.02	0.36	6.25	0.02	0.32
31	甘肃省	五线城市	酒泉市	618.2	105	16.24	0.03	0.15	11.93	0.02	0.11	9.89	0.02	0.09
32	甘肃省	二线城市	兰州市	2837.36	679.51	112.05	0.04	0.16	85.05	0.03	0.13	69.5	0.02	0.1
33	甘肃省	五线城市	临夏州	303.5	34.51	12.8	0.04	0.37	7.31	0.02	0.21	9.95	0.03	0.29
34	甘肃省	五线城市	陇南市	445.09	52.46	14.97	0.03	0.29	10.59	0.02	0.2	11.73	0.03	0.22
35	甘肃省	五线城市	平凉市	456.58	32.54	17.86	0.04	0.55	10.27	0.02	0.32	16.95	0.04	0.52
36	甘肃省	五线城市	庆阳市	742.94	170.43	16.44	0.02	0.1	8.91	0.01	0.05	7.15	0.01	0.04
37	甘肃省	五线城市	天水市	632.67	50.36	21.98	0.03	0.44	14.7	0.02	0.29	14.05	0.02	0.28
38	甘肃省	五线城市	武威市	488.46	48.35	13.65	0.03	0.28	9.24	0.02	0.19	9.09	0.02	0.19
39	甘肃省	五线城市	张掖市	448.73	26.92	11.31	0.03	0.42	7.4	0.02	0.27	6.52	0.01	0.24
40	广东省	三线城市	潮州市	1080.94	48.01	15.56	0.01	0.32	9.02	0.01	0.19	9.91	0.01	0.21
41	广东省	新一线城市	东莞市	9482.5	673.18	145.71	0.02	0.22	100.67	0.01	0.15	126.08	0.01	0.19
42	广东省	二线城市	佛山市	10751.02	731.47	155.09	0.01	0.21	113.82	0.01	0.16	88.1	0.01	0.12
43	广东省	一线城市	广州市	23628.6	6336	851.06	0.04	0.13	628.49	0.03	0.1	266.06	0.01	0.04
44	广东省	四线城市	河源市	1080.03	77.48	27.7	0.03	0.36	20.2	0.02	0.26	9.36	0.01	0.12
45	广东省	二线城市	惠州市	4177.41	400.86	88.81	0.02	0.22	64.8	0.02	0.16	38.64	0.01	0.1
46	广东省	三线城市	江门市	3146.64	256.8	53.61	0.02	0.21	45.69	0.01	0.18	16.18	0.01	0.06
47	广东省	三线城市	揭阳市	2101.77	73.01	24.82	0.01	0.34	12.33	0.01	0.17	13.1	0.01	0.18
48	广东省	四线城市	茂名市	3252.34	139.88	44.48	0.01	0.32	31.08	0.01	0.22	16.54	0.01	0.12
49	广东省	三线城市	梅州市	1187.06	91.59	38.24	0.03	0.42	26.71	0.02	0.29	17	0.01	0.19
50	广东省	三线城市	清远市	1698.2	392.5	44.89	0.03	0.11	36.03	0.02	0.09	16.69	0.01	0.04
51	广东省	三线城市	汕头市	2694.08	138.23	44.32	0.02	0.32	27	0.01	0.2	29.96	0.01	0.22
52	广东省	四线城市	汕尾市	1080.3	42.45	15.66	0.01	0.37	8.49	0.01	0.2	12.58	0.01	0.3

（续表）

序号	省级	城市级别	城市	生产总值（亿元）	财政收入（亿元）	缴存额			提取额			贷款额		
						缴存额（亿元）	占生产总值比重	占财政收入比重	提取额（亿元）	占生产总值比重	占财政收入比重	贷款额（亿元）	占生产总值比重	占财政收入比重
53	广东省	四线城市	韶关市	1318.4	101	38.35	0.03	0.38	30.77	0.02	0.3	14.34	0.01	0.14
54	广东省	一线城市	深圳市	26927.09	3773.21	717.88	0.03	0.19	461.28	0.02	0.12	343.39	0.01	0.09
55	广东省	四线城市	阳江市	1292.18	64.29	21.26	0.02	0.33	15.2	0.01	0.24	11.69	0.01	0.18
56	广东省	五线城市	云浮市	921.96	60.48	22.3	0.02	0.37	16.39	0.02	0.27	13.85	0.02	0.23
57	广东省	三线城市	湛江市	3064.72	652.81	62.11	0.02	0.1	48.05	0.02	0.07	17.44	0.01	0.03
58	广东省	三线城市	肇庆市	2248.8	114.2	38.07	0.02	0.33	31.2	0.01	0.27	14.63	0.01	0.13
59	广东省	二线城市	中山市	3101.1	283.38	57.75	0.02	0.2	40.39	0.01	0.14	58.96	0.02	0.21
60	广东省	二线城市	珠海市	3435.89	344.49	82.6	0.02	0.24	70.06	0.02	0.2	39.24	0.01	0.11
61	广西壮族自治区	四线城市	百色市	1257.78	152.54	31.25	0.02	0.2	22.74	0.02	0.15	14.81	0.01	0.1
62	广西壮族自治区	五线城市	防城港市	701.23	87.86	10.32	0.01	0.12	7.13	0.01	0.08	4.76	0.01	0.05
63	广西壮族自治区	三线城市	桂林市	2105.56	258.79	47.08	0.02	0.18	35.3	0.02	0.14	23.69	0.01	0.09
64	广西壮族自治区	五线城市	河池市	878.1	83.91	26.1	0.03	0.31	18.47	0.02	0.22	14.91	0.02	0.18
65	广西壮族自治区	三线城市	柳州市	3128.35	436.31	56.15	0.02	0.13	42.71	0.01	0.1	24.42	0.01	0.06
66	广西壮族自治区	二线城市	南宁市	4506.56	800.69	95.68	0.02	0.12	74.26	0.02	0.09	21.77	—	0.03
67	广西壮族自治区	四线城市	梧州市	991.4	131.9	19.02	0.02	0.14	16.02	0.02	0.12	15.73	0.02	0.12
68	广西壮族自治区	四线城市	玉林市	1679.77	178.23	31.09	0.02	0.17	21.65	0.01	0.12	18.07	0.01	0.1
69	广西壮族自治区	五线城市	崇左市	760.46	61.25	14.12	0.02	0.23	9.46	0.01	0.15	11.53	0.02	0.19
70	广西壮族自治区	五线城市	钦州市	1356.27	160.04	19.23	0.01	0.12	14.46	0.01	0.09	9.27	0.01	0.06
71	贵州省	四线城市	安顺市	923.94	105.83	20.88	0.02	0.2	13.15	0.01	0.12	12.87	0.01	0.12
72	贵州省	四线城市	毕节市	1901.36	130.3	32.18	0.02	0.25	21.43	0.01	0.16	34.02	0.02	0.26
73	贵州省	二线城市	贵阳市	4039.6	—	128.56	0.03	—	89.17	0.02	—	57.14	0.01	—
74	贵州省	四线城市	六盘水市	1265.97	106.81	24.63	0.02	0.23	16.19	0.01	0.15	12.47	0.01	0.12

（续表）

序号	省级	城市级别	城市	生产总值（亿元）	财政收入（亿元）	缴存额			提取额			贷款额		
						缴存额（亿元）	占生产总值比重	占财政收入比重	提取额（亿元）	占生产总值比重	占财政收入比重	贷款额（亿元）	占生产总值比重	占财政收入比重
75	贵州省	四线城市	黔东南州	1123.04	107.09	39.06	0.03	0.36	22.03	0.02	0.21	27.54	0.02	0.26
76	贵州省	四线城市	黔南州	1518.04	110.65	35.08	0.02	0.32	23.57	0.02	0.21	28.15	0.02	0.25
77	贵州省	五线城市	黔西南州	1272.8	175.74	—	—	—	—	—	—	—	—	—
78	贵州省	四线城市	铜仁市	1249	122.46	29.66	0.02	0.24	23.22	0.02	0.19	25.31	0.02	0.21
79	贵州省	三线城市	遵义市	3483.32	798.96	74.31	0.02	0.09	43.71	0.01	0.05	45.99	0.01	0.06
80	海南省	五线城市	儋州市	357.64	20.6	—	—	—	—	—	—	—	—	—
81	海南省	二线城市	海口市	1671.93	465.92	—	—	—	—	—	—	—	—	—
82	海南省	三线城市	三亚市	677.86	109.1	—	—	—	—	—	—	—	—	—
83	河北省	三线城市	保定市	3224	517.6	71.9	0.02	0.14	39.06	0.01	0.08	35.45	0.01	0.07
84	河北省	三线城市	沧州市	3588	590.9	66.37	0.02	0.11	51.45	0.01	0.09	33.5	0.01	0.06
85	河北省	四线城市	承德市	1471	230	32.28	0.02	0.14	19.32	0.01	0.08	13.73	0.01	0.06
86	河北省	三线城市	邯郸市	3486	466.5	55.66	0.02	0.12	25.98	0.01	0.06	41.57	0.01	0.09
87	河北省	五线城市	衡水市	1504.9	122	22.47	0.01	0.18	15.18	0.01	0.12	15.49	0.01	0.13
88	河北省	三线城市	秦皇岛市	1612.02	280.23	35.44	0.02	0.13	29.54	0.02	0.11	21.71	0.01	0.08
89	河北省	二线城市	石家庄市	5809.9	569.1	148.94	0.03	0.26	97.86	0.02	0.17	65.71	0.01	0.12
90	河北省	三线城市	唐山市	6890	889.2	96.6	0.01	0.11	62.13	0.01	0.07	68.6	0.01	0.08
91	河北省	四线城市	邢台市	2119.96	283.8	35.68	0.02	0.13	22.56	0.01	0.08	25.02	0.01	0.09
92	河北省	四线城市	张家口市	1551.06	332.9	39.82	0.03	0.12	19.11	0.01	0.06	20.8	0.01	0.06
93	河南省	四线城市	安阳市	2229.3	164.1	30.97	0.01	0.19	18.32	0.01	0.11	7.66	—	0.05
94	河南省	五线城市	鹤壁市	988.69	—	13.45	0.01	—	8.21	0.01	—	11.32	0.01	—
95	河南省	四线城市	焦作市	2761.1	156.47	25.38	0.01	0.16	13.23	—	0.08	15.78	0.01	0.1
96	河南省	四线城市	开封市	2364.14	154.86	19.34	0.01	0.12	10.23	—	0.07	6.18	—	0.04
97	河南省	三线城市	洛阳市	5034.9	369.8	74.48	0.01	0.2	56.04	0.01	0.15	48.28	0.01	0.13
98	河南省	五线城市	漯河市	1578.4	162.3	18.1	0.01	0.11	9.4	0.01	0.06	10.91	0.01	0.07
99	河南省	三线城市	南阳市	3814.98	330.75	43.28	0.01	0.13	17.08	—	0.05	25.32	0.01	0.08
100	河南省	四线城市	平顶山市	2372.64	291.44	38.83	0.02	0.13	27	0.01	0.09	37.72	0.02	0.13
101	河南省	五线城市	濮阳市	1581.49	199.05	35.14	0.02	0.18	26.16	0.02	0.13	22.25	0.01	0.11
102	河南省	五线城市	三门峡市	1443.82	192.12	19.96	0.01	0.1	12.33	0.01	0.06	9.01	0.01	0.05
103	河南省	三线城市	商丘市	2911.2	171.71	37.16	0.01	0.22	13.44	—	0.08	16.64	0.01	0.1
104	河南省	三线城市	新乡市	2918.18	187.21	32.17	0.01	0.17	20.07	0.01	0.11	24.18	0.01	0.13
105	河南省	三线城市	信阳市	2758.47	180.5	33.97	0.01	0.19	18.76	0.01	0.1	15.02	0.01	0.08
106	河南省	四线城市	许昌市	3395.7	179.9	28.67	0.01	0.16	19.1	0.01	0.11	16.85	—	0.09
107	河南省	新一线城市	郑州市	11589.7	1970.2	271.6	0.02	0.14	175.91	0.02	0.09	98.05	0.01	0.05

（续表）

序号	省级	城市级别	城市	生产总值（亿元）	财政收入（亿元）	缴存额			提取额			贷款额		
						缴存额（亿元）	占生产总值比重	占财政收入比重	提取额（亿元）	占生产总值比重	占财政收入比重	贷款额（亿元）	占生产总值比重	占财政收入比重
108	河南省	四线城市	周口市	3198.49	207.85	25.33	0.01	0.12	6.9	—	0.03	15.9	—	0.08
109	河南省	四线城市	驻马店市	2742.06	247.23	30.57	0.01	0.12	16.24	0.01	0.07	20.98	0.01	0.08
110	黑龙江省	三线城市	大庆市	2568.3	380.1	78.67	0.03	0.21	59.26	0.02	0.16	35.24	0.01	0.09
111	黑龙江省	五线城市	大兴安岭地区	138.6	15.1	—	—	—	—	—	—	—	—	—
112	黑龙江省	二线城市	哈尔滨市	5249.4	370.9	196.73	0.04	0.53	158.09	0.03	0.43	97.23	0.02	0.26
113	黑龙江省	五线城市	黑河市	578.9	38.8	13.03	0.02	0.34	9.78	0.02	0.25	7.68	0.01	0.2
114	黑龙江省	五线城市	鸡西市	552	41.8	12.75	0.02	0.31	7.39	0.01	0.18	3.6	0.01	0.09
115	黑龙江省	四线城市	佳木斯市	762.9	43	17.25	0.02	0.4	12.9	0.02	0.3	12.87	0.02	0.3
116	黑龙江省	四线城市	牡丹江市	825	58.8	18	0.02	0.31	12.48	0.02	0.21	19.02	0.02	0.32
117	黑龙江省	四线城市	齐齐哈尔市	1128.9	148.8	30.84	0.03	0.21	22.33	0.02	0.15	22.08	0.02	0.15
118	黑龙江省	五线城市	伊春市	298.8	19.34	10.01	0.03	0.52	5.09	0.02	0.26	2.76	0.01	0.14
119	湖北省	五线城市	鄂州市	1140.07	90.54	11.67	0.01	0.13	8.01	0.01	0.09	9.56	0.01	0.11
120	湖北省	四线城市	恩施州	1159.37	174.04	32.52	0.03	0.19	19.85	0.02	0.11	22.4	0.02	0.13
121	湖北省	四线城市	黄冈市	2322.73	222.68	41.71	0.02	0.19	22.65	0.01	0.1	22.43	0.01	0.1
122	湖北省	四线城市	黄石市	1767.19	193.56	28.43	0.02	0.15	17.87	0.01	0.09	23.1	0.01	0.12
123	湖北省	五线城市	荆门市	2033.77	110.48	36.77	0.02	0.33	23.29	0.01	0.21	20.47	0.01	0.19
124	湖北省	三线城市	荆州市	2516.48	219.6	36.77	0.01	0.17	23.29	0.01	0.11	20.47	0.01	0.09
125	湖北省	四线城市	十堰市	2012.7	182.9	44	0.02	0.24	22.42	0.01	0.12	29.34	0.01	0.16
126	湖北省	五线城市	随州市	1162.23	81.46	12.07	0.01	0.15	6.54	0.01	0.08	10.21	0.01	0.13
127	湖北省	新一线城市	武汉市	16223.21	1564.12	426.38	0.03	0.27	260.09	0.02	0.17	273.86	0.02	0.18
128	湖北省	四线城市	咸宁市	1594.98	147.29	21.71	0.01	0.15	14.49	0.01	0.1	15.15	0.01	0.1
129	湖北省	三线城市	襄阳市	4812.8	477.1	49.22	0.01	0.1	28.55	0.01	0.06	28.1	0.01	0.06
130	湖北省	四线城市	孝感市	2301.4	214.71	30.35	0.01	0.14	18.01	0.01	0.08	12.85	0.01	0.06
131	湖北省	三线城市	宜昌市	4460.82	369.84	61.94	0.01	0.17	38.46	0.01	0.1	20.04	—	0.05
132	湖南省	四线城市	常德市	3624.2	281.7	—	—	—	—	—	—	—	—	—
133	湖南省	三线城市	郴州市	2410.9	223.2	37.18	0.02	0.17	23.35	0.01	0.1	31.72	0.01	0.14
134	湖南省	三线城市	衡阳市	3372.68	170.2	46.56	0.01	0.27	21.92	0.01	0.13	18.23	0.01	0.11
135	湖南省	四线城市	怀化市	1616.64	95.29	30.05	0.02	0.32	19.58	0.01	0.21	21.07	0.01	0.22
136	湖南省	四线城市	娄底市	1640.58	142.46	26.81	0.02	0.19	13.76	0.01	0.1	16.62	0.01	0.12

（续表）

序号	省级	城市级别	城市	生产总值（亿元）	财政收入（亿元）	缴存额			提取额			贷款额		
						缴存额（亿元）	占生产总值比重	占财政收入比重	提取额（亿元）	占生产总值比重	占财政收入比重	贷款额（亿元）	占生产总值比重	占财政收入比重
137	湖南省	四线城市	邵阳市	2152.48	168.91	37.2	0.02	0.22	22.1	0.01	0.13	25.12	0.01	0.15
138	湖南省	三线城市	湘潭市	2257.6	199.7	30.28	0.01	0.15	20.81	0.01	0.1	19.97	0.01	0.1
139	湖南省	五线城市	湘西州	705.71	126.81	20.02	0.03	0.16	11.44	0.02	0.09	1.1	—	0.01
140	湖南省	四线城市	益阳市	1792.46	132.28	31.02	0.02	0.23	22.04	0.01	0.17	26.1	0.01	0.2
141	湖南省	四线城市	永州市	2016.86	189.47	32.68	0.02	0.17	19.92	0.01	0.11	27.33	0.01	0.14
142	湖南省	三线城市	岳阳市	3780.41	338.64	41.08	0.01	0.12	20.36	0.01	0.06	24.23	0.01	0.07
143	湖南省	五线城市	张家界市	552.1	65.4	15.13	0.03	0.23	8.89	0.02	0.14	6.95	0.01	0.11
144	湖南省	新一线城市	长沙市	11574.22	1592.74	242.64	0.02	0.15	136	0.01	0.09	139.55	0.01	0.09
145	湖南省	三线城市	株洲市	3003.13	321.8	47.84	0.02	0.15	23.51	0.01	0.07	26.08	0.01	0.08
146	吉林省	五线城市	白山市	362.64	45.58	9.56	0.03	0.21	6.67	0.02	0.15	2.65	0.01	0.06
147	吉林省	五线城市	白城市	491.55	68.98	9.59	0.02	0.14	5.09	0.01	0.07	5.73	0.01	0.08
148	吉林省	三线城市	吉林市	1416.6	376.9	54.13	0.04	0.14	40.59	0.03	0.11	25.22	0.02	0.07
149	吉林省	五线城市	四平市	796.2	105.2	18.75	0.02	0.18	8.26	0.01	0.08	17.34	0.02	0.16
150	吉林省	四线城市	延边州	723.37	148.47	29.15	0.04	0.2	20.39	0.03	0.14	19.67	0.03	0.13
151	吉林省	二线城市	长春市	5904.1	1100	183.33	0.03	0.17	137.26	0.02	0.12	97.52	0.02	0.09
152	江苏省	二线城市	常州市	7400.9	590	138.02	0.02	0.23	102.35	0.01	0.17	88.85	0.01	0.15
153	江苏省	三线城市	淮安市	3871.21	257.31	63.6	0.02	0.25	44.74	0.01	0.17	34.49	0.01	0.13
154	江苏省	三线城市	连云港市	3139.29	242.4	60.18	0.02	0.25	41.56	0.01	0.17	26.71	0.01	0.11
155	江苏省	新一线城市	南京市	14030.15	1580.03	468.73	0.03	0.3	315.27	0.02	0.2	326.7	0.02	0.21
156	江苏省	二线城市	南通市	9383.4	619.3	140.41	0.01	0.23	109.15	0.01	0.18	96.26	0.01	0.16
157	江苏省	新一线城市	苏州市	19235.8	2221.8	518.34	0.03	0.23	378.08	0.02	0.17	225.09	0.01	0.1
158	江苏省	三线城市	泰州市	5133.36	374.58	59.39	0.01	0.16	43.44	0.01	0.12	35.24	0.01	0.09
159	江苏省	二线城市	无锡市	11852.32	1036.33	225.08	0.02	0.22	169.81	0.01	0.16	235.72	0.02	0.23
160	江苏省	三线城市	宿迁市	3099.23	85	38.99	0.01	0.46	23.75	0.01	0.28	29.73	0.01	0.35
161	江苏省	二线城市	徐州市	7000	251.4	108.26	0.02	0.43	86.26	0.01	0.34	50.43	0.01	0.2
162	江苏省	三线城市	盐城市	5702.3	383	71.47	0.01	0.19	56.36	0.01	0.15	25.83	—	0.07
163	江苏省	二线城市	扬州市	5850.08	328.79	89.5	0.02	0.27	66.7	0.01	0.2	28.9	—	0.09
164	江苏省	三线城市	镇江市	4127.32	306.85	54.82	0.01	0.18	42.52	0.01	0.14	22.06	0.01	0.07
165	江西省	四线城市	抚州市	1510.92	213.04	23.63	0.02	0.11	13.22	0.01	0.06	15.1	0.01	0.07
166	江西省	三线城市	赣州市	3474.34	485.52	54.44	0.02	0.11	31.65	0.01	0.07	28.07	0.01	0.06
167	江西省	四线城市	吉安市	2085.41	300.95	34.17	0.02	0.11	18.66	0.01	0.06	21.7	0.01	0.07

（续表）

序号	省级	城市级别	城市	生产总值（亿元）	财政收入（亿元）	缴存额			提取额			贷款额		
						缴存额（亿元）	占生产总值比重	占财政收入比重	提取额（亿元）	占生产总值比重	占财政收入比重	贷款额（亿元）	占生产总值比重	占财政收入比重
168	江西省	四线城市	景德镇市	926.11	139.42	16.66	0.02	0.12	9.13	0.01	0.07	8.48	0.01	0.06
169	江西省	三线城市	九江市	3121.05	541.59	41.18	0.01	0.08	30.12	0.01	0.06	22.7	0.01	0.04
170	江西省	二线城市	南昌市	5596.18	902.98	154.52	0.03	0.17	112.18	0.02	0.12	62.16	0.01	0.07
171	江西省	五线城市	萍乡市	930.02	172.57	18.22	0.02	0.11	14.08	0.02	0.08	16.46	0.02	0.1
172	江西省	三线城市	上饶市	2513.1	373.6	37.84	0.02	0.1	18.5	0.01	0.05	24.22	0.01	0.06
173	江西省	五线城市	新余市	971.58	152.35	14.11	0.01	0.09	9.78	0.01	0.06	7.59	0.01	0.05
174	江西省	四线城市	宜春市	2687.57	408.99	37.27	0.01	0.09	23.69	0.01	0.06	18.03	0.01	0.04
175	江西省	四线城市	鹰潭市	941.26	149.08	11.22	0.01	0.08	7.27	0.01	0.05	6.95	0.01	0.05
176	辽宁省	三线城市	鞍山市	1745.3	153.3	40.02	0.02	0.26	29.27	0.02	0.19	19.47	0.01	0.13
177	辽宁省	五线城市	本溪市	781.1	81.5	22.14	0.03	0.27	12.29	0.02	0.15	8.44	0.01	0.1
178	辽宁省	五线城市	朝阳市	843.1	74.7	21.04	0.02	0.28	12.63	0.01	0.17	15.68	0.02	0.21
179	辽宁省	二线城市	大连市	7001.7	692.8	217.74	0.03	0.31	189.23	0.03	0.27	116.69	0.02	0.17
180	辽宁省	四线城市	丹东市	768	144.1	20.08	0.03	0.14	12.6	0.02	0.09	12.48	0.02	0.09
181	辽宁省	五线城市	抚顺市	847.1	75.2	26.22	0.03	0.35	21.15	0.02	0.28	12.58	0.01	0.17
182	辽宁省	五线城市	阜新市	488.1	42.7	12.97	0.03	0.3	7.99	0.02	0.19	5.38	0.01	0.13
183	辽宁省	五线城市	葫芦岛市	807.1	84.6	20.36	0.03	0.24	13.09	0.02	0.15	19.36	0.02	0.23
184	辽宁省	四线城市	锦州市	1073	102	22.8	0.02	0.22	18.25	0.02	0.18	18.3	0.02	0.18
185	辽宁省	四线城市	盘锦市	1280.9	148	38.56	0.03	0.26	19.18	0.01	0.13	10.27	0.01	0.07
186	辽宁省	新一线城市	沈阳市	6470.3	730.3	274.68	0.04	0.38	205.83	0.03	0.28	127.64	0.02	0.17
187	辽宁省	五线城市	铁岭市	640	49.9	19.79	0.03	0.4	12.33	0.02	0.25	5.86	0.01	0.12
188	辽宁省	四线城市	营口市	1328.2	133.1	22.36	0.02	0.17	13.78	0.01	0.1	16.92	0.01	0.13
189	辽宁省	五线城市	辽阳市	831	95.3	22.46	0.03	0.24	13.48	0.02	0.14	11.67	0.01	0.12
190	内蒙古自治区	五线城市	巴彦淖尔市	875	55.7	20.4	0.02	0.37	13.41	0.02	0.24	14.93	0.02	0.27
191	内蒙古自治区	三线城市	包头市	2714.5	151.8	40.73	0.02	0.27	34.75	0.01	0.23	32.51	0.01	0.21
192	内蒙古自治区	四线城市	赤峰市	1708.4	110.4	41.95	0.02	0.38	27.16	0.02	0.25	37.7	0.02	0.34
193	内蒙古自治区	四线城市	鄂尔多斯市	3605	501	40.73	0.01	0.08	23.42	0.01	0.05	30.79	0.01	0.06
194	内蒙古自治区	三线城市	呼和浩特市	2791.5	203.1	105.96	0.04	0.52	72.48	0.03	0.36	46.7	0.02	0.23
195	内蒙古自治区	五线城市	呼伦贝尔市	1193.03	167.27	36.08	0.03	0.22	21.73	0.02	0.13	20.54	0.02	0.12
196	内蒙古自治区	五线城市	通辽市	1267.26	76.22	28.92	0.02	0.38	19.74	0.02	0.26	12.89	0.01	0.17

（续表）

序号	省级	城市级别	城市	生产总值（亿元）	财政收入（亿元）	缴存额			提取额			贷款额		
						缴存额（亿元）	占生产总值比重	占财政收入比重	提取额（亿元）	占生产总值比重	占财政收入比重	贷款额（亿元）	占生产总值比重	占财政收入比重
197	内蒙古自治区	五线城市	乌海市	550.95	46.48	10.13	0.02	0.22	5.69	0.01	0.12	4.02	0.01	0.09
198	内蒙古自治区	五线城市	乌兰察布市	808.4	49.86	15.93	0.02	0.32	8.85	0.01	0.18	15.52	0.02	0.31
199	内蒙古自治区	五线城市	锡林郭勒盟	798.59	79.41	18.96	0.02	0.24	13.17	0.02	0.17	14.57	0.02	0.18
200	内蒙古自治区	五线城市	兴安盟	520.06	43.01	16.5	0.03	0.38	11.79	0.02	0.27	11.68	0.02	0.27
201	宁夏回族自治区	五线城市	固原市	322.66	22.26	10.8	0.03	0.49	7.16	0.02	0.32	7.75	0.02	0.35
202	宁夏回族自治区	五线城市	吴忠市	580.2	47.72	0.98	—	0.02	7.91	0.01	0.17	7.07	0.01	0.15
203	宁夏回族自治区	三线城市	银川市	—	216.25	67.36	—	0.31	46.91	—	0.22	44.55	—	0.21
204	宁夏回族自治区	五线城市	中卫市	437.65	27.95	9.04	0.02	0.32	5.34	0.01	0.19	4.84	0.01	0.17
205	青海省	五线城市	果洛州	46.18	1.89	3.71	0.08	1.96	2.5	0.05	1.32	1.95	0.04	1.03
206	青海省	五线城市	海东市	487.73	20.4	—	—	—	—	—	—	—	—	—
207	青海省	五线城市	海西州	672.16	126.55	10.89	0.02	0.09	8.7	0.01	0.07	7.28	0.01	0.06
208	青海省	四线城市	西宁市	—	101.79	72.59	—	0.71	61.36	—	0.6	39.29	—	0.39
209	山东省	四线城市	滨州市	2457.19	242.96	32.85	0.01	0.14	19.91	0.01	0.08	29.08	0.01	0.12
210	山东省	四线城市	德州市	3022.27	206.27	40.17	0.01	0.19	24.2	0.01	0.12	35.36	0.01	0.17
211	山东省	四线城市	东营市	2916.19	245.1	64.38	0.02	0.26	54.72	0.02	0.22	16.71	0.01	0.07
212	山东省	四线城市	菏泽市	3409.98	221.92	46.79	0.01	0.21	19.69	0.01	0.09	45.52	0.01	0.21
213	山东省	二线城市	济南市	9443.37	874.2	276.93	0.03	0.32	185.81	0.02	0.21	114.71	0.01	0.13
214	山东省	三线城市	济宁市	4370.17	405	82.97	0.02	0.2	65.11	0.01	0.16	59.84	0.01	0.15
215	山东省	四线城市	聊城市	2259.82	196.63	36.27	0.02	0.18	23.7	0.01	0.12	46.8	0.02	0.24
216	山东省	三线城市	临沂市	4600.25	330	78.39	0.02	0.24	53.87	0.01	0.16	59.68	0.01	0.18
217	山东省	新一线城市	青岛市	11741.31	4089.5	234.28	0.02	0.06	178.61	0.02	0.04	78.49	0.01	0.02
218	山东省	四线城市	日照市	1949.38	170.37	37.66	0.02	0.22	26.06	0.01	0.15	21.5	0.01	0.13
219	山东省	三线城市	泰安市	2663.6	224.7	43.33	0.02	0.19	31.15	0.01	0.14	28.72	0.01	0.13
220	山东省	三线城市	威海市	2963.73	249.85	42.48	0.01	0.17	26.11	0.01	0.1	12.9	—	0.05
221	山东省	三线城市	潍坊市	5688.5	571.1	77.53	0.01	0.14	51.38	0.01	0.09	43.64	0.01	0.08

（续表）

序号	省级	城市级别	城市	生产总值（亿元）	财政收入（亿元）	缴存额			提取额			贷款额		
						缴存额（亿元）	占生产总值比重	占财政收入比重	提取额（亿元）	占生产总值比重	占财政收入比重	贷款额（亿元）	占生产总值比重	占财政收入比重
222	山东省	二线城市	烟台市	7653.45	595.42	103.3	0.01	0.17	74.2	0.01	0.12	46.38	0.01	0.08
223	山东省	四线城市	枣庄市	1693.91	147.26	41.87	0.02	0.28	29.36	0.02	0.2	27.4	0.02	0.19
224	山东省	三线城市	淄博市	3642.4	368.7	68.69	0.02	0.19	46.05	0.01	0.12	50.67	0.01	0.14
225	山西省	四线城市	大同市	1318.8	130.1	37.66	0.03	0.29	21.28	0.02	0.16	30.21	0.02	0.23
226	山西省	五线城市	晋城市	1362.4	281.2	27.76	0.02	0.1	12.89	0.01	0.05	11.88	0.01	0.04
227	山西省	四线城市	晋中市	1460	163	21.71	0.01	0.13	12.33	0.01	0.08	23	0.02	0.14
228	山西省	四线城市	临汾市	1452.6	138.1	29.5	0.02	0.21	16	0.01	0.12	21.98	0.02	0.16
229	山西省	五线城市	吕梁市	1512.1	192.7	27.87	0.02	0.14	9.83	0.01	0.05	3.65	—	0.02
230	山西省	二线城市	太原市	4028.51	386.62	134.24	0.03	0.35	81.33	0.02	0.21	113.13	0.03	0.29
231	山西省	五线城市	忻州市	1001.6	90.9	19.52	0.02	0.21	9.61	0.01	0.11	10.89	0.01	0.12
232	山西省	五线城市	阳泉市	718.9	57.4	16.51	0.02	0.29	6.94	0.01	0.12	3.82	0.01	0.07
233	山西省	四线城市	运城市	1562.9	174.8	26.45	0.02	0.15	12.73	0.01	0.07	16.37	0.01	0.09
234	山西省	五线城市	长治市	1652.1	161.9	30.34	0.02	0.19	13.5	0.01	0.08	18.18	0.01	0.11
235	陕西省	五线城市	安康市	1182.06	—	14.96	0.01	—	7.89	0.01	—	11.46	0.01	—
236	陕西省	四线城市	宝鸡市	2223.81	233.03	30.96	0.01	0.13	17.95	0.01	0.08	24.2	0.01	0.1
237	陕西省	五线城市	汉中市	1547.59	128.5	22.72	0.01	0.18	12.2	0.01	0.09	17.53	0.01	0.14
238	陕西省	五线城市	商洛市	837.21	39.14	11.58	0.01	0.3	5.8	0.01	0.15	6.07	0.01	0.16
239	陕西省	五线城市	铜川市	354.72	24.12	8.94	0.03	0.37	6.72	0.02	0.28	3.22	0.01	0.13
240	陕西省	四线城市	渭南市	1828.47	86.01	32.27	0.02	0.38	17.31	0.01	0.2	23.55	0.01	0.27
241	陕西省	新一线城市	西安市	9321.19	702.56	305.91	0.03	0.44	159.09	0.02	0.23	193.84	0.02	0.28
242	陕西省	三线城市	咸阳市	2195.33	89.1	33.02	0.02	0.37	17.2	0.01	0.19	21.72	0.01	0.24
243	陕西省	五线城市	延安市	1663.89	445.71	28.73	0.02	0.06	18.56	0.01	0.04	15.86	0.01	0.04
244	陕西省	四线城市	榆林市	4136.28	926.72	55.18	0.01	0.06	28.85	0.01	0.03	25.37	0.01	0.03
245	上海市	一线城市	上海市	38155.32	7165.1	1533.57	0.04	0.21	907.06	0.02	0.13	939.18	0.02	0.13
246	四川省	五线城市	阿坝州	390.08	26.4	20.38	0.05	0.77	13.81	0.04	0.52	4.81	0.01	0.18
247	四川省	五线城市	巴中市	754.29	47.67	17.87	0.02	0.37	9.18	0.01	0.19	17.26	0.02	0.36
248	四川省	新一线城市	成都市	17012.65	1483	514.28	0.03	0.35	318.1	0.02	0.21	238.88	0.01	0.16
249	四川省	五线城市	达州市	2041.5	107.6	34.81	0.02	0.32	17.88	0.01	0.17	17.91	0.01	0.17
250	四川省	四线城市	德阳市	2335.9	125	38.8	0.02	0.31	24.07	0.01	0.19	16.79	0.01	0.13
251	四川省	五线城市	甘孜州	388.46	34.12	22.11	0.06	0.65	12.76	0.03	0.37	11.92	0.03	0.35
252	四川省	五线城市	广安市	1250.4	85.7	22.6	0.02	0.26	11.45	0.01	0.13	17.59	0.01	0.21
253	四川省	五线城市	广元市	941.85	93.75	21.55	0.02	0.23	11.56	0.01	0.12	15.22	0.02	0.16

（续表）

序号	省级	城市级别	城市	生产总值（亿元）	财政收入（亿元）	缴存额			提取额			贷款额		
						缴存额（亿元）	占生产总值比重	占财政收入比重	提取额（亿元）	占生产总值比重	占财政收入比重	贷款额（亿元）	占生产总值比重	占财政收入比重
254	四川省	四线城市	乐山市	1863.31	214.14	34.42	0.02	0.16	25.27	0.01	0.12	23.25	0.01	0.11
255	四川省	四线城市	泸州市	2081.26	159.64	39.1	0.02	0.24	23.57	0.01	0.15	8.6	—	0.05
256	四川省	四线城市	眉山市	1380.2	110.77	27.92	0.02	0.25	20.03	0.01	0.18	11.62	0.01	0.1
257	四川省	三线城市	绵阳市	2856.2	131.15	54.84	0.02	0.42	35	0.01	0.27	30.52	0.01	0.23
258	四川省	四线城市	南充市	2322.22	123.32	39.48	0.02	0.32	25.85	0.01	0.21	16.47	0.01	0.13
259	四川省	五线城市	内江市	1433.3	63.64	23.08	0.02	0.36	14.46	0.01	0.23	14.81	0.01	0.23
260	四川省	五线城市	遂宁市	1345.73	178.6	20.77	0.02	0.12	11.24	0.01	0.06	10.31	0.01	0.06
261	四川省	五线城市	雅安市	723.79	43.01	17.55	0.02	0.41	12.74	0.02	0.3	8.79	0.01	0.2
262	四川省	四线城市	宜宾市	2601.89	440.92	47.13	0.02	0.11	36.37	0.01	0.08	23.49	0.01	0.05
263	四川省	五线城市	资阳市	777.8	53.1	15.99	0.02	0.3	9.33	0.01	0.18	10.4	0.01	0.2
264	四川省	五线城市	自贡市	1428.49	206.94	22.96	0.02	0.11	13.08	0.01	0.06	14.45	0.01	0.07
265	天津市	新一线城市	天津市	14104.28	2410.25	526.8	0.04	0.22	390.7	0.03	0.16	228.9	0.02	0.09
266	西藏自治区	四线城市	拉萨市	617.88	117.04	14.84	0.02	0.13	7.63	0.01	0.07	—	—	—
267	西藏自治区	五线城市	林芝市	133.31	12.96	7.5	0.06	0.58	4.1	0.03	0.32	5.39	0.04	0.42
268	西藏自治区	五线城市	日喀则市	279.49	15.69	—	—	—	—	—	—	—	—	—
269	西藏自治区	五线城市	山南市	187.77	19.28	9.95	0.05	0.52	5.15	0.03	0.27	7.94	0.04	0.41
270	新疆维吾尔自治区	五线城市	博尔塔拉州	354.29	35.96	7.03	0.02	0.2	5.92	0.02	0.16	5.39	0.02	0.15
271	新疆维吾尔自治区	五线城市	哈密市	536.61	53.78	19.16	0.04	0.36	13.71	0.03	0.25	8.84	0.02	0.16
272	新疆维吾尔自治区	五线城市	克拉玛依市	972.9	301.3	39.06	0.04	0.13	29.17	0.03	0.1	13.68	0.01	0.05
273	新疆维吾尔自治区	五线城市	塔城地区	696.58	48.7	13.59	0.02	0.28	9.21	0.01	0.19	7.72	0.01	0.16
274	新疆维吾尔自治区	五线城市	伊犁州	2226.45	227.61	30.21	0.01	0.13	26.23	0.01	0.12	23.98	0.01	0.11
275	新疆维吾尔自治区	五线城市	克州	159.05	14.75	9.25	0.06	0.63	4.15	0.03	0.28	1.44	0.01	0.1
276	云南省	五线城市	楚雄州	1251.9	188.43	—	—	—	—	—	—	—	—	—

（续表）

序号	省级	城市级别	城市	生产总值（亿元）	财政收入（亿元）	缴存额			提取额			贷款额		
						缴存额（亿元）	占生产总值比重	占财政收入比重	提取额（亿元）	占生产总值比重	占财政收入比重	贷款额（亿元）	占生产总值比重	占财政收入比重
277	云南省	四线城市	大理州	1374.9	199.3	30.08	0.02	0.15	20.58	0.01	0.1	18.54	0.01	0.09
278	云南省	四线城市	德宏州	513.66	62.98	12.5	0.02	0.2	7.6	0.01	0.12	10.3	0.02	0.16
279	云南省	五线城市	迪庆州	251.2	23.58	8.64	0.03	0.37	4.58	0.02	0.19	5.35	0.02	0.23
280	云南省	五线城市	怒江州	192.51	13.08	6.76	0.04	0.52	5.03	0.03	0.38	4.8	0.02	0.37
281	云南省	五线城市	普洱市	875.28	98.28	22.15	0.03	0.23	12.35	0.01	0.13	15.76	0.02	0.16
282	云南省	四线城市	曲靖市	2637.59	411.98	48.52	0.02	0.12	34.97	0.01	0.08	27.84	0.01	0.07
283	云南省	五线城市	文山州	1081.6	63.72	24.97	0.02	0.39	16.42	0.02	0.26	19.26	0.02	0.3
284	云南省	五线城市	玉溪市	1949.7	133.2	31.14	0.02	0.23	25.77	0.01	0.19	18.4	0.01	0.14
285	云南省	五线城市	昭通市	1194.2	81.81	32.22	0.03	0.39	21.88	0.02	0.27	20.37	0.02	0.25
286	浙江省	新一线城市	杭州市	15373	3650	601	0.04	0.16	435.8	0.03	0.12	278.9	0.02	0.08
287	浙江省	三线城市	湖州市	3122.4	500	65.69	0.02	0.13	43.48	0.01	0.09	34.71	0.01	0.07
288	浙江省	二线城市	嘉兴市	5370.32	945.4	114.92	0.02	0.12	86.78	0.02	0.09	41.79	0.01	0.04
289	浙江省	二线城市	金华市	4559.91	661.5	89.26	0.02	0.13	65.19	0.01	0.1	34.04	0.01	0.05
290	浙江省	三线城市	丽水市	1476.61	228.13	43.23	0.03	0.19	35.02	0.02	0.15	19.45	0.01	0.09
291	浙江省	新一线城市	宁波市	11985	2784.9	267.47	0.02	0.1	212.47	0.02	0.08	114.47	0.01	0.04
292	浙江省	四线城市	衢州市	1573.51	223.36	49.72	0.03	0.22	37.79	0.02	0.17	16.11	0.01	0.07
293	浙江省	二线城市	绍兴市	5781	825	102.5	0.02	0.12	79.82	0.01	0.1	44.52	0.01	0.05
294	浙江省	二线城市	台州市	5134.05	729.83	96.62	0.02	0.13	70.08	0.01	0.1	46.98	0.01	0.06
295	浙江省	二线城市	温州市	6606.1	936.9	133.23	0.02	0.14	108.58	0.02	0.12	54.23	0.01	0.06
296	浙江省	三线城市	舟山市	1371.6	230.6	35.6	0.03	0.15	26.42	0.02	0.11	13.16	0.01	0.06
297	重庆市	新一线城市	重庆市	23605.77	2134.9	429.5	0.02	0.2	322.63	0.01	0.15	236.12	0.01	0.11

1. 数据综述

所有城市的生产总值总计 938832.06 亿元，占全国生产总值 990865 亿元的 94.75%。财政收入总计 115190.92 亿元，住房公积金缴存额总计为 22245.2 亿元，为当年生产总值的 2.4%，财政收入的 19.3%。当年住房公积金提取 15242.91 亿元，为生产总值的 1.6%，财政收入的 13.2%。当年发放住房公积金个人住房贷款（以下简称“贷款”）11501.01 亿元，为生产总值的 1.2%，财政收入的 9.98%。

2. 省内城市数据分析

2019 年，不同省份（含直辖市）的城市平均生产总值区间为 [233.63，38155.32] 亿元，财政收入区间为 [17.48，7165.1] 亿元。住房公积金缴存额区间为 [7.3，2213.55] 亿元，占生产总值比重为

[1%，6%]，占财政收入比重为 [11%，42%]。当年提取额区间为 [4.62，1612.64] 亿元，为生产总值的 [3%，30%]，财政收入的 [6%，34%]。发放贷款额区间在 [2.7，939.18] 亿元，占生产总值比重为 [1%，2%]，财政收入的 [47%，198%]。

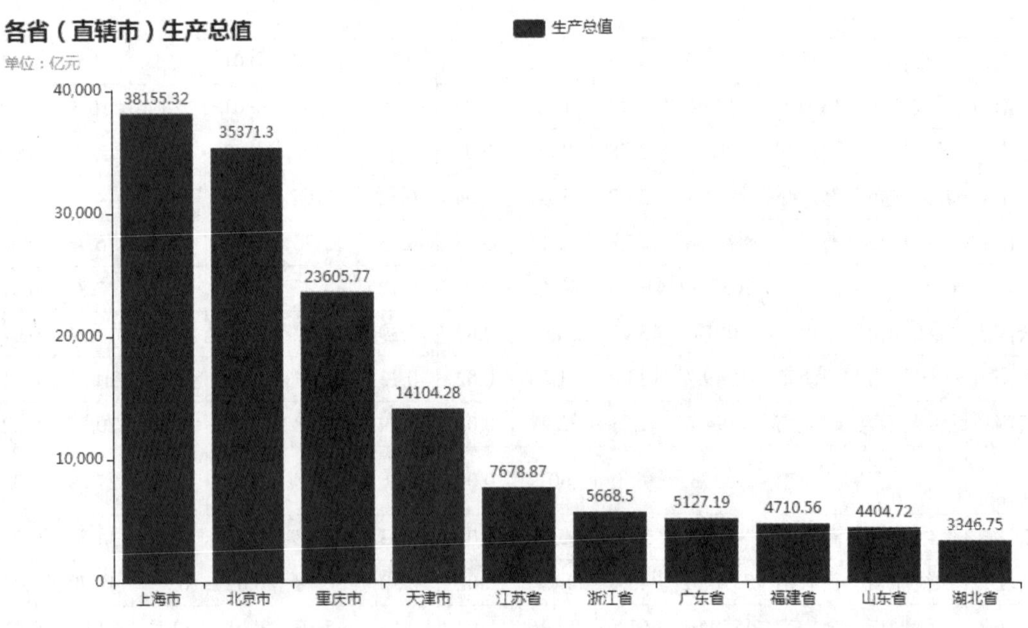

图 2-1-1 省内城市生产总值平均值排行前十的省份

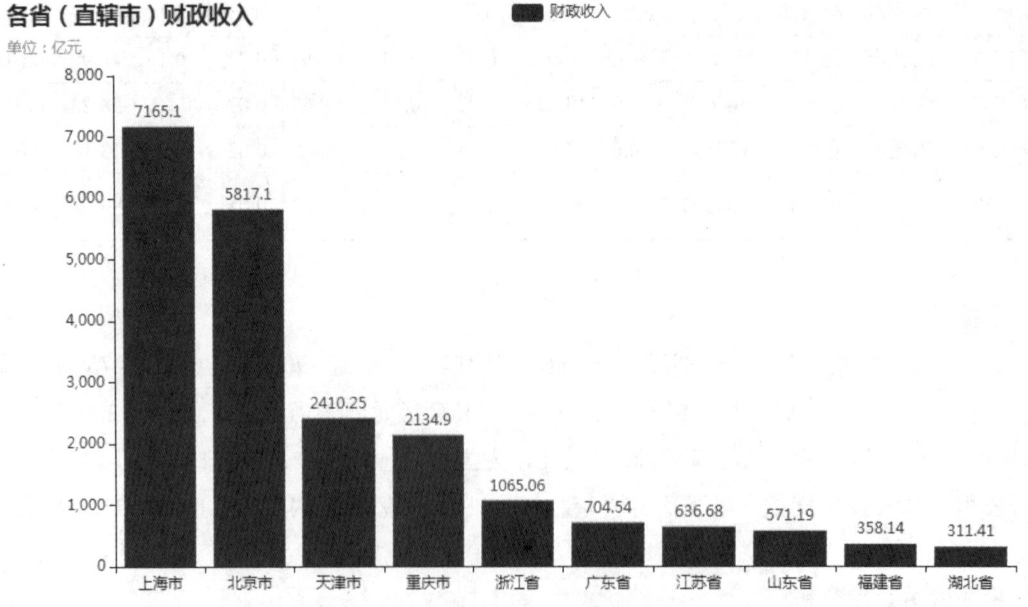

图 2-1-2 省内城市财政收入平均值排行前十的省份

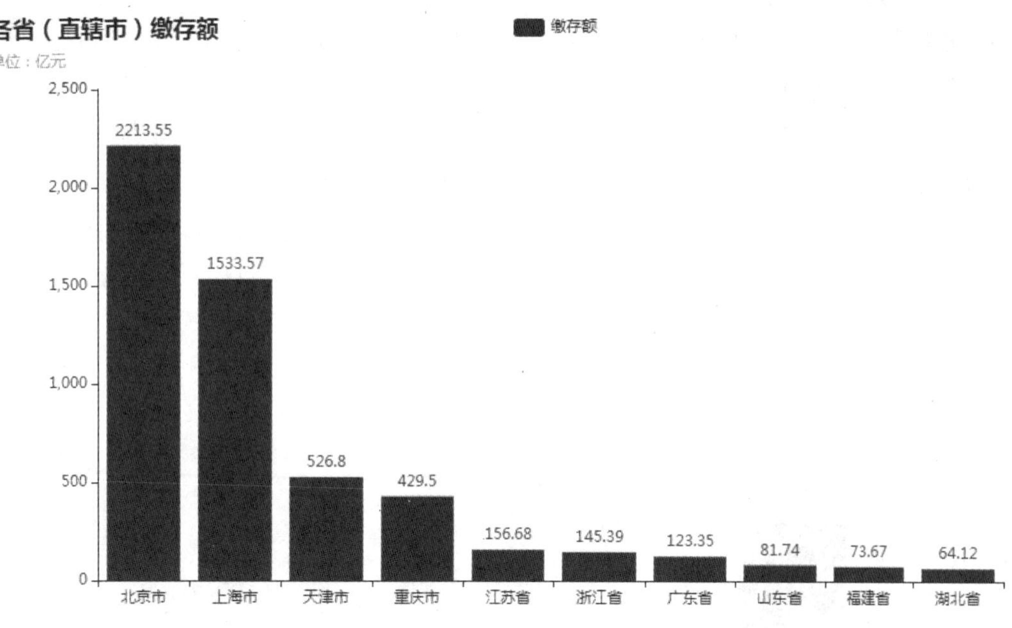

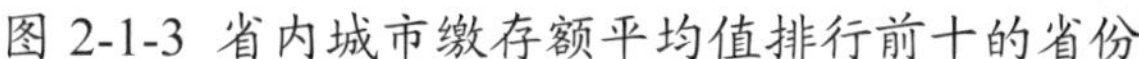
图 2-1-3 省内城市缴存额平均值排行前十的省份

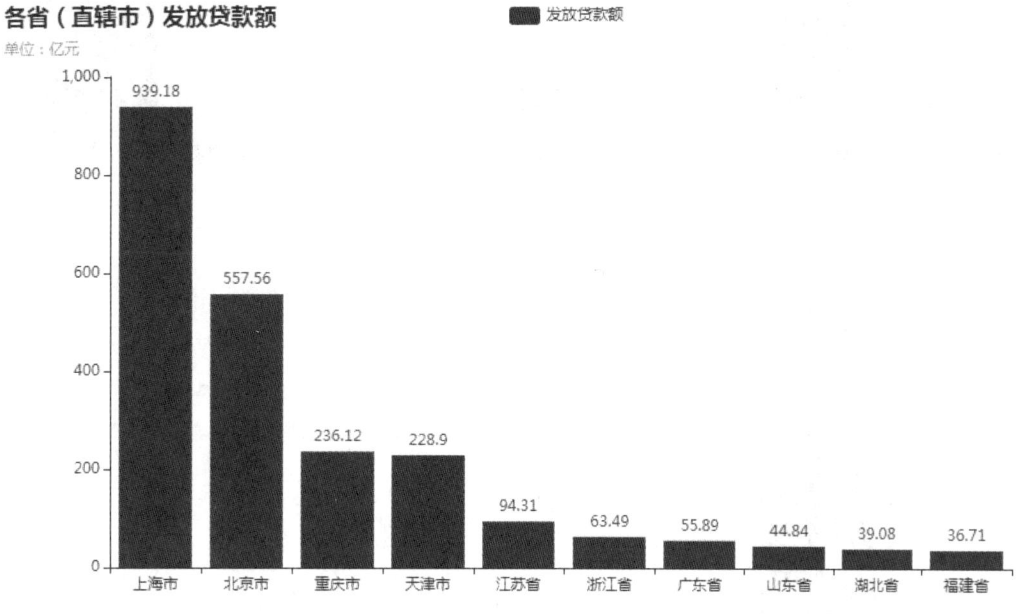

图 2-1-4 省内城市发放贷款平均值排行前十的省份

整体而言，经济越发达，规模越大，生产总值、财政收入越高，缴存额、贷款额等体量越大。不过，虽然各项数据本身差别较大，但数据占比区间收窄，差别缩小。

上海、北京、重庆、天津作为直辖市，其数值即是“省内城市平均值”，所以远高于其他省份数值。各项数据中，广东、江苏、浙江、福建、山东、湖北均排位靠前，提取总额、贷款总额等其他分项数据也基本相同，只是顺序有所变化。

3. 各线城市数据分析

各线城市数据与省级数据表现趋势一致，不同城市群数据本身差别较大，但占比数据区间收窄，差别缩小，数值较为集中。

各线城市的生产总值平均值区间为[779.45，31149.2]亿元，财政收入平均值区间为[62.06，6076.55]亿元。缴存额平均值区间为[16.7，1192.32]亿元，为生产总值的[2%，4%]，财政收入的[18%，24%]。提取额平均值区间为[9.83，767.78]亿元，为生产总值的[1%，2%]，财政收入的[12%，16%]。发放贷款额平均值区间为[9.89，450.48]亿元，为生产总值的[1%，2%]，财政收入的[8%，15%]。

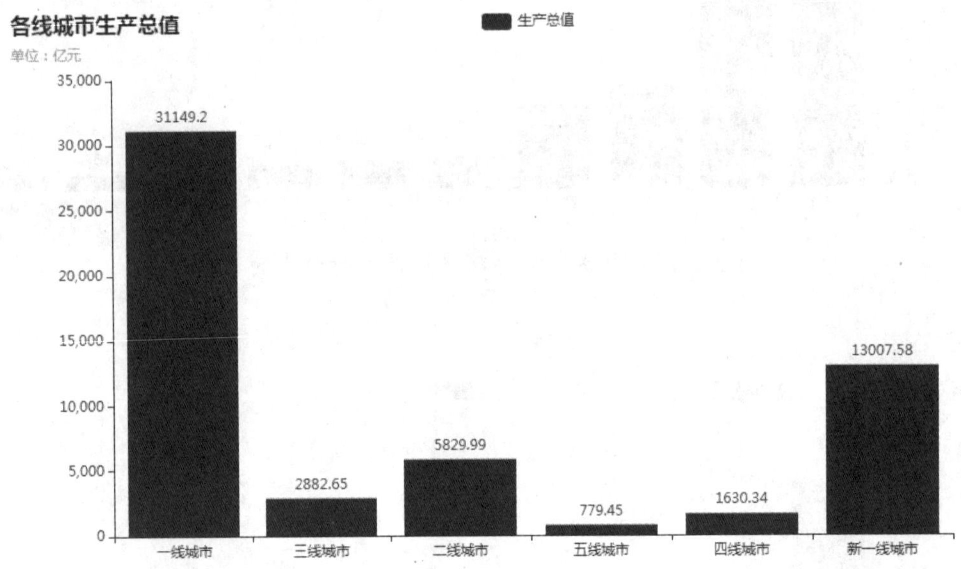

图 2-1-5 各线城市生产总值平均值对比

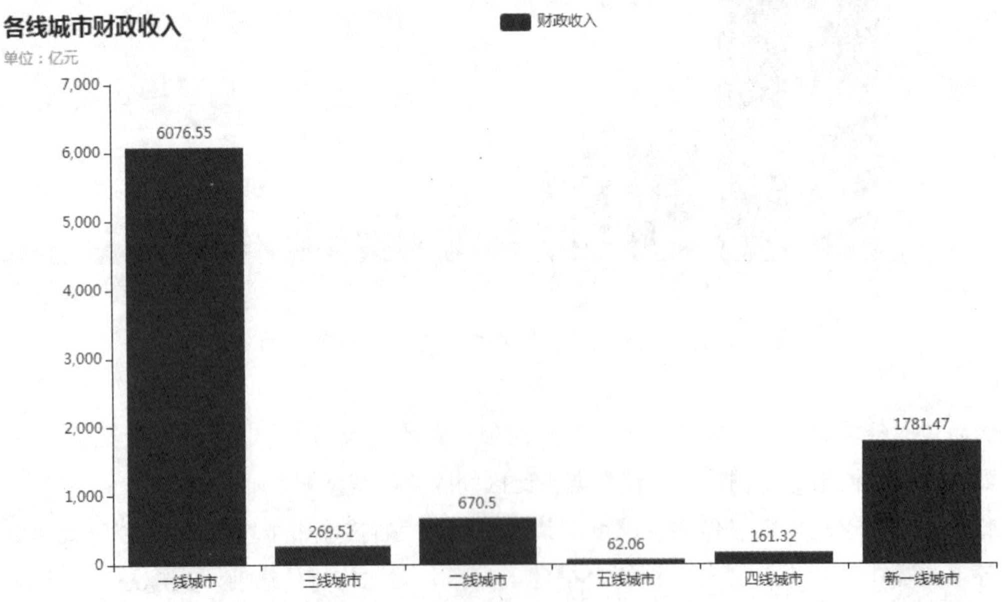

图 2-1-6 各线城市财政收入平均值对比

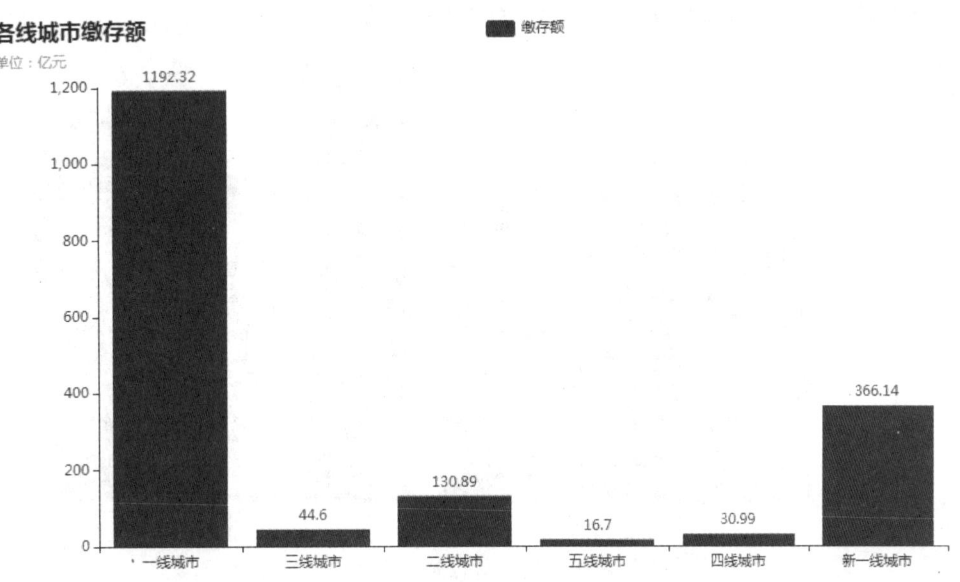

图 2-1-7 各线城市缴存额平均值对比

各线城市中，生产总值、财政收入、缴存额等数值，从一线城市到五线城市呈梯次下降，一线城市最高，五线城市最低。

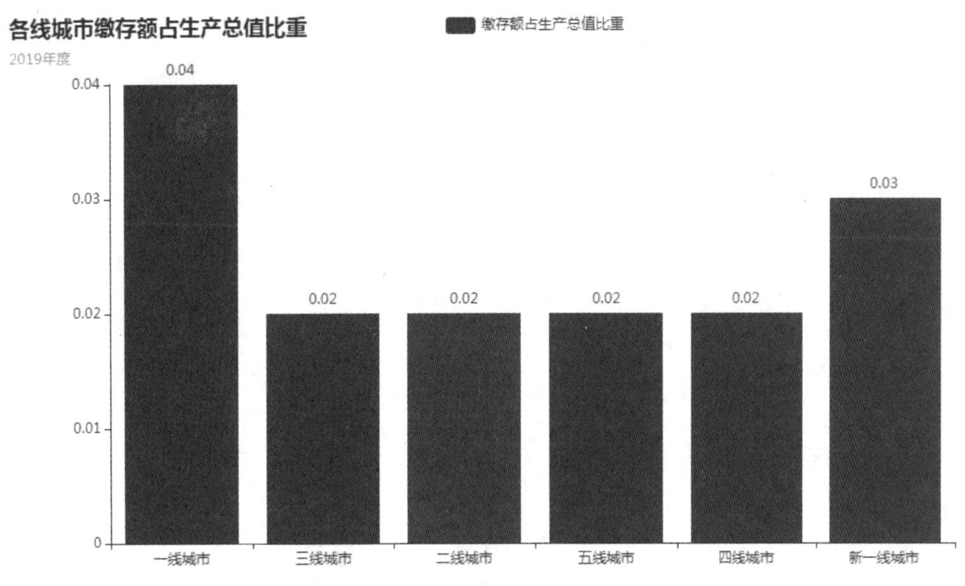

图 2-1-8 各线城市缴存额占生产总值比重

缴存额占生产总值比重平均值区间为 [2%，4%]，一线城市占比最高为 4%，新一线城市为 3%，其他各线城市均为 2%。数据呈现梯次下降，但梯次减少，只有三级，且幅度大幅收窄。

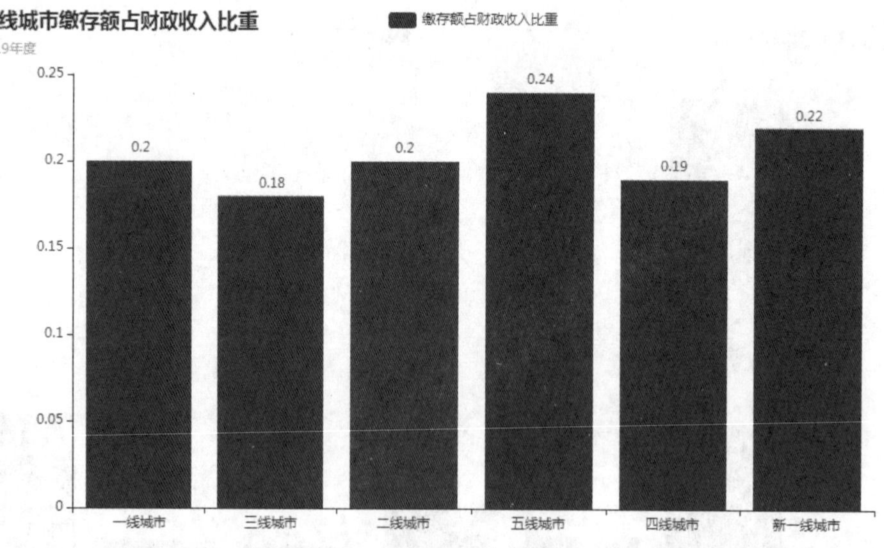

图 2-1-9 各线城市缴存额占财政收入比重

缴存额占财政收入比重为[18%，24%]，五线城市群最高，三线城市群最低，数值较为集中，都处于 20% 的水平线上下波动，无其他明显特征。提取额、贷款额等数据不再赘述。

4. 地市数据分析

具体到地市级别，数据差异还是很大的。

下表是缴存额占比排名前十的城市。

表 2-1-2 缴存额占比排名前十的城市

序号	省级	城市级别	城市	财政收入（亿元）	缴存额（亿元）	缴存额占财政收入比重
1	青海省	五线城市	果洛州	1.89	3.71	1.96
2	四川省	五线城市	阿坝州	26.40	20.38	0.77
3	青海省	四线城市	西宁市	101.79	72.59	0.71
4	甘肃省	五线城市	定西市	24.67	16.89	0.68
5	四川省	五线城市	甘孜州	34.12	22.11	0.65
6	甘肃省	五线城市	甘南州	19.12	11.34	0.59
7	西藏自治区	五线城市	林芝市	12.96	7.50	0.58
8	甘肃省	五线城市	平凉市	32.54	17.86	0.55
9	黑龙江省	二线城市	哈尔滨市	370.90	196.73	0.53
10	内蒙古自治区	三线城市	呼和浩特市	203.10	105.96	0.52

其中较为突出的是果洛州，其 2019 年公积金缴存额为当年财政收入的 1.96 倍，是现有数据中唯一一个缴存额大于当年财政收入的城市。

《果洛州 2019 年国民经济和社会发展统计公报》显示："全州完成地方公共财政预算收入 18919 万元，同比下降 18.12%。"我们查阅了近三年果洛州的财政收入和公积金缴存数据。2017 年，该州公积金缴存额与财政收入基本持平。但 2018—2019 年，财政收入一直是负增长，而公积金缴存额则有大幅提升。

表 2-1-3 2017—2019 年果洛州财政收入和公积金缴存数据

年度	财政收入		公积金缴存	
	财政收入（亿元）	增幅（%）	公积金缴存额（亿元）	增幅（%）
2017	2.50	-19.59	2.51	-8.06
2018	2.31	-7.57	2.82	3.30
2019	1.89	-18.12	3.71	31.2

我们再来看一下缴存额占财政收入不同比重的城市区间切分数据。

表 2-1-4 缴存额占财政收入不同比重的城市区间切分数据

城市群	城市数量				
	40%	50%	60%	70%	80%
一线	—	—	—	—	—
新一线	1	—	—	—	—
二线	2	1	—	—	—
三线	4	1	—	—	—
四线	2	1	1	1	—
五线	16	10	4	2	1
小计	25	13	5	3	1

从表中，我们可以清楚地看到，随着缴存额占比的升高，城市数量在不断减少。一线城市全部低于 40%，新一线以上规模城市低于 50%，三线以上规模城市低于 70%，四、五线城市也只有 3 个是高于 70% 的，高于 80% 的只有一个五线城市。

高于 40% 的有 25 个城市，不到全部数据的 1/10。随着缴存额占比的升高，城市数量越少，即偏离平均值数值越少。同时，对比各城市偏离平均值数据，可以看到经济越发达，缴存额占财政收入比重越低的一个相关性趋势。

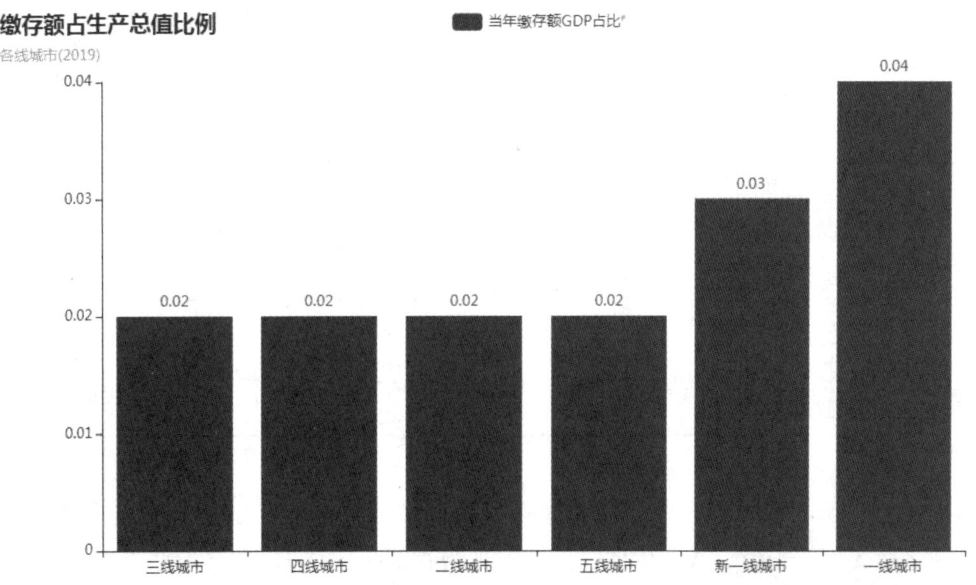

图 2-1-10 各线城市缴存额占国民经济比重

相对于财政收入不同，缴存额占生产总值的比例有了很明显的梯度变化，随着城市规模和经济发达程度的提升，逐步升高：一线城市为4%，新一线城市为3%，二、三、四、五线城市均为2%。呈现出GDP越高，缴存额占比越高的梯度趋势。

下表为缴存额占国民生产总值比重排名前十位的城市的基本情况。

表 2-1-5 缴存额占国民生产总值比重排名前十位的城市

序号	城市	缴存额（亿元）	生产总值（亿元）	缴存额占GDP比重
1	果洛州	3.71	46.18	0.08
2	北京市	2213.55	35371.30	0.06
3	甘孜州	22.11	388.46	0.06
4	林芝市	7.50	133.31	0.06
5	山南市	9.95	187.77	0.05
6	阿坝州	20.38	390.08	0.05
7	甘南州	11.34	218.33	0.05
8	沈阳市	274.68	6470.3	0.04
9	临夏州	12.80	303.50	0.04
10	定西市	16.89	416.38	0.04

对比缴存额占财政收入占比情况，我们发现果洛州、阿坝州、定西州、甘孜州、甘南州、林芝市六个城市再次出现。这从侧面反映了，财政收入和国民生产总值具有一定的同质性，缴存额占比只是规模大小有区别，但趋势上没有大的变化。

下表为缴存额占国民生产总值比重排名后十位的城市的基本情况。

表 2-1-6 缴存额占国民生产总值比重排名后十位的城市

序号	城市	缴存额（亿元）	生产总值（亿元）	缴存额占GDP比重
1	周口市	25.33	3198.49	1%
2	开封市	19.34	2364.14	1%
3	许昌市	28.67	3395.70	1%
4	泉州市	87.06	9946.66	1%
5	焦作市	25.38	2761.10	1%
6	漳州市	47.83	4741.83	1%
7	襄阳市	49.22	4812.80	1%
8	鄂州市	11.67	1140.07	1%
9	随州市	12.07	1162.23	1%
10	莆田市	28.10	2595.39	1%

数据中没有一、二线城市。十个城市中都是经济和公积金缴存处于所在城市群中游的城市。当我们将排名拉大到五十位、八十位的时候，发现缴存额占比依旧是1%，并没有发生变化，但是城市数量已经接近所有数据的1/3。

表 2-1-7 各城市缴存额占国民生产总值比重分布表

城市级别	缴存额占GDP比重			
	1%	2%	3%	4%
一线城市	—	—	1	2
新一线城市	—	6	11	13
二线城市	5	20	28	30
三线城市	33	62	67	69
四线城市	23	72	83	83
五线城市	23	59	83	87
小计	84	213	261	269

在所有数据中，92% 的城市缴存额占比低于 4%；28.7% 的城市低于 1%；72% 的城市低于 2%，数据离散程度比较低。

（二）住房公积金与社会经济发展人均指标对比

表 2-1-8 住房公积金与社会经济发展人均指标对比表

序号	省级	城市	城市级别	实缴人数（万人）	平均工资（元）	人均可支配收入（元）	当年人均归集额		
							人均归集额（元）	占人均可支配收入比重	占平均工资比重
1	安徽省	安庆市	三线城市	20.93	71840	34041	19500	0.57	0.27
2	安徽省	蚌埠市	三线城市	19.52	67696	37028	14500	0.39	0.21
3	安徽省	亳州市	四线城市	16.12	63704	32409	15400	0.48	0.24
4	安徽省	池州市	五线城市	8.67	76452	24786	15500	0.63	0.20
5	安徽省	滁州市	三线城市	26.26	76412	34091	13200	0.39	0.17
6	安徽省	阜阳市	三线城市	27.65	69733.32	20700	13000	0.63	0.19
7	安徽省	合肥市	二线城市	137.49	90112	38806	15400	0.40	0.17
8	安徽省	淮北市	五线城市	19.36	75432	—	17100	—	0.23
9	安徽省	淮南市	四线城市	26.32	84980	35825.6	16900	0.47	0.20
10	安徽省	黄山市	四线城市	9.30	76600	26148	18200	0.70	0.24
11	安徽省	六安市	四线城市	16.96	77192	31788	19700	0.62	0.26
12	安徽省	马鞍山市	三线城市	22.24	79028	39783	20800	0.52	0.26
13	安徽省	铜陵市	四线城市	14.87	76312	27794	14900	0.54	0.20
14	安徽省	芜湖市	三线城市	36.90	78160	42064	14100	0.34	0.18
15	安徽省	宿州市	四线城市	16.19	67756	32643	15200	0.47	0.22
16	安徽省	宣城市	四线城市	17.83	79044	28834	14100	0.49	0.18
17	北京市	北京市	一线城市	798.54	111144	67756	27700	0.41	0.25
18	福建省	福州市	二线城市	104.89	88956	38719	18800	0.49	0.21
19	福建省	龙岩市	三线城市	22.36	78852	28737	15500	0.54	0.20
20	福建省	南平市	三线城市	18.43	76232	27339	16100	0.59	0.21

（续表）

序号	省级	城市	城市级别	实缴人数（万人）	平均工资（元）	人均可支配收入（元）	当年人均归集额		
							人均归集额（元）	占人均可支配收入比重	占平均工资比重
21	福建省	宁德市	三线城市	25.52	82980	26972	12300	0.46	0.15
22	福建省	莆田市	三线城市	20.63	70200	30520	13600	0.45	0.19
23	福建省	泉州市	二线城市	51.49	72320	—	16900	—	0.23
24	福建省	三明市	三线城市	25.00	86556	28702	15300	0.53	0.18
25	福建省	厦门市	二线城市	117.19	96192	55870	14400	0.26	0.15
26	福建省	漳州市	三线城市	28.98	83424	—	16500	—	0.20
27	甘肃省	白银市	五线城市	11.89	72512	5514	13000	2.36	0.18
28	甘肃省	定西市	五线城市	10.90	66544	26222	15500	0.59	0.23
29	甘肃省	甘南州	五线城市	6.04	77479	26592	18800	0.71	0.24
30	甘肃省	嘉峪关市	五线城市	5.97	80652	42601	16200	0.38	0.20
31	甘肃省	酒泉市	五线城市	8.11	71868	38234	20000	0.52	0.28
32	甘肃省	兰州市	二线城市	72.08	88392.96	38095	15500	0.41	0.18
33	甘肃省	临夏州	五线城市	9.02	69480	22375.7	14200	0.63	0.20
34	甘肃省	陇南市	五线城市	10.52	53753	25613	14200	0.55	0.26
35	甘肃省	平凉市	五线城市	11.45	75200	29643.8	15600	0.53	0.21
36	甘肃省	庆阳市	五线城市	11.81	73248	32107	13900	0.43	0.19
37	甘肃省	天水市	五线城市	14.40	63696	28708	15300	0.53	0.24
38	甘肃省	武威市	五线城市	8.07	65915	30048	16900	0.56	0.26
39	甘肃省	张掖市	五线城市	6.85	76476	27465	16500	0.6	0.22
40	广东省	潮州市	三线城市	9.99	74572	22542	15600	0.69	0.21
41	广东省	东莞市	新一线城市	183.20	91980	53657	8000	0.15	0.09
42	广东省	佛山市	二线城市	172.70	86400	54043	9000	0.17	0.10
43	广东省	广州市	一线城市	479.72	123504	65052	17700	0.27	0.14
44	广东省	河源市	四线城市	17.95	71940	21052.3	15400	0.73	0.21
45	广东省	惠州市	二线城市	67.49	99804	37160	13200	0.36	0.13
46	广东省	江门市	三线城市	40.11	88964	32323	13400	0.41	0.15
47	广东省	揭阳市	三线城市	15.90	78576	21341	15600	0.73	0.20
48	广东省	茂名市	四线城市	26.29	101628	23179	16900	0.73	0.17
49	广东省	梅州市	三线城市	26.47	79652	22904	14400	0.63	0.18
50	广东省	清远市	三线城市	26.81	86028	24362	16700	0.69	0.19
51	广东省	汕头市	三线城市	27.27	76692	26613	16300	0.61	0.21
52	广东省	汕尾市	四线城市	11.36	75336	22783	13800	0.61	0.18
53	广东省	韶关市	四线城市	23.44	87324	25806	16400	0.64	0.19
54	广东省	深圳市	一线城市	665.15	127752	62522.4	10800	0.17	0.08

（续表）

序号	省级	城市	城市级别	实缴人数（万人）	平均工资（元）	人均可支配收入（元）	当年人均归集额		
							人均归集额（元）	占人均可支配收入比重	占平均工资比重
55	广东省	阳江市	四线城市	14.32	90288	25131	14800	0.59	0.16
56	广东省	云浮市	五线城市	14.18	116800	20938	15700	0.75	0.13
57	广东省	湛江市	三线城市	38.66	93744	23320.4	16100	0.69	0.17
58	广东省	肇庆市	三线城市	26.24	80272	26122	14500	0.56	0.18
59	广东省	中山市	二线城市	51.28	85692	50478	11300	0.22	0.13
60	广东省	珠海市	二线城市	69.79	100884	52495	11800	0.22	0.12
61	广西壮族自治区	百色市	四线城市	17.49	77008	19669	17900	0.91	0.23
62	广西壮族自治区	防城港市	五线城市	6.61	78164	36385	15600	0.43	0.20
63	广西壮族自治区	桂林市	三线城市	30.93	74340	26381	15200	0.58	0.20
64	广西壮族自治区	河池市	五线城市	15.46	78492	17379	16900	0.97	0.22
65	广西壮族自治区	柳州市	三线城市	34.50	77036	29209	16300	0.56	0.21
66	广西壮族自治区	南宁市	二线城市	68.07	86632	28929	14100	0.49	0.16
67	广西壮族自治区	梧州市	四线城市	14.16	69644	23827	13400	0.56	0.19
68	广西壮族自治区	玉林市	四线城市	20.21	71968	25882	15400	0.60	0.21
69	广西壮族自治区	崇左市	五线城市	10.28	68185	20967	13700	0.65	0.20
70	广西壮族自治区	钦州市	五线城市	14.09	65894	35732	—	—	—
71	贵州省	安顺市	四线城市	12.19	68268	32345	17100	0.53	0.25
72	贵州省	毕节市	四线城市	23.30	67292	10363	13800	1.33	0.21
73	贵州省	贵阳市	二线城市	98.80	83108	—	13000	—	0.16
74	贵州省	六盘水市	四线城市	16.08	68096	33048	15300	0.46	0.22
75	贵州省	黔东南州	四线城市	16.25	68952	632752	24000	0.04	0.35
76	贵州省	黔南州	四线城市	19.48	68148	33969	18000	0.53	0.26
77	贵州省	黔西南州	五线城市	14.50	73244	33309	—	—	—
78	贵州省	铜仁市	四线城市	16.49	64104	32158	18000	0.56	0.28
79	贵州省	遵义市	三线城市	38.25	78016	35352	19400	0.55	0.25
80	海南省	儋州市	五线城市	—	81516	24912	—	—	—
81	海南省	海口市	二线城市	—	82683	33815	—	—	—
82	海南省	三亚市	三线城市	—	84372	33130	—	—	—
83	河北省	保定市	三线城市	62.78	68472	32705	11500	0.35	0.17
84	河北省	沧州市	三线城市	46.82	75504	25421	14200	0.56	0.19
85	河北省	承德市	四线城市	22.03	44288	21828	14700	0.67	0.33
86	河北省	邯郸市	三线城市	44.18	66540	25371	12600	0.50	0.19
87	河北省	衡水市	五线城市	20.60	64596	22067	10900	0.49	0.17
88	河北省	秦皇岛市	三线城市	29.21	76608	26916	12100	0.45	0.16

（续表）

序号	省级	城市	城市级别	实缴人数（万人）	平均工资（元）	人均可支配收入（元）	当年人均归集额		
							人均归集额（元）	占人均可支配收入比重	占平均工资比重
89	河北省	石家庄市	二线城市	97.27	76980	29335	15300	0.52	0.20
90	河北省	唐山市	三线城市	71.13	75456	33080	13600	0.41	0.18
91	河北省	邢台市	四线城市	32.71	65126	22338	10900	0.49	0.17
92	河北省	张家口市	四线城市	29.31	66657	24159	13600	0.56	0.20
93	河南省	安阳市	四线城市	21.74	61668	24647	14200	0.58	0.23
94	河南省	鹤壁市	五线城市	12.25	56052	26105.1	11000	0.42	0.20
95	河南省	焦作市	四线城市	29.42	61080	27116	8600	0.32	0.14
96	河南省	开封市	四线城市	22.02	60756	21795	8800	0.4	0.14
97	河南省	洛阳市	三线城市	57.12	71196	27101	13000	0.48	0.18
98	河南省	漯河市	五线城市	16.65	59700	24625	10900	0.44	0.18
99	河南省	南阳市	三线城市	47.29	57531	22637	9200	0.41	0.16
100	河南省	平顶山市	四线城市	38.42	64140	34265.6	10100	0.29	0.16
101	河南省	濮阳市	五线城市	24.68	68844	21592	14200	0.66	0.21
102	河南省	三门峡市	五线城市	17.71	66132	23924	11300	0.47	0.17
103	河南省	商丘市	三线城市	34.27	57360	20175	10800	0.54	0.19
104	河南省	新乡市	三线城市	29.29	61948	24562	11000	0.45	0.18
105	河南省	信阳市	三线城市	25.81	60508	20928	13200	0.63	0.22
106	河南省	许昌市	四线城市	21.88	64380	25949.2	13100	0.50	0.20
107	河南省	郑州市	新一线城市	165.36	88036	35942	16400	0.46	0.19
108	河南省	周口市	四线城市	31.90	56568	18321	7900	0.43	0.14
109	河南省	驻马店市	四线城市	25.59	58920	19644	11900	0.61	0.20
110	黑龙江省	大庆市	三线城市	44.22	94296	43298	17800	0.41	0.19
111	黑龙江省	大兴安岭地区	五线城市	—	54694	26285	—	—	—
112	黑龙江省	哈尔滨市	二线城市	115.33	82384	—	17100	—	0.21
113	黑龙江省	黑河市	五线城市	9.37	50272	29970	13900	0.46	0.28
114	黑龙江省	鸡西市	五线城市	11.53	63528	25413	11100	0.44	0.17
115	黑龙江省	佳木斯市	四线城市	12.32	50485	29869	14000	0.47	0.28
116	黑龙江省	牡丹江市	四线城市	13.50	65154	34422	13300	0.39	0.20
117	黑龙江省	齐齐哈尔市	四线城市	21.22	63716	30031	14500	0.48	0.23
118	黑龙江省	伊春市	五线城市	9.99	43680	26707	10000	0.37	0.23
119	湖北省	鄂州市	五线城市	7.11	75600	34541	16400	0.47	0.22
120	湖北省	恩施州	四线城市	14.33	52080	18203	22700	1.25	0.44

（续表）

序号	省级	城市	城市级别	实缴人数（万人）	平均工资（元）	人均可支配收入（元）	当年人均归集额		
							人均归集额（元）	占人均可支配收入比重	占平均工资比重
121	湖北省	黄冈市	四线城市	22.18	76566.68	20990	18800	0.90	0.25
122	湖北省	黄石市	四线城市	20.79	67420	29672	13700	0.46	0.20
123	湖北省	荆门市	五线城市	23.08	57600	28459	15900	0.56	0.28
124	湖北省	荆州市	三线城市	23.08	67224	26543	15900	0.60	0.24
125	湖北省	十堰市	四线城市	24.26	68000	22211	18100	0.81	0.27
126	湖北省	随州市	五线城市	8.39	87333.32	23788	14400	0.61	0.16
127	湖北省	武汉市	新一线城市	231.36	98043	46010	18400	0.40	0.19
128	湖北省	咸宁市	四线城市	15.04	69060	24093	14400	0.60	0.21
129	湖北省	襄阳市	三线城市	31.60	68924	28558	15600	0.55	0.23
130	湖北省	孝感市	四线城市	19.11	78760	26312	15900	0.60	0.20
131	湖北省	宜昌市	三线城市	35.19	72948	28772	17600	0.61	0.24
132	湖南省	常德市	四线城市	29.94	82944	33896	—	—	—
133	湖南省	郴州市	三线城市	22.12	67176	25636	16800	0.66	0.25
134	湖南省	衡阳市	三线城市	32.80	74316	28222	14200	0.50	0.19
135	湖南省	怀化市	四线城市	21.19	74316	18574	14200	0.76	0.19
136	湖南省	娄底市	四线城市	18.89	74316	20554	14200	0.69	0.19
137	湖南省	邵阳市	四线城市	23.80	65832	19821	15600	0.79	0.24
138	湖南省	湘潭市	三线城市	18.63	74316	32548	16300	0.50	0.22
139	湖南省	湘西州	五线城市	12.58	74316	16934	15900	0.94	0.21
140	湖南省	益阳市	四线城市	21.61	69867	23899	14400	0.60	0.21
141	湖南省	永州市	四线城市	26.18	66408	22212	12500	0.56	0.19
142	湖南省	岳阳市	三线城市	26.73	64824	35116	15400	0.44	0.24
143	湖南省	张家界市	五线城市	7.00	74316	18026	21600	1.20	0.29
144	湖南省	长沙市	新一线城市	166.04	98456	55211	14600	0.26	0.15
145	湖南省	株洲市	三线城市	28.16	81644	37100	17000	0.46	0.21
146	吉林省	白山市	五线城市	9.06	52055	25648	10600	0.41	0.20
147	吉林省	白城市	五线城市	10.50	57048	25631	9100	0.36	0.16
148	吉林省	吉林市	三线城市	34.68	68447	30140	15600	0.52	0.23
149	吉林省	四平市	五线城市	14.61	63012	28290	12800	0.45	0.20
150	吉林省	延边州	四线城市	20.61	74892	28158	14100	0.50	0.19
151	吉林省	长春市	二线城市	120.88	85688	37844	15200	0.40	0.18
152	江苏省	常州市	二线城市	99.35	104400	49840	13900	0.28	0.13
153	江苏省	淮安市	三线城市	44.18	98669	30192	14400	0.48	0.15
154	江苏省	连云港市	三线城市	38.13	80864	28094	15800	0.56	0.20

（续表）

序号	省级	城市	城市级别	实缴人数（万人）	平均工资（元）	人均可支配收入（元）	当年人均归集额		
							人均归集额（元）	占人均可支配收入比重	占平均工资比重
155	江苏省	南京市	新一线城市	253.28	124800	57630	18500	0.32	0.15
156	江苏省	南通市	二线城市	89.52	100000	40320	15700	0.39	0.16
157	江苏省	苏州市	新一线城市	382.91	105600	60109	13500	0.22	0.13
158	江苏省	泰州市	三线城市	38.54	86000	37773	15400	0.41	0.18
159	江苏省	无锡市	二线城市	169.53	92400	54847	13300	0.24	0.14
160	江苏省	宿迁市	三线城市	24.56	72476	24938	15900	0.64	0.22
161	江苏省	徐州市	二线城市	61.41	78568	29736	17600	0.59	0.22
162	江苏省	盐城市	三线城市	58.93	62000	32096	12100	0.38	0.20
163	江苏省	扬州市	二线城市	57.40	89600	37074	15600	0.42	0.17
164	江苏省	镇江市	三线城市	37.39	93200	44259	14700	0.33	0.16
165	江西省	抚州市	四线城市	15.10	67533.32	34518	15600	0.45	0.23
166	江西省	赣州市	三线城市	40.10	73512	11941	13600	1.14	0.19
167	江西省	吉安市	四线城市	19.80	67608	15227	17300	1.14	0.26
168	江西省	景德镇市	四线城市	10.90	68461	40143	15300	0.38	0.22
169	江西省	九江市	三线城市	29.01	73795	38076	14200	0.37	0.19
170	江西省	南昌市	二线城市	80.57	88472	44136	19200	0.44	0.22
171	江西省	萍乡市	五线城市	10.54	76608	38502	17300	0.45	0.23
172	江西省	上饶市	三线城市	23.38	67049	37456	16200	0.43	0.24
173	江西省	新余市	五线城市	8.97	78068	40610	15700	0.39	0.20
174	江西省	宜春市	四线城市	23.39	64442	34831	15900	0.46	0.25
175	江西省	鹰潭市	四线城市	6.26	74216	37151	17900	0.48	0.24
176	辽宁省	鞍山市	三线城市	29.50	60960	37756	13600	0.36	0.22
177	辽宁省	本溪市	五线城市	17.51	58400	35130	12600	0.36	0.22
178	辽宁省	朝阳市	五线城市	16.32	72891	27015	12900	0.48	0.18
179	辽宁省	大连市	二线城市	133.59	95544	46468	16300	0.35	0.17
180	辽宁省	丹东市	四线城市	14.56	72891	31994	13800	0.43	0.19
181	辽宁省	抚顺市	五线城市	18.04	72891	34581	14500	0.42	0.20
182	辽宁省	阜新市	五线城市	12.03	72891	29514	10800	0.37	0.15
183	辽宁省	葫芦岛市	五线城市	16.36	62556	32031	12400	0.39	0.20
184	辽宁省	锦州市	四线城市	18.76	72891	34699	12200	0.35	0.17
185	辽宁省	盘锦市	四线城市	24.15	73224	41575	16000	0.38	0.22
186	辽宁省	沈阳市	新一线城市	159.56	87696	46786	17200	0.37	0.20
187	辽宁省	铁岭市	五线城市	15.57	60168	26743	12700	0.47	0.21
188	辽宁省	营口市	四线城市	17.05	72891	39405	13100	0.33	0.18

（续表）

序号	省级	城市	城市级别	实缴人数（万人）	平均工资（元）	人均可支配收入（元）	当年人均归集额		
							人均归集额（元）	占人均可支配收入比重	占平均工资比重
189	辽宁省	辽阳市	五线城市	15.90	72891	34574	14100	0.41	0.19
190	内蒙古自治区	巴彦淖尔市	五线城市	14.58	74504	26833	14000	0.52	0.19
191	内蒙古自治区	包头市	三线城市	29.44	79716	44748	13800	0.31	0.17
192	内蒙古自治区	赤峰市	四线城市	29.22	74504	22826	14400	0.63	0.19
193	内蒙古自治区	鄂尔多斯市	四线城市	26.96	84940	41368	15100	0.37	0.18
194	内蒙古自治区	呼和浩特市	三线城市	56.35	84104	38306	18800	0.49	0.22
195	内蒙古自治区	呼伦贝尔市	五线城市	20.73	74856	30570	17400	0.57	0.23
196	内蒙古自治区	通辽市	五线城市	20.07	74504	23656	14400	0.61	0.19
197	内蒙古自治区	乌海市	五线城市	5.76	85776	44369	17600	0.40	0.21
198	内蒙古自治区	乌兰察布市	五线城市	12.33	74504	22338	12900	0.58	0.17
199	内蒙古自治区	锡林郭勒盟	五线城市	11.66	74504	32460	16300	0.50	0.22
200	内蒙古自治区	兴安盟	五线城市	9.68	74504	20364	17000	0.83	0.23
201	宁夏回族自治区	固原市	五线城市	5.96	81025	28726.8	18100	0.63	0.22
202	宁夏回族自治区	吴忠市	五线城市	6.65	73284	19199.5	1500	0.08	0.02
203	宁夏回族自治区	银川市	三线城市	40.52	90132	38217	16600	0.43	0.18
204	宁夏回族自治区	中卫市	五线城市	6.62	77172	29602	13600	0.46	0.18
205	青海省	果洛州	五线城市	1.15	90929	15494	32300	2.08	0.36
206	青海省	海东市	五线城市	—	85368	18889	—	—	—
207	青海省	海西州	五线城市	7.08	105228	28732	15400	0.54	0.15
208	青海省	西宁市	四线城市	34.80	90924	28189	20900	0.74	0.23
209	山东省	滨州市	四线城市	23.44	73512	28517	14000	0.49	0.19
210	山东省	德州市	四线城市	39.64	93568	22608	10100	0.45	0.11
211	山东省	东营市	四线城市	38.48	100224	51128	16700	0.33	0.17
212	山东省	菏泽市	四线城市	34.55	66364	20673	13500	0.65	0.20
213	山东省	济南市	二线城市	164.44	100596	51913	16800	0.32	0.17
214	山东省	济宁市	三线城市	58.13	75240	28055	14300	0.51	0.19
215	山东省	聊城市	四线城市	40.00	74496	21602	9100	0.42	0.12
216	山东省	临沂市	三线城市	58.30	76280	27619	13400	0.49	0.18
217	山东省	青岛市	新一线城市	172.31	98604	45452	13600	0.30	0.14
218	山东省	日照市	四线城市	22.78	79680	27577	16500	0.60	0.21

（续表）

序号	省级	城市	城市级别	实缴人数（万人）	平均工资（元）	人均可支配收入（元）	当年人均归集额		
							人均归集额（元）	占人均可支配收入比重	占平均工资比重
219	山东省	泰安市	三线城市	47.91	67900	29690	9000	0.30	0.13
220	山东省	威海市	三线城市	37.29	71200	39593	11400	0.29	0.16
221	山东省	潍坊市	三线城市	68.60	75276	41664	11300	0.27	0.15
222	山东省	烟台市	二线城市	83.47	74652	37783	12400	0.33	0.17
223	山东省	枣庄市	四线城市	27.77	70788	26291	15100	0.57	0.21
224	山东省	淄博市	三线城市	50.32	78816	37543	13700	0.36	0.17
225	山西省	大同市	四线城市	31.39	67180	23533	12000	0.51	0.18
226	山西省	晋城市	五线城市	25.21	66276	25897	11000	0.42	0.17
227	山西省	晋中市	四线城市	21.42	65199	24855	10100	0.41	0.15
228	山西省	临汾市	四线城市	28.91	66672	22107	10200	0.46	0.15
229	山西省	吕梁市	五线城市	19.53	66739	18369	14300	0.78	0.21
230	山西省	太原市	二线城市	90.56	80064	33563	14800	0.44	0.18
231	山西省	忻州市	五线城市	16.94	65616	30375	11500	0.38	0.18
232	山西省	阳泉市	五线城市	17.32	65208	33582	9500	0.28	0.15
233	山西省	运城市	四线城市	26.60	61816	20406	9900	0.49	0.16
234	山西省	长治市	五线城市	28.13	65172	34426	10800	0.31	0.17
235	陕西省	安康市	五线城市	11.04	62833	17346	13600	0.78	0.22
236	陕西省	宝鸡市	四线城市	28.57	66984	23151	10800	0.47	0.16
237	陕西省	汉中市	五线城市	17.54	81954	20583	13000	0.63	0.16
238	陕西省	商洛市	五线城市	8.88	59618.04	15933	13100	0.82	0.22
239	陕西省	铜川市	五线城市	8.12	66828	23897	11000	0.46	0.16
240	陕西省	渭南市	四线城市	25.65	65816	33674	12600	0.37	0.19
241	陕西省	西安市	新一线城市	215.56	92360	34064	14200	0.42	0.15
242	陕西省	咸阳市	三线城市	36.44	90501	22831	9100	0.40	0.10
243	陕西省	延安市	五线城市	20.97	74832	24450	13700	0.56	0.18
244	陕西省	榆林市	四线城市	29.20	82836	24213	18900	0.78	0.23
245	上海市	上海市	一线城市	882.78	112068	69442	17400	0.25	0.16
246	四川省	阿坝州	五线城市	7.88	83367	22425	25900	1.15	0.31
247	四川省	巴中市	五线城市	11.92	61680	21444	15000	0.70	0.24
248	四川省	成都市	新一线城市	361.78	94724	45878	14200	0.31	0.15
249	四川省	达州市	五线城市	18.79	61584	22995	18500	0.80	0.30
250	四川省	德阳市	四线城市	22.76	81696	37222	17000	0.46	0.21
251	四川省	甘孜州	五线城市	7.88	69267	18776	28100	1.50	0.41
252	四川省	广安市	五线城市	13.37	62055	36005	16900	0.47	0.27
253	四川省	广元市	五线城市	13.7	75100	33481	15700	0.47	0.21
254	四川省	乐山市	四线城市	19.69	79068	16728	17500	1.05	0.22
255	四川省	泸州市	四线城市	27.04	74780	26212	14500	0.55	0.19

（续表）

序号	省级	城市	城市级别	实缴人数（万人）	平均工资（元）	人均可支配收入（元）	当年人均归集额		
							人均归集额（元）	占人均可支配收入比重	占平均工资比重
256	四川省	眉山市	四线城市	14.78	62444	36743	18900	0.51	0.30
257	四川省	绵阳市	三线城市	31.28	75524	37454	17500	0.47	0.23
258	四川省	南充市	四线城市	22.61	77652	—	17500	—	0.23
259	四川省	内江市	五线城市	14.15	70144	25508	16300	0.64	0.23
260	四川省	遂宁市	五线城市	13.20	67728	24865	15700	0.63	0.23
261	四川省	雅安市	五线城市	8.97	67984	35043	19600	0.56	0.29
262	四川省	宜宾市	四线城市	26.25	66048	26076	18000	0.69	0.27
263	四川省	资阳市	五线城市	9.38	69267	24826	17000	0.68	0.25
264	四川省	自贡市	五线城市	13.37	78164	26319	17200	0.65	0.22
265	天津市	天津市	新一线城市	280.40	103932	42404	18800	0.44	0.18
266	西藏自治区	拉萨市	四线城市	5.95	93780	39686	24900	0.63	0.27
267	西藏自治区	林芝市	五线城市	2.66	93780	13407	28200	2.10	0.30
268	西藏自治区	日喀则市	五线城市	—	93780	36455	—	—	—
269	西藏自治区	山南市	五线城市	3.59	93780	34650	27700	0.80	0.30
270	新疆维吾尔自治区	博尔塔拉州	五线城市	4.10	68404	33407	17100	0.51	0.25
271	新疆维吾尔自治区	哈密市	五线城市	9.38	86196	35205	20400	0.58	0.24
272	新疆维吾尔自治区	克拉玛依市	五线城市	16.31	125588	45658	23900	0.52	0.19
273	新疆维吾尔自治区	塔城地区	五线城市	7.72	72233.32	30193	17600	0.58	0.24
274	新疆维吾尔自治区	伊犁州	五线城市	17.72	93780	31889	17000	0.53	0.18
275	新疆维吾尔自治区	克州	五线城市	5.20	80919	30160	17800	0.59	0.22
276	云南省	楚雄州	五线城市	—	84700	36868	—	—	—
277	云南省	大理州	四线城市	14.69	86585	36982	20500	0.55	0.24
278	云南省	德宏州	四线城市	6.21	85404	31479	20100	0.64	0.24
279	云南省	迪庆州	五线城市	3.16	86585	9446	27300	2.89	0.32
280	云南省	怒江州	五线城市	3.33	79008	26650	20300	0.76	0.26
281	云南省	普洱市	五线城市	11.50	86585	31456	19300	0.61	0.22
282	云南省	曲靖市	四线城市	23.86	79176	37314	20300	0.54	0.26
283	云南省	文山州	五线城市	13.71	86585	32630	18200	0.56	0.21
284	云南省	玉溪市	五线城市	13.56	86585	40700	23000	0.57	0.27
285	云南省	昭通市	五线城市	16.74	86585	29930	19200	0.64	0.22
286	浙江省	杭州市	新一线城市	300.20	117340	59261	20000	0.34	0.17
287	浙江省	湖州市	三线城市	48.58	109560	59028	13500	0.23	0.12

（续表）

序号	省级	城市	城市级别	实缴人数（万人）	平均工资（元）	人均可支配收入（元）	当年人均归集额		
							人均归集额（元）	占人均可支配收入比重	占平均工资比重
288	浙江省	嘉兴市	二线城市	70.01	96680	61940	16400	0.26	0.17
289	浙江省	金华市	二线城市	49.49	66520	48155	18000	0.37	0.27
290	浙江省	丽水市	三线城市	20.71	110880	35450	20900	0.59	0.19
291	浙江省	宁波市	新一线城市	160.17	123888	56982	16700	0.29	0.13
292	浙江省	衢州市	四线城市	22.32	121896	35412	22300	0.63	0.18
293	浙江省	绍兴市	二线城市	54.57	83516	14403	18800	1.31	0.23
294	浙江省	台州市	二线城市	50.70	97520	47988	19100	0.40	0.20
295	浙江省	温州市	二线城市	75.58	90676	51490	17600	0.34	0.19
296	浙江省	舟山市	三线城市	15.36	106440	53568	23200	0.43	0.22
297	重庆市	重庆市	新一线城市	267.18	89716	28920	16100	0.56	0.18

1. 数据综述

现有数据中，2019 年人均年平均工资为 77612 元，人均年可支配收入为 33513 元。人均年归集额为 15448 元，约为平均工资的 20%，为人均可支配收入的 46%。

2. 省内数据分析

从省级（含直辖市）层面看，省内城市年平均工资平均值区间为 [61080，112068] 元，所有省份的年平均工资平均值为 75674 元。平均工资较高的有上海、北京、浙江、天津、西藏等省份，平均工资较低的有河南、黑龙江、吉林、山西、河北、贵州等省份。

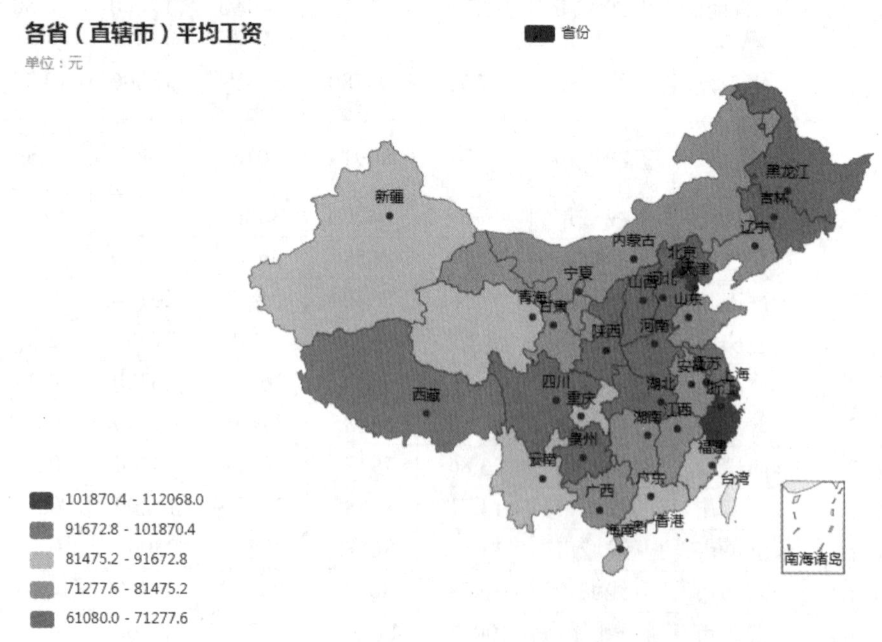

图 2-1-11 省内城市平均工资平均值区间地图

人均可支配收入的平均值区间为 [23524，69442] 元，所有省份的人均可支配收入平均值为 29164.4 元。平均工资较高的有上海、北京、浙江、天津、江苏等省份，人均可支配收入较低的有山西、青海、河南、湖南、陕西等省份。

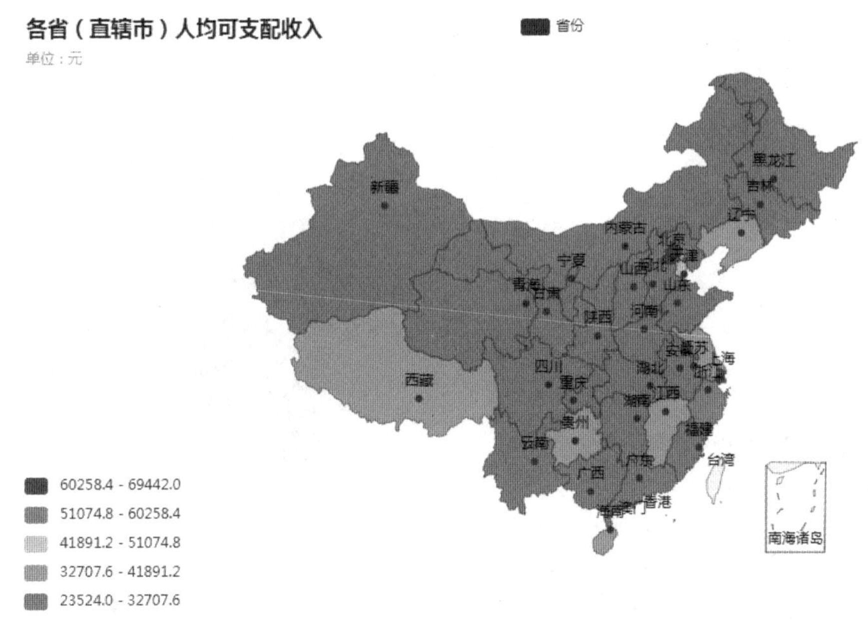

图 2-1-12 省内城市人均可支配收入平均值区间地图

当年人均归集额的平均值区间为 [10900，27700] 元，所有省份的人均年归集额平均值为 15400 元。人均归集额较高有北京、新疆、云南、天津、浙江等省份，人均归集额较低的有海南、山西、河南、陕西、河北、辽宁等省份。

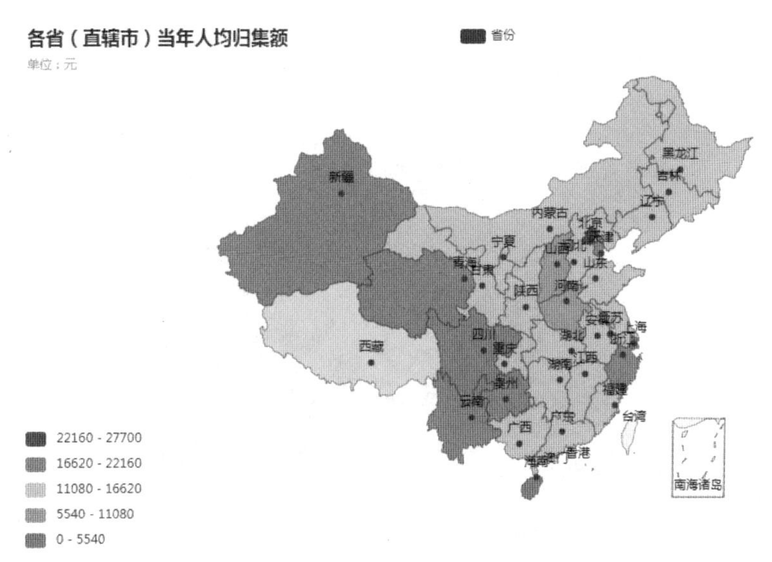

图 2-1-13 省内城市当年人均归集额平均值区间地图

当年人均归集额占平均工资的比重区间为[16%，29%]，占比较高的省份有西藏、北京、贵州、云南、湖北等，占比均在23%以上；占比较低的省份有上海、江苏、陕西、山东、广东，占比均在17%以下。

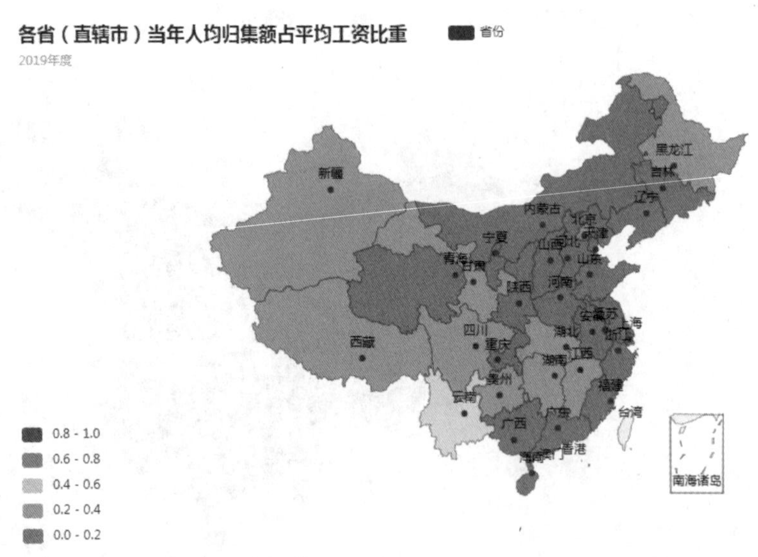

图 2-1-14 省内城市当年人均归集额占平均工资区间地图

当年人均归集额占人均可支配收入的比重区间为[25%，72%]，占比较高的省份有西藏、青海、四川、广东占比均在60%以上；占比较低的省份有上海、浙江、辽宁、江苏、山东，占比均在40%以下。

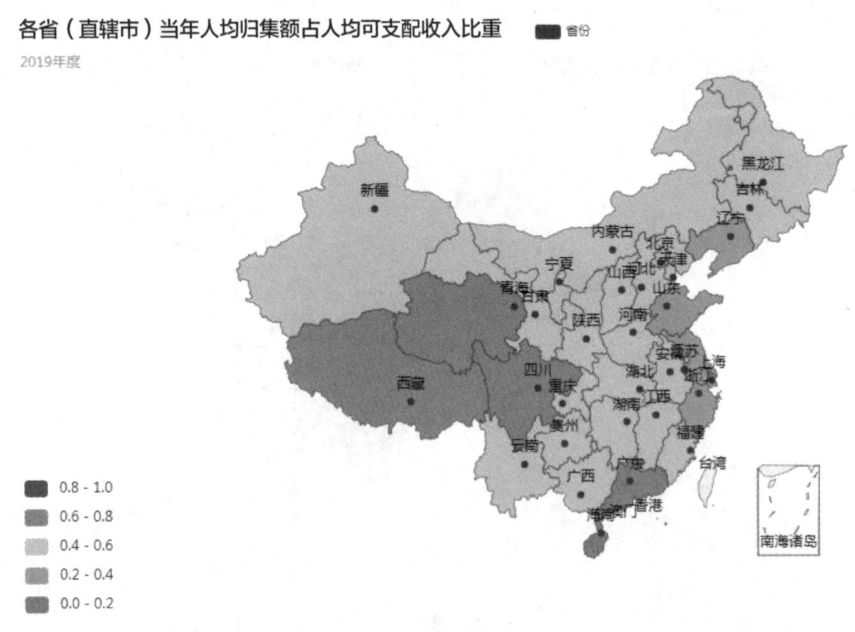

图 2-1-15 省内城市当年人均归集额占人均可支配收入区间地图

3. 各线城市数据分析

各线城市中，年平均工资平均值区间为 [70327.5，117786] 元，平均值为 82155 元。人均可支配收入为 [26251.5，66404] 元，平均值为 34106 元。

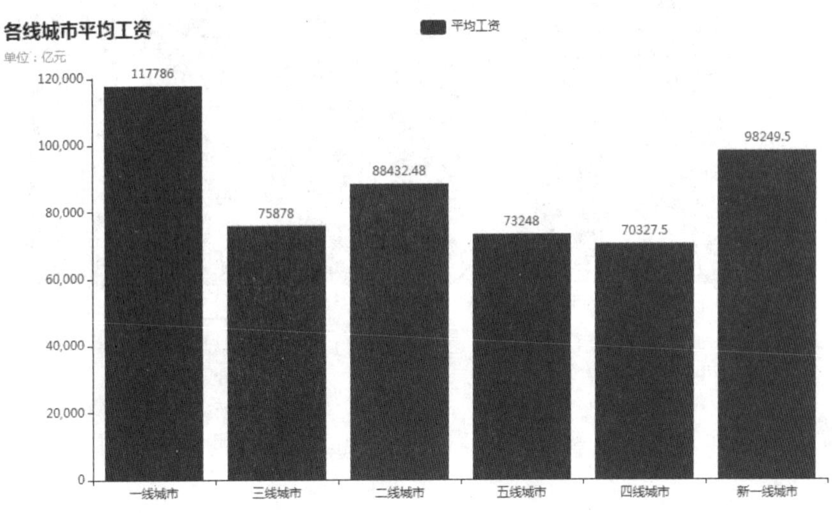

图 2-1-16 各线城市当年平均工资平均值对比

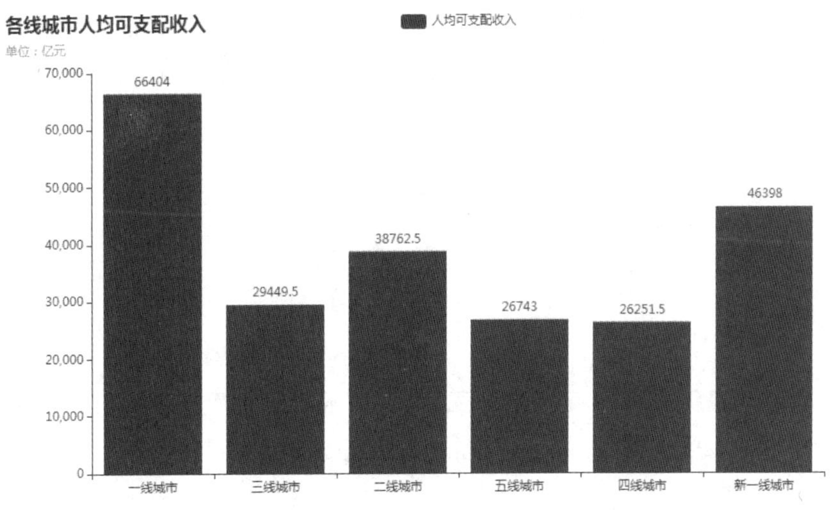

图 2-1-17 各线城市当年人均可支配收入平均值对比

当年人均归集额平均值区间为 [14500，17550] 元，平均值为 15425 元。各线城市之间，当年人均归集额区别不是太大，可能和住房公积金一贯执行的“保低限高”的缴存政策和 [5%，12%] 的缴存比例限定有关。

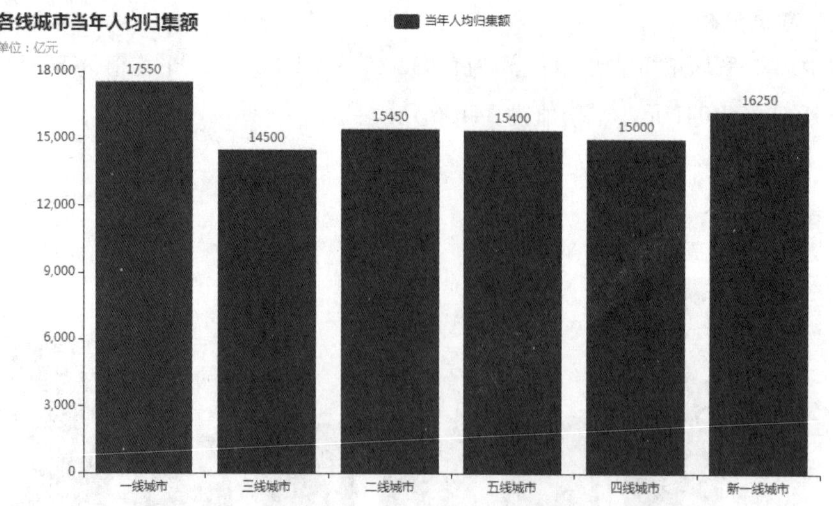

图 2-1-18 各线城市当年人均归集额平均值对比

当年人均归集额占平均工资比重为 [15%，21%]，占人均可支配收入比重为 [26%，54%]。

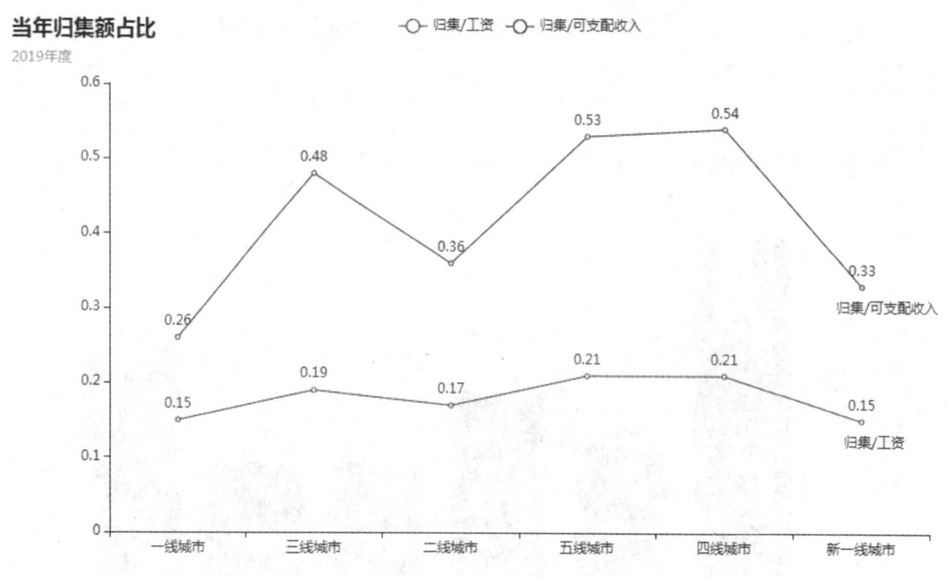

图 2-1-19 各线城市当年人均归集额占比平均值对比

4. 其他数据分析

住建部、财政部、中国人民银行《关于住房公积金管理若干具体问题的指导意见》（建金管〔2005〕5 号）、《关于改进住房公积金缴存机制进一步降低企业成本的通知》（建金〔2018〕45 号）均明确缴存住房公积金的月工资基数，不得高于职工工作地所在设区城市统计部门公布的上一年度职工月平均工资的 3 倍。

而缴存基数的下限，各地有所不同，大致可归为两类，一是缴存基数不低于职工工作地所在设区城市统计部门公布的上一年度的最低工资；二是取上一年度职工月平均工资的一部分，一般比例在 60% 左右，基本上是参照社保缴存标准。

通常所指的平均工资指的是城镇非私营企业在岗职工平均工资数。目前，各地机关事业单位、国有企业住房公积金制度已经达到了全覆盖，那么人均缴存基数就应该近似社会平均工资。如果我们暂不考虑缴存比例的差异，那么人均归集额应该等于人均缴存基数 ×2×12× 缴存比例。按照这个思路，我们以社会平均工资代替平均缴存基数，可以得出城市的近似平均缴存比例。下表是各个城市群的平均缴存比例。

表 2-1-9 各个城市群住房公积金平均缴存比例

城市级别	平均缴存比例
一线城市	0.07
新一线城市	0.08
二线城市	0.09
三线城市	0.09
四线城市	0.1
五线城市	0.11

各城市群的平均缴存比例维持在 [7%，11%]，并没有突破 [5%，12%] 的上下限，也就是说我们的假设是有参考价值的，且缴存比例随着城市规模的扩大，梯次降低，一线城市为 7%，五线城市为 11%。这也是符合我们的正常认知的。

城市越发达，民（私）营企业越发达，制度越规范，参加制度的民（私）占比越高。但出于成本控制，这类企业更愿意选择缴存比例低一点，所以平均缴存比例就偏低。而欠发达地区情况则正好相反。

具体到每个城市还是有很大区别的。但城市规模越大，经济越发达，平均缴存比例越低的大趋势是没有变化的。下表是平均缴存比例排名前十位的城市。

表 2-1-10 住房公积金平均缴存比例排名前十位的城市

城市	当年人均归集（元）	平均工资（元）	平均占比
果洛州	32300	7577.42	0.18
黔东南州	24000	5746	0.17
承德市	14700	3690.67	0.17
迪庆州	27300	7215.42	0.16
阿坝州	25900	6947.25	0.16
眉山市	18900	5203.67	0.15
林芝市	28200	7815	0.15
达州市	18500	5132	0.15
山南市	27700	7815	0.15
张家界市	21600	6193	0.15

果洛、黔东南、阿坝、林芝等前面多次出现的城市依旧在列。这些城市中平均缴存基数是高于当地平均工资的。什么原因会导致出现这种情况呢？

缴存群体单一，缴存群体平均收入高于社会平均工资水平，且缴存比例较高。

下表是平均缴存比例排名后十位的城市。

表 2-1-11 住房公积金平均缴存比例排名后十位的城市

城市	当年人均归集额（元）	平均工资（元）	平均占比
常州市	13900	8700	0.07
惠州市	13200	8317	0.07
中山市	11300	7141	0.07
苏州市	13500	8800	0.06
湖州市	13500	9130	0.06
珠海市	11800	8407	0.06
德州市	10100	7797.33	0.05
佛山市	9000	7200	0.05
东莞市	8000	7665	0.04
深圳市	10800	10646	0.04

十个城市全部是江苏、浙江、广东所辖地级市，属于民（私）营经济繁荣的较发达地区。下表是各个城市群不同缴存区间的城市数量分布。

表 2-1-12 各城市群住房公积金不同缴存区间城市数量分布表

城市级别	0～5%	5%～8%	8%～10%	10%～12%	12%以上
一线城市	1	2	—	—	1
三线城市	—	10	34	18	6
二线城市	—	9	13	6	1
五线城市	1	6	23	34	23
四线城市	—	8	26	31	17
新一线城市	1	7	6	—	—

（三）住房公积金与人口指标对比

表 2-1-13 住房公积金与人口指标对比表

序号	省级	城市级别	城市	职工医疗保险参保人数（万人）	职工养老保险参保人数（万人）	城镇人口（万人）	常住人口（万人）	实缴人数				
								实缴人数（万人）	占职工医疗保险比重	占职工养老保险比重	占城镇人口比重	占常住人口比重
1	安徽省	三线城市	安庆市	45.5	62.9	236.06	472.3	20.93	0.46	0.33	0.09	0.04
2	安徽省	三线城市	蚌埠市	53.07	43.57	199.94	341.2	19.52	0.37	0.45	0.1	0.06
3	安徽省	四线城市	亳州市	27.6	29.7	108.16	526.3	16.12	0.58	0.54	0.15	0.03
4	安徽省	五线城市	池州市	16.07	12.88	89.1	162.3	8.67	0.54	0.67	0.1	0.05
5	安徽省	三线城市	滁州市	48.68	49.93	455.3	455.3	26.26	0.54	0.53	0.06	0.06

（续表）

序号	省级	城市级别	城市	职工医疗保险参保人数（万人）	职工养老保险参保人数（万人）	城镇人口（万人）	常住人口（万人）	实缴人数				
								实缴人数（万人）	占职工医疗保险比重	占职工养老保险比重	占城镇人口比重	占常住人口比重
6	安徽省	三线城市	阜阳市	—	61.8	368.52	825.9	27.65	—	0.45	0.08	0.03
7	安徽省	二线城市	合肥市	216.03	265.8	625.07	818.9	137.49	0.64	0.52	0.22	0.17
8	安徽省	五线城市	淮北市	—	—	—	227	19.36	—	—	—	0.09
9	安徽省	四线城市	淮南市	60	37.8	—	349	26.32	0.44	0.7	—	0.08
10	安徽省	四线城市	黄山市	22.68	21.81	—	142.1	9.3	0.41	0.43	—	0.07
11	安徽省	四线城市	六安市	27.75	37.22	—	487.3	16.96	0.61	0.46	—	0.03
12	安徽省	三线城市	马鞍山市	51.25	63.09	119.16	236.1	22.24	0.43	0.35	0.19	0.09
13	安徽省	四线城市	铜陵市	36.18	32.05	164.1	170.6	14.87	0.41	0.46	0.09	0.09
14	安徽省	三线城市	芜湖市	78.11	92.42	377.8	377.8	36.9	0.47	0.4	0.1	0.1
15	安徽省	四线城市	宿州市	—	—	250.62	570.05	16.19	—	—	0.06	0.03
16	安徽省	四线城市	宣城市	—	62.6	266.1	266.1	17.83	—	0.28	0.07	0.07
17	北京市	一线城市	北京市	1682.5	1651.6	1865	2153.6	798.54	0.47	0.48	0.43	0.37
18	福建省	二线城市	福州市	159.42	220.09	550	780	104.89	0.66	0.48	0.19	0.13
19	福建省	三线城市	龙岩市	44.96	48.63	153.12	264	22.36	0.5	0.46	0.15	0.08
20	福建省	三线城市	南平市	287.76	70.53	154.68	269	18.43	0.06	0.26	0.12	0.07
21	福建省	三线城市	宁德市	39.79	49.12	167.62	291	25.52	0.64	0.52	0.15	0.09
22	福建省	三线城市	莆田市	—	—	179.55	291	20.63	—	—	0.11	0.07
23	福建省	二线城市	泉州市	—	—	587.33	874	51.49	—	—	0.09	0.06
24	福建省	三线城市	三明市	41.44	62.77	157.73	259	25	0.6	0.4	0.16	0.1
25	福建省	二线城市	厦门市	241.95	320.21	382.67	429	117.19	0.48	0.37	0.31	0.27
26	福建省	三线城市	漳州市	—	—	309.6	516	28.98	—	—	0.09	0.06
27	甘肃省	五线城市	白银市	—	15.79	89.53	174.08	11.89	—	0.75	0.13	0.07
28	甘肃省	五线城市	定西市	16.69	10.81	102.79	282.58	10.9	0.65	1.01	0.11	0.04
29	甘肃省	五线城市	甘南州	8.59	—	26.76	72.32	6.04	0.7	—	0.23	0.08
30	甘肃省	五线城市	嘉峪关市	10.76	12.88	23.71	25.31	5.97	0.55	0.46	0.25	0.24
31	甘肃省	五线城市	酒泉市	—	—	70.69	113.22	8.11	—	—	0.11	0.07
32	甘肃省	二线城市	兰州市	—	—	307.21	379.09	72.08	—	—	0.23	0.19
33	甘肃省	五线城市	临夏州	11.72	—	207.14	207.14	9.02	0.77	—	0.04	0.04
34	甘肃省	五线城市	陇南市	15.02	—	92.03	264.31	10.52	0.7	—	0.11	0.04
35	甘肃省	五线城市	平凉市	13.78	21.48	89.22	212.53	11.45	0.83	0.53	0.13	0.05
36	甘肃省	五线城市	庆阳市	15.84	8.07	90.97	227.88	11.81	0.75	1.46	0.13	0.05
37	甘肃省	五线城市	天水市	—	—	142.46	336.89	14.4	—	—	0.1	0.04
38	甘肃省	五线城市	武威市	14.4	16.57	79.05	182.5	8.07	0.56	0.49	0.1	0.04

（续表）

序号	省级	城市级别	城市	职工医疗保险参保人数（万人）	职工养老保险参保人数（万人）	城镇人口（万人）	常住人口（万人）	实缴人数				
								实缴人数（万人）	占职工医疗保险比重	占职工养老保险比重	占城镇人口比重	占常住人口比重
39	甘肃省	五线城市	张掖市	13.4	7.72	60.08	123.76	6.85	0.51	0.89	0.11	0.06
40	广东省	三线城市	潮州市	36.15	45.87	175.01	265.98	9.99	0.28	0.22	0.06	0.04
41	广东省	新一线城市	东莞市	—	—	779.58	846.45	183.2	—	—	0.23	0.22
42	广东省	二线城市	佛山市	347.7	—	—	815.86	172.7	0.5	—	—	0.21
43	广东省	一线城市	广州市	803.13	768.99	1323.35	1530.59	479.72	0.6	0.62	0.36	0.31
44	广东省	四线城市	河源市	36.18	46.49	144.41	310.56	17.95	0.5	0.39	0.12	0.06
45	广东省	二线城市	惠州市	172.04	159.09	288.15	488	67.49	0.39	0.42	0.23	0.14
46	广东省	三线城市	江门市	47.23	148.03	308.89	463.03	40.11	0.85	0.27	0.13	0.09
47	广东省	三线城市	揭阳市	23.74	84.02	312.76	610.5	15.9	0.67	0.19	0.05	0.03
48	广东省	四线城市	茂名市	51.22	78.37	287.3	641.15	26.29	0.51	0.34	0.09	0.04
49	广东省	三线城市	梅州市	50.03	113.74	225.68	438.3	26.47	0.53	0.23	0.12	0.06
50	广东省	三线城市	清远市	66.8	77.1	207.9	388.6	26.81	0.4	0.35	0.13	0.07
51	广东省	三线城市	汕头市	500.56	280.92	—	566.48	27.27	0.05	0.1	—	0.05
52	广东省	四线城市	汕尾市	32.41	28.69	166.43	301.5	11.36	0.35	0.4	0.07	0.04
53	广东省	四线城市	韶关市	61.9	68.31	136.06	303.04	23.44	0.38	0.34	0.17	0.08
54	广东省	一线城市	深圳市	—	1166.64	—	1343.88	665.15	—	0.57	—	0.49
55	广东省	四线城市	阳江市	30.67	53.88	257.09	257.09	14.32	0.47	0.27	0.06	0.06
56	广东省	五线城市	云浮市	27.37	32.76	109.24	254.52	14.18	0.52	0.43	0.13	0.06
57	广东省	三线城市	湛江市	79.33	101.79	323.55	736	38.66	0.49	0.38	0.12	0.05
58	广东省	三线城市	肇庆市	74.94	73.67	203.62	418.71	26.24	0.35	0.36	0.13	0.06
59	广东省	二线城市	中山市	283.71	186.64	298.79	338	51.28	0.18	0.27	0.17	0.15
60	广东省	二线城市	珠海市	—	135.04	183.59	202.37	69.79	—	0.52	0.38	0.34
61	广西壮族自治区	四线城市	百色市	37.31	—	138.24	368.74	17.49	0.47	—	0.13	0.05
62	广西壮族自治区	五线城市	防城港市	11.98	—	57.52	96.36	6.61	0.55	—	0.11	0.07
63	广西壮族自治区	三线城市	桂林市	77.41	100.39	206.62	511.23	30.93	0.4	0.31	0.15	0.06
64	广西壮族自治区	五线城市	河池市	31.59	40.4	138.09	356.36	15.46	0.49	0.38	0.11	0.04
65	广西壮族自治区	三线城市	柳州市	90.93	113.38	266.8	407.8	34.5	0.38	0.3	0.13	0.08
66	广西壮族自治区	二线城市	南宁市	—	—	498.11	781.97	68.07	—	—	0.14	0.09
67	广西壮族自治区	四线城市	梧州市	324.1	22.2	353.3	353.3	14.16	0.04	0.64	0.04	0.04

（续表）

序号	省级	城市级别	城市	职工医疗保险参保人数（万人）	职工养老保险参保人数（万人）	城镇人口（万人）	常住人口（万人）	实缴人数				
								实缴人数（万人）	占职工医疗保险比重	占职工养老保险比重	占城镇人口比重	占常住人口比重
68	广西壮族自治区	四线城市	玉林市	42.73	—	294.47	587.78	20.21	0.47	—	0.07	0.03
69	广西壮族自治区	五线城市	崇左市	18.7	25.56	84.41	211.03	10.28	0.55	0.4	0.12	0.05
70	广西壮族自治区	五线城市	钦州市	14.3	—	136.41	332.41	14.09	0.99	—	0.1	0.04
71	贵州省	四线城市	安顺市	—	—	—	236.36	12.19	—	—	—	0.05
72	贵州省	四线城市	毕节市	36.84	54.88	338.53	671.43	23.3	0.63	0.42	0.07	0.03
73	贵州省	二线城市	贵阳市	—	—	—	—	98.8	—	—	—	—
74	贵州省	四线城市	六盘水市	73.56	38.54	—	295.05	16.08	0.22	0.42	—	0.05
75	贵州省	四线城市	黔东南州	409.43	36.9	120.41	355.2	16.25	0.04	0.44	0.13	0.05
76	贵州省	四线城市	黔南州	47.66	263.35	—	—	19.48	0.41	0.07	—	—
77	贵州省	五线城市	黔西南州	—	22.53	112.84	288.6	14.5	—	0.64	0.13	0.05
78	贵州省	四线城市	铜仁市	21.67	14.92	318.85	446.38	16.49	0.76	1.11	0.05	0.04
79	贵州省	三线城市	遵义市	84.6	111.8	—	630.2	38.25	0.45	0.34	—	0.06
80	海南省	五线城市	儋州市	12.81	15.2	31.5	97.53	—	—	—	—	—
81	海南省	二线城市	海口市	58.81	82.2	183.39	232.79	—	—	—	—	—
82	海南省	三线城市	三亚市	—	32.53	—	—	—	—	—	—	—
83	河北省	三线城市	保定市	121.3	105.9	514.04	939.91	62.78	0.52	0.59	0.12	0.07
84	河北省	三线城市	沧州市	75.23	92.08	414.26	754.43	46.82	0.62	0.51	0.11	0.06
85	河北省	四线城市	承德市	46.8	80.5	205.19	385.27	22.03	0.47	0.27	0.11	0.06
86	河北省	三线城市	邯郸市	93.85	156.89	555.36	954.97	44.18	0.47	0.28	0.08	0.05
87	河北省	五线城市	衡水市	39	62	238.8	448.6	20.6	0.53	0.33	0.09	0.05
88	河北省	三线城市	秦皇岛市	69.45	95.39	191.04	314.63	29.21	0.42	0.31	0.15	0.09
89	河北省	二线城市	石家庄市	169.2	268.1	676.14	1039.42	97.27	0.57	0.36	0.14	0.09
90	河北省	三线城市	唐山市	—	240.9	796.4	796.4	71.13	—	0.3	0.09	0.09
91	河北省	四线城市	邢台市	75.17	—	401.04	739.52	32.71	0.44	—	0.08	0.04
92	河北省	四线城市	张家口市	72.52	—	258.25	442.33	29.31	0.4	—	0.11	0.07
93	河南省	四线城市	安阳市	—	—	276.48	519.22	21.74	—	—	0.08	0.04
94	河南省	五线城市	鹤壁市	—	—	100.03	163.15	12.25	—	—	0.12	0.08
95	河南省	四线城市	焦作市	58.54	46.31	359.71	359.71	29.42	0.5	0.64	0.08	0.08
96	河南省	四线城市	开封市	—	—	230.03	457.49	22.02	—	—	0.1	0.05
97	河南省	三线城市	洛阳市	120.68	120.39	409.1	692.22	57.12	0.47	0.47	0.14	0.08
98	河南省	五线城市	漯河市	—	—	144	266.82	16.65	—	—	0.12	0.06

（续表）

序号	省级	城市级别	城市	职工医疗保险参保人数（万人）	职工养老保险参保人数（万人）	城镇人口（万人）	常住人口（万人）	实缴人数				
								实缴人数（万人）	占职工医疗保险比重	占职工养老保险比重	占城镇人口比重	占常住人口比重
99	河南省	三线城市	南阳市	—	79.68	478.81	1003.16	47.29	—	0.59	0.1	0.05
100	河南省	四线城市	平顶山市	71.8	44.98	278.93	502.57	38.42	0.54	0.85	0.14	0.08
101	河南省	五线城市	濮阳市	200.81	44.63	168.97	361.04	24.68	0.12	0.55	0.15	0.07
102	河南省	五线城市	三门峡市	—	26.6	131.35	227.65	17.71	—	0.67	0.13	0.08
103	河南省	三线城市	商丘市	42	53.07	328.77	733.36	34.27	0.82	0.65	0.1	0.05
104	河南省	三线城市	新乡市	77.16	110.48	581.43	581.43	29.29	0.38	0.27	0.05	0.05
105	河南省	三线城市	信阳市	44.97	57	316.6	646.39	25.81	0.57	0.45	0.08	0.04
106	河南省	四线城市	许昌市	44.72	79	241.54	446.21	21.88	0.49	0.28	0.09	0.05
107	河南省	新一线城市	郑州市	238.2	491.8	772.1	1035.2	165.36	0.69	0.34	0.21	0.16
108	河南省	四线城市	周口市	49.41	97.9	384.26	866.22	31.9	0.65	0.33	0.08	0.04
109	河南省	四线城市	驻马店市	49.66	41.8	314.45	704.58	25.59	0.52	0.61	0.08	0.04
110	黑龙江省	三线城市	大庆市	—	—	143.7	272	44.22	—	—	0.31	0.16
111	黑龙江省	五线城市	大兴安岭地区	—	—	37.28	41.68	—	—	—	—	—
112	黑龙江省	二线城市	哈尔滨市	—	—	473.9	951.3	115.33	—	—	0.24	0.12
113	黑龙江省	五线城市	黑河市	19.7	26.1	92.9	158.1	9.37	0.48	0.36	0.1	0.06
114	黑龙江省	五线城市	鸡西市	—	—	169.4	169.4	11.53	—	—	0.07	0.07
115	黑龙江省	四线城市	佳木斯市	—	21.1	—	—	12.32	—	0.58	—	—
116	黑龙江省	四线城市	牡丹江市	173.8	91.7	150.99	250.4	13.5	0.08	0.15	0.09	0.05
117	黑龙江省	四线城市	齐齐哈尔市	27.8	204.5	—	526.7	21.22	0.76	0.1	—	0.04
118	黑龙江省	五线城市	伊春市	—	—	91.87	—	9.99	—	—	0.11	—
119	湖北省	五线城市	鄂州市	92.67	26.95	70.26	105.97	7.11	0.08	0.26	0.1	0.07
120	湖北省	四线城市	恩施州	28.51	54.8	155.47	339	14.33	0.5	0.26	0.09	0.04
121	湖北省	四线城市	黄冈市	—	—	—	633.3	22.18	—	—	—	0.04
122	湖北省	四线城市	黄石市	—	—	158.19	247.17	20.79	—	—	0.13	0.08
123	湖北省	五线城市	荆门市	41	64.45	—	289.75	23.08	0.56	0.36	—	0.08
124	湖北省	三线城市	荆州市	—	17.61	314.23	557.01	23.08	—	1.31	0.07	0.04
125	湖北省	四线城市	十堰市	49.73	57.34	195.58	346.16	24.26	0.49	0.42	0.12	0.07
126	湖北省	五线城市	随州市	—	—	117.54	222.1	8.39	—	—	0.07	0.04
127	湖北省	新一线城市	武汉市	481.48	482.3	902.45	1121.2	231.36	0.48	0.48	0.26	0.21
128	湖北省	四线城市	咸宁市	28.79	45.07	254.84	254.84	15.04	0.52	0.33	0.06	0.06
129	湖北省	三线城市	襄阳市	—	—	589.8	589.8	31.6	—	—	0.05	0.05
130	湖北省	四线城市	孝感市	—	—	286.89	492.1	19.11	—	—	0.07	0.04

（续表）

序号	省级	城市级别	城市	职工医疗保险参保人数（万人）	职工养老保险参保人数（万人）	城镇人口（万人）	常住人口（万人）	实缴人数				
								实缴人数（万人）	占职工医疗保险比重	占职工养老保险比重	占城镇人口比重	占常住人口比重
131	湖北省	三线城市	宜昌市	—	—	413.79	413.79	35.19	—	—	0.09	0.09
132	湖南省	四线城市	常德市	57.6	131.4	314.2	577.2	29.94	0.52	0.23	0.1	0.05
133	湖南省	三线城市	郴州市	47.5	—	266.5	475.5	22.12	0.47	—	0.08	0.05
134	湖南省	三线城市	衡阳市	—	75.02	400.99	730.06	32.8	—	0.44	0.08	0.04
135	湖南省	四线城市	怀化市	41.85	27.69	244.35	498.33	21.19	0.51	0.77	0.09	0.04
136	湖南省	四线城市	娄底市	37.87	62.69	194.11	394.13	18.89	0.5	0.3	0.1	0.05
137	湖南省	四线城市	邵阳市	55.5	88.92	356.21	730.24	23.8	0.43	0.27	0.07	0.03
138	湖南省	三线城市	湘潭市	49.6	58.5	183.9	288.2	18.63	0.38	0.32	0.1	0.06
139	湖南省	五线城市	湘西州	18.27	—	125.98	263.83	12.58	0.69	—	0.1	0.05
140	湖南省	四线城市	益阳市	—	56.26	442.07	442.07	21.61	—	0.38	0.05	0.05
141	湖南省	四线城市	永州市	—	37.42	277.21	544.61	26.18	—	0.7	0.09	0.05
142	湖南省	三线城市	岳阳市	59.36	—	341.66	577.13	26.73	0.45	—	0.08	0.05
143	湖南省	五线城市	张家界市	13.8	16.8	78.2	154.9	7	0.51	0.42	0.09	0.05
144	湖南省	新一线城市	长沙市	265.86	354.84	667.86	839.45	166.04	0.62	0.47	0.25	0.2
145	湖南省	三线城市	株洲市	—	—	273.59	402.85	28.16	—	—	0.1	0.07
146	吉林省	五线城市	白山市	30.7	21.09	116.5	116.5	9.06	0.3	0.43	0.08	0.08
147	吉林省	五线城市	白城市	—	18.11	82.73	188.5	10.5	—	0.58	0.13	0.06
148	吉林省	三线城市	吉林市	82.2	42.1	218.1	411.6	34.68	0.42	0.82	0.16	0.08
149	吉林省	五线城市	四平市	—	25.5	67.5	318.2	14.61	—	0.57	0.22	0.05
150	吉林省	四线城市	延边州	48.11	—	143.77	207.2	20.61	0.43	—	0.14	0.1
151	吉林省	二线城市	长春市	—	225	445.1	753.8	120.88	—	0.54	0.27	0.16
152	江苏省	二线城市	常州市	221.5	162.5	347	473.6	99.35	0.45	0.61	0.29	0.21
153	江苏省	三线城市	淮安市	—	92.3	313.22	493.26	44.18	—	0.48	0.14	0.09
154	江苏省	三线城市	连云港市	—	90.04	286.89	451.1	38.13	—	0.42	0.13	0.08
155	江苏省	新一线城市	南京市	100.7	—	707.2	850	253.28	2.52	—	0.36	0.3
156	江苏省	二线城市	南通市	226.09	166.9	498.36	731.8	89.52	0.4	0.54	0.18	0.12
157	江苏省	新一线城市	苏州市	760.89	—	827.7	1075	382.91	0.5	—	0.46	0.36
158	江苏省	三线城市	泰州市	—	—	500.55	500.55	38.54	—	—	0.08	0.08
159	江苏省	二线城市	无锡市	374.78	370.49	508.2	659.15	169.53	0.45	0.46	0.33	0.26
160	江苏省	三线城市	宿迁市	—	—	2019	493.79	24.56	—	—	0.01	0.05
161	江苏省	二线城市	徐州市	—	—	882.56	882.56	61.41	—	—	0.07	0.07
162	江苏省	三线城市	盐城市	—	—	502.59	821.35	58.93	—	—	0.12	0.07

（续表）

序号	省级	城市级别	城市	职工医疗保险参保人数（万人）	职工养老保险参保人数（万人）	城镇人口（万人）	常住人口（万人）	实缴人数				
								实缴人数（万人）	占职工医疗保险比重	占职工养老保险比重	占城镇人口比重	占常住人口比重
163	江苏省	二线城市	扬州市	—	—	454.9	454.9	57.4	—	—	0.13	0.13
164	江苏省	三线城市	镇江市	101.05	85.44	231.23	320.35	37.39	0.37	0.44	0.16	0.12
165	江西省	四线城市	抚州市	35.53	78.92	208.5	406.03	15.1	0.42	0.19	0.07	0.04
166	江西省	三线城市	赣州市	69.96	137.68	451.51	870.8	40.1	0.57	0.29	0.09	0.05
167	江西省	四线城市	吉安市	43.35	13.97	495.97	495.97	19.8	0.46	1.42	0.04	0.04
168	江西省	四线城市	景德镇市	—	45.9	114.36	168.05	10.9	—	0.24	0.1	0.06
169	江西省	三线城市	九江市	60.24	61.02	279.37	492.03	29.01	0.48	0.48	0.1	0.06
170	江西省	二线城市	南昌市	131.96	148.64	420.94	560.06	80.57	0.61	0.54	0.19	0.14
171	江西省	五线城市	萍乡市	8.72	55.74	135.91	194.13	10.54	1.21	0.19	0.08	0.05
172	江西省	三线城市	上饶市	52.8	77.6	—	683.3	23.38	0.44	0.3	—	0.03
173	江西省	五线城市	新余市	20.1	33.93	83.63	119.34	8.97	0.45	0.26	0.11	0.08
174	江西省	四线城市	宜春市	—	114.46	285.94	558.26	23.39	—	0.2	0.08	0.04
175	江西省	四线城市	鹰潭市	15.22	25.49	73.3	118.16	6.26	0.41	0.25	0.09	0.05
176	辽宁省	三线城市	鞍山市	96.2	63.1	181.8	339.8	29.5	0.31	0.47	0.16	0.09
177	辽宁省	五线城市	本溪市	—	65.2	102.44	144.51	17.51	—	0.27	0.17	0.12
178	辽宁省	五线城市	朝阳市	44	64	334.9	334.9	16.32	0.37	0.26	0.05	0.05
179	辽宁省	二线城市	大连市	456.5	217	598.7	598.7	133.59	0.29	0.62	0.22	0.22
180	辽宁省	四线城市	丹东市	—	56.9	106.8	232.9	14.56	—	0.26	0.14	0.06
181	辽宁省	五线城市	抚顺市	86.4	94.6	143.3	206.7	18.04	0.21	0.19	0.13	0.09
182	辽宁省	五线城市	阜新市	55.4	—	78	183.7	12.03	0.22	—	0.15	0.07
183	辽宁省	五线城市	葫芦岛市	58.5	64.2	96.6	275.8	16.36	0.28	0.25	0.17	0.06
184	辽宁省	四线城市	锦州市	95.1	81.8	124.4	293.4	18.76	0.2	0.23	0.15	0.06
185	辽宁省	四线城市	盘锦市	58.9	65.95	105.4	144	24.15	0.41	0.37	0.23	0.17
186	辽宁省	新一线城市	沈阳市	345.9	—	—	832.2	159.56	0.46	—	—	0.19
187	辽宁省	五线城市	铁岭市	57.1	65.8	—	—	15.57	0.27	0.24	—	—
188	辽宁省	四线城市	营口市	87.5	85.3	157.5	243.1	17.05	0.19	0.2	0.11	0.07
189	辽宁省	五线城市	辽阳市	81	68.7	113.71	182.2	15.9	0.2	0.23	0.14	0.09
190	内蒙古自治区	五线城市	巴彦淖尔市	24.1	22.6	94.1	169.4	14.58	0.6	0.65	0.15	0.09
191	内蒙古自治区	三线城市	包头市	89.2	106.1	243.1	289.7	29.44	0.33	0.28	0.12	0.1
192	内蒙古自治区	四线城市	赤峰市	—	45.3	221.35	433.09	29.22	—	0.65	0.13	0.07

（续表）

序号	省级	城市级别	城市	职工医疗保险参保人数（万人）	职工养老保险参保人数（万人）	城镇人口（万人）	常住人口（万人）	实缴人数				
								实缴人数（万人）	占职工医疗保险比重	占职工养老保险比重	占城镇人口比重	占常住人口比重
193	内蒙古自治区	四线城市	鄂尔多斯市	45.8	50.61	156.74	208.76	26.96	0.59	0.53	0.17	0.13
194	内蒙古自治区	三线城市	呼和浩特市	—	56.2	221	313.7	56.35	—	1	0.25	0.18
195	内蒙古自治区	五线城市	呼伦贝尔市	—	82.38	185.14	253.41	20.73	—	0.25	0.11	0.08
196	内蒙古自治区	五线城市	通辽市	—	54.98	157.41	313.88	20.07	—	0.37	0.13	0.06
197	内蒙古自治区	五线城市	乌海市	18.68	18.8	53.87	56.61	5.76	0.31	0.31	0.11	0.1
198	内蒙古自治区	五线城市	乌兰察布市	28.95	50.88	106.12	209.02	12.33	0.43	0.24	0.12	0.06
199	内蒙古自治区	五线城市	锡林郭勒盟	19.95	11.94	70.56	105.83	11.66	0.58	0.98	0.17	0.11
200	内蒙古自治区	五线城市	兴安盟	22.38	33.76	59.11	161.13	9.68	0.43	0.29	0.16	0.06
201	宁夏回族自治区	五线城市	固原市	8.98	14.91	48.93	125.05	5.96	0.66	0.4	0.12	0.05
202	宁夏回族自治区	五线城市	吴忠市	16.39	25.56	72.24	142.25	6.65	0.41	0.26	0.09	0.05
203	宁夏回族自治区	三线城市	银川市	82.68	94.22	181.28	229.31	40.52	0.49	0.43	0.22	0.18
204	宁夏回族自治区	五线城市	中卫市	11.8	13.81	52.65	117.46	6.62	0.56	0.48	0.13	0.06
205	青海省	五线城市	果洛州	1.83	1.09	5.93	21.16	1.15	0.63	1.06	0.19	0.05
206	青海省	五线城市	海东市	8.04	10.47	61.18	149.32	—	—	—	—	—
207	青海省	五线城市	海西州	14.74	13.44	37.6	52.07	7.08	0.48	0.53	0.19	0.14
208	青海省	四线城市	西宁市	31.8	65.17	173.9	238.71	34.8	1.09	0.53	0.2	0.15
209	山东省	四线城市	滨州市	78.69	82.87	133.03	228.45	23.44	0.3	0.28	0.18	0.1
210	山东省	四线城市	德州市	37.39	93.47	304.84	574.85	39.64	1.06	0.42	0.13	0.07
211	山东省	四线城市	东营市	—	61.61	150.93	217.97	38.48	—	0.62	0.25	0.18
212	山东省	四线城市	菏泽市	74.87	93.07	444.62	878.17	34.55	0.46	0.37	0.08	0.04
213	山东省	二线城市	济南市	288.04	408.33	—	890.87	164.44	0.57	0.4	—	0.18
214	山东省	三线城市	济宁市	—	—	498.77	835.6	58.13	—	—	0.12	0.07
215	山东省	四线城市	聊城市	—	—	—	609.83	40	—	—	—	0.07
216	山东省	三线城市	临沂市	126.88	161.65	—	—	58.3	0.46	0.36	—	—

（续表）

序号	省级	城市级别	城市	职工医疗保险参保人数（万人）	职工养老保险参保人数（万人）	城镇人口（万人）	常住人口（万人）	实缴人数				
								实缴人数（万人）	占职工医疗保险比重	占职工养老保险比重	占城镇人口比重	占常住人口比重
217	山东省	新一线城市	青岛市	—	291.44	704.13	949.98	172.31	—	0.59	0.24	0.18
218	山东省	四线城市	日照市	—	76.1	188.01	308.21	22.78	—	0.3	0.12	0.07
219	山东省	三线城市	泰安市	278.6	141.5	349.4	563.5	47.91	0.17	0.34	0.14	0.09
220	山东省	三线城市	威海市	256.14	217.65	194.89	283.6	37.29	0.15	0.17	0.19	0.13
221	山东省	三线城市	潍坊市	—	—	918.1	935.15	68.6	—	—	0.07	0.07
222	山东省	二线城市	烟台市	233.69	171.47	466.97	713.8	83.47	0.36	0.49	0.18	0.12
223	山东省	四线城市	枣庄市	61.19	88.22	232.83	393.3	27.77	0.45	0.31	0.12	0.07
224	山东省	三线城市	淄博市	137.7	127.5	325.7	469.7	50.32	0.37	0.39	0.15	0.11
225	山西省	四线城市	大同市	82.9	77.3	227.23	346.3	31.39	0.38	0.41	0.14	0.09
226	山西省	五线城市	晋城市	46.8	50.5	143.05	235.3	25.21	0.54	0.5	0.18	0.11
227	山西省	四线城市	晋中市	59.7	61	192.67	338.95	21.42	0.36	0.35	0.11	0.06
228	山西省	四线城市	临汾市	—	—	—	450.84	28.91	—	—	—	0.06
229	山西省	五线城市	吕梁市	35.41	46.39	—	389.09	19.53	0.55	0.42	—	0.05
230	山西省	二线城市	太原市	366.65	94.64	380.36	446.19	90.56	0.25	0.96	0.24	0.2
231	山西省	五线城市	忻州市	41.7	45.6	167.5	317.29	16.94	0.41	0.37	0.1	0.05
232	山西省	五线城市	阳泉市	39.08	35.75	98.48	141.75	17.32	0.44	0.48	0.18	0.12
233	山西省	四线城市	运城市	49.9	64.9	275.29	537.26	26.6	0.53	0.41	0.1	0.05
234	山西省	五线城市	长治市	—	50.3	190.9	347.8	28.13	—	0.56	0.15	0.08
235	陕西省	五线城市	安康市	20.94	21.56	134.95	267.49	11.04	0.53	0.51	0.08	0.04
236	陕西省	四线城市	宝鸡市	—	75.84	204.07	376.1	28.57	—	0.38	0.14	0.08
237	陕西省	五线城市	汉中市	38.77	58.2	178.59	343.7	17.54	0.45	0.3	0.1	0.05
238	陕西省	五线城市	商洛市	35.5	—	123.53	250.21	8.88	0.25	—	0.07	0.04
239	陕西省	五线城市	铜川市	38.81	20.82	—	—	8.12	0.21	0.39	—	—
240	陕西省	四线城市	渭南市	98.04	52.2	527.81	527.81	25.65	0.26	0.49	0.05	0.05
241	陕西省	新一线城市	西安市	—	442.69	761.28	1020.35	215.56	—	0.49	0.28	0.21
242	陕西省	三线城市	咸阳市	66.52	84.43	227.13	435.62	36.44	0.55	0.43	0.16	0.08
243	陕西省	五线城市	延安市	32.52	27.9	225.57	225.57	20.97	0.64	0.75	0.09	0.09
244	陕西省	四线城市	榆林市	—	—	203.88	342.42	29.2	—	—	0.14	0.09
245	上海市	一线城市	上海市	349.83	77.1	1450.43	2428.14	882.78	2.52	11.45	0.61	0.36
246	四川省	五线城市	阿坝州	15.73	22.5	38.93	94.6	7.88	0.5	0.35	0.2	0.08
247	四川省	五线城市	巴中市	—	—	143.89	331.92	11.92	—	—	0.08	0.04
248	四川省	新一线城市	成都市	923.6	887.4	1233.79	1658.1	361.78	0.39	0.41	0.29	0.22

（续表）

序号	省级	城市级别	城市	职工医疗保险参保人数（万人）	职工养老保险参保人数（万人）	城镇人口（万人）	常住人口（万人）	实缴人数				
								实缴人数（万人）	占职工医疗保险比重	占职工养老保险比重	占城镇人口比重	占常住人口比重
249	四川省	五线城市	达州市	41.69	92.23	270.8	574.1	18.79	0.45	0.2	0.07	0.03
250	四川省	四线城市	德阳市	81.1	71.4	126	384.4	22.76	0.28	0.32	0.18	0.06
251	四川省	五线城市	甘孜州	—	16.6	39.48	119.9	7.88	—	0.47	0.2	0.07
252	四川省	五线城市	广安市	—	76.69	140.6	325.1	13.37	—	0.17	0.1	0.04
253	四川省	五线城市	广元市	31.97	63.09	126.26	267.5	13.7	0.43	0.22	0.11	0.05
254	四川省	四线城市	乐山市	63.14	76.44	174.5	327.1	19.69	0.31	0.26	0.11	0.06
255	四川省	四线城市	泸州市	—	115.86	225.1	432.94	27.04	—	0.23	0.12	0.06
256	四川省	四线城市	眉山市	—	—	143.3	299.5	14.78	—	—	0.1	0.05
257	四川省	三线城市	绵阳市	75.55	130.71	72.55	202.82	31.28	0.41	0.24	0.43	0.15
258	四川省	四线城市	南充市	618.67	70.33	359.83	723.71	22.61	0.04	0.32	0.06	0.03
259	四川省	五线城市	内江市	44.33	10.96	206.46	408.18	14.15	0.32	1.29	0.07	0.03
260	四川省	五线城市	遂宁市	29.38	85.5	164.3	318.9	13.2	0.45	0.15	0.08	0.04
261	四川省	五线城市	雅安市	25.99	42.91	154.1	154.1	8.97	0.35	0.21	0.06	0.06
262	四川省	四线城市	宜宾市	56.91	103.02	234.1	457.3	26.25	0.46	0.25	0.11	0.06
263	四川省	五线城市	资阳市	—	27.5	110.5	250.3	9.38	—	0.34	0.08	0.04
264	四川省	五线城市	自贡市	40.69	41.45	158.05	292.2	13.37	0.33	0.32	0.08	0.05
265	天津市	新一线城市	天津市	595.04	695.57	1303.82	1561.83	280.4	0.47	0.4	0.22	0.18
266	西藏自治区	四线城市	拉萨市	11	8.2	55.89	55.89	5.95	0.54	0.73	0.11	0.11
267	西藏自治区	五线城市	林芝市	27567	11759	9.41	22.82	2.66	—	—	0.28	0.12
268	西藏自治区	五线城市	日喀则市	5.6	1.77	6.62	24	—	—	—	—	—
269	西藏自治区	五线城市	山南市	35.04	22.03	8.42	38.26	3.59	0.1	0.16	0.43	0.09
270	新疆维吾尔自治区	五线城市	博尔塔拉州	—	—	21.12	47.54	4.1	—	—	0.19	0.09
271	新疆维吾尔自治区	五线城市	哈密市	16.48	18.38	35.08	55.94	9.38	0.57	0.51	0.27	0.17
272	新疆维吾尔自治区	五线城市	克拉玛依市	23.17	—	—	—	16.31	0.7	—	—	—
273	新疆维吾尔自治区	五线城市	塔城地区	16.01	22.8	39.04	91.08	7.72	0.48	0.34	0.2	0.08
274	新疆维吾尔自治区	五线城市	伊犁州	70.25	94.85	455.68	455.68	17.72	0.25	0.19	0.04	0.04
275	新疆维吾尔自治区	五线城市	克州	10.6	10.92	15.45	62.02	5.2	0.49	0.48	0.34	0.08
276	云南省	五线城市	楚雄州	24.09	27.53	128.19	275.5	—	—	—	—	—

（续表）

序号	省级	城市级别	城市	职工医疗保险参保人数（万人）	职工养老保险参保人数（万人）	城镇人口（万人）	常住人口（万人）	实缴人数				
								实缴人数（万人）	占职工医疗保险比重	占职工养老保险比重	占城镇人口比重	占常住人口比重
277	云南省	四线城市	大理州	—	39.71	364.58	364.58	14.69	—	0.37	0.04	0.04
278	云南省	四线城市	德宏州	13.84	15.64	62.93	132.4	6.21	0.45	0.4	0.1	0.05
279	云南省	五线城市	迪庆州	4.88	5.02	14.81	40.03	3.16	0.65	0.63	0.21	0.08
280	云南省	五线城市	怒江州	—	—	19.16	55.7	3.33	—	—	0.17	0.06
281	云南省	五线城市	普洱市	21.85	28.24	118.28	265.2	11.5	0.53	0.41	0.1	0.04
282	云南省	四线城市	曲靖市	586.12	372.57	330.97	666.74	23.86	0.04	0.06	0.07	0.04
283	云南省	五线城市	文山州	—	—	158.41	367.2	13.71	—	—	0.09	0.04
284	云南省	五线城市	玉溪市	28.8	34.6	112.3	238.9	13.56	0.47	0.39	0.12	0.06
285	云南省	五线城市	昭通市	—	33.35	199.29	564.57	16.74	—	0.5	0.08	0.03
286	浙江省	新一线城市	杭州市	671.1	704.7	813.3	1036	300.2	0.45	0.43	0.37	0.29
287	浙江省	三线城市	湖州市	144.77	—	121.53	267.57	48.58	0.34	—	0.4	0.18
288	浙江省	二线城市	嘉兴市	—	—	480	363.7	70.01	—	—	0.15	0.19
289	浙江省	二线城市	金华市	171.97	246.25	—	562.4	49.49	0.29	0.2	—	0.09
290	浙江省	三线城市	丽水市	47.34	—	85.1	270.8	20.71	0.44	—	0.24	0.08
291	浙江省	新一线城市	宁波市	426.6	468.2	447.86	608.5	160.17	0.38	0.34	0.36	0.26
292	浙江省	四线城市	衢州市	—	—	154.58	257.63	22.32	—	—	0.14	0.09
293	浙江省	二线城市	绍兴市	469.28	245.8	345.9	505.7	54.57	0.12	0.22	0.16	0.11
294	浙江省	二线城市	台州市	—	256.63	615	615	50.7	—	0.2	0.08	0.08
295	浙江省	二线城市	温州市	210.9	315.9	930	930	75.58	0.36	0.24	0.08	0.08
296	浙江省	三线城市	舟山市	—	—	80.67	117.6	15.36	—	—	0.19	0.13
297	重庆市	新一线城市	重庆市	720.63	1127.72	2086.99	3124.32	267.18	0.37	0.24	0.13	0.09

1. 数据综述

现有数据中，常住人口总计为12.80亿人，其中城镇人口为7.7亿人，城镇化率约为59.19%。住房公积金实缴人数为1.41亿人，为城市常住人口的8.9%，城镇人口的15%。职工养老保险参保人数为38161.08万人，职工医疗保险参保人数为52020.73万人，住房公积金实际缴存人数为14071.92万人。住房公积金实际缴存人数占常住人口比重为10.8%，占城镇人口比重为15.9%，占参加职工养老保险人数的8.7%，为参加职工医疗保险人数的13.4%。

2. 省级数据分析

从省级层面看，省内城市常住人口的平均值区间为[31.13，3124.32]万人，所有省份的平均人口为346.16万人，常住人口平均值较大的有重庆、上海、北京、天津、河北、山东、河南、浙江等省份，常住人口平均值较小的有西藏、新疆、海南、宁夏、黑龙江等省份。

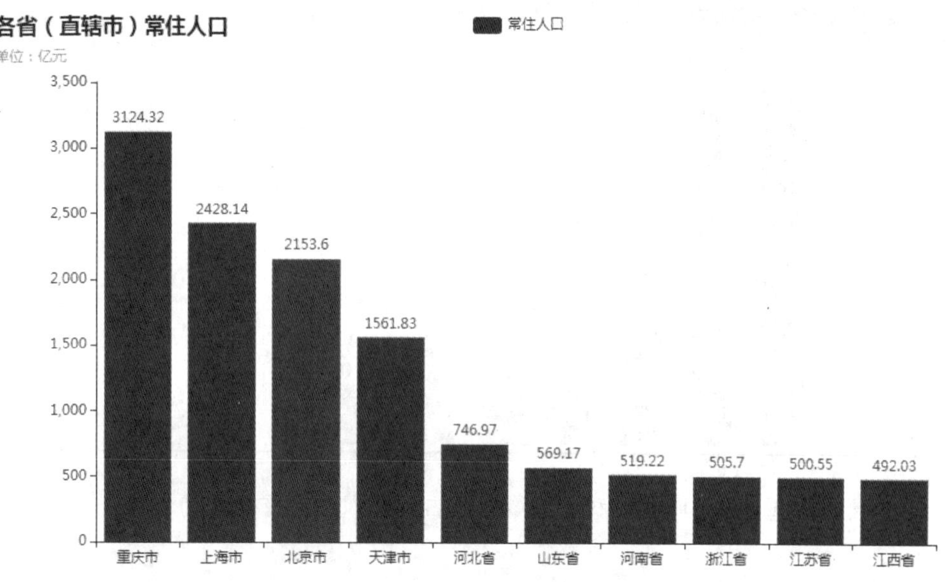

图 2-1-20 省内城市常住人口平均值排行前十的省份

不同省份的省内城市的城镇人口的平均值区间为 [8.91，2086.99] 万人，平均为 179.55 万人。城镇人口平均值较大的有重庆、北京、上海、天津、江苏、河北、浙江、河南、湖南等省份，常住人口平均值较小的省份有西藏、新疆、海南、青海、宁夏等省份。

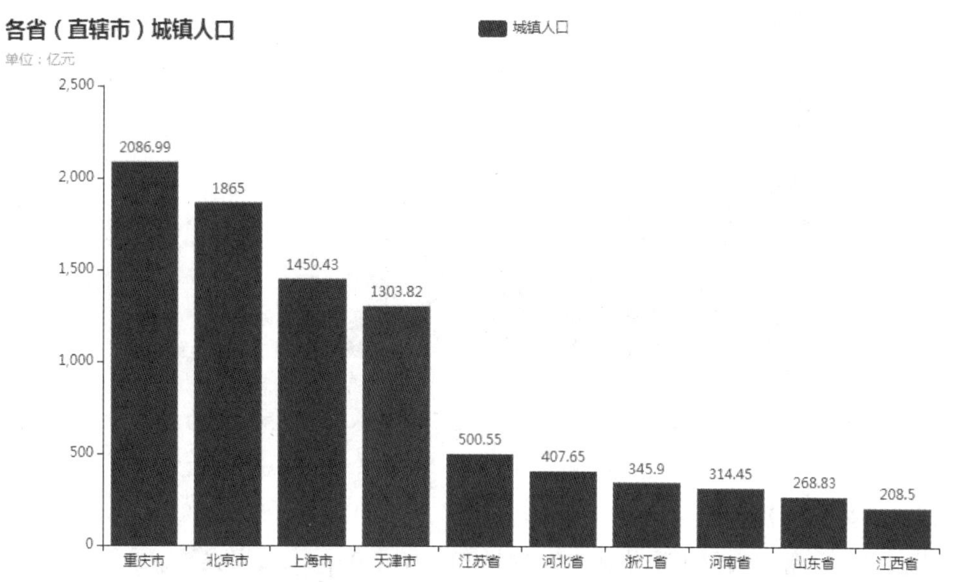

图 2-1-21 省内城市城镇人口平均值排行前十的省份

省内城市职工养老保险缴存人数平均值区间为 [7.72，1651.6] 万人，参加职工医疗保险人数区间为 [9.36，1682.5] 万人，住房公积金实际缴存人数区间为 [3.12，882.78] 万人，住房公积金实际缴存人数为常住人口的 [4%，37%]，比重较高的省份有北京、上海、天津、江苏、浙江等，占比均超过 10%；比重较低的省份有云南、黑龙江、贵州、甘肃、湖南等，占比均低于 5%。

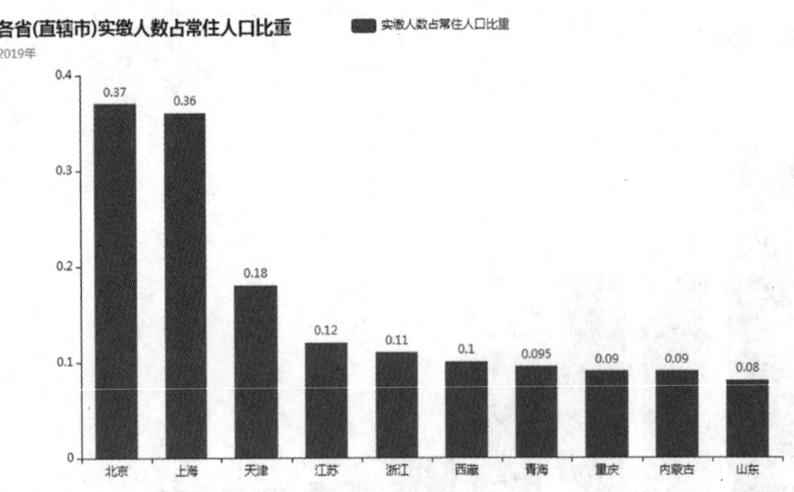

图 2-1-22 城市公积金实缴人数占常住人口比重较大的省份

住房公积金实际缴存人数为城镇人口的 [7%，61%]。比重较高的省份有上海、北京、天津、西藏、新疆等省份，占比均在 20% 以上；比重较小的省份有安徽、黑龙江、云南、陕西、河南等省份，占比均在 10% 以下。

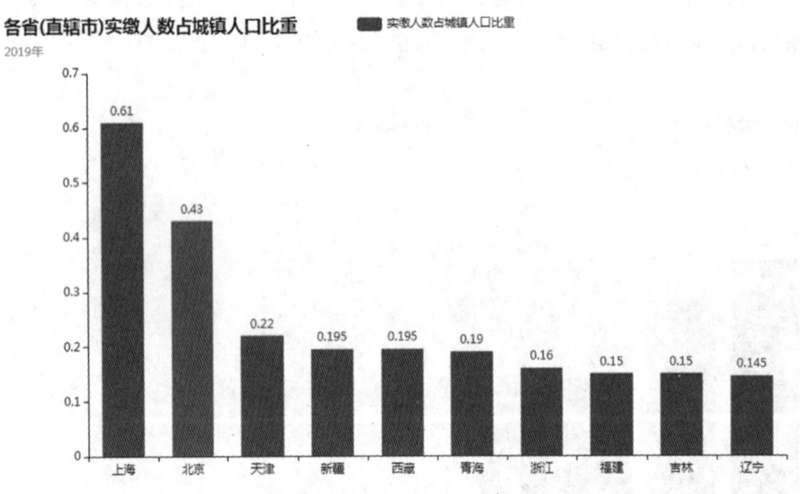

图 2-1-23 城市公积金实缴人数占城镇人口比重较大的省份

3. 各线城市数据分析

在各线城市中，常住人口平均值区间为 [194.13，1842.09] 万人，城镇人口平均值区间为 [94.1，1386.89] 万人，职工养老保险缴存人数平均值区间为 [21.56，967.82] 万人，职工医疗保险缴存人数平均值区间为 [16.01，576.48] 万人。

实际缴存人数平均值区间为 [11.5，731.84] 万人，占常住人口的 [5%，36%]，占城镇人口的 [9%，40%]，占职工养老保险缴存人数的比重区间为 [32%，60%]，占职工医疗保险缴存人数的 [27%，53%]。

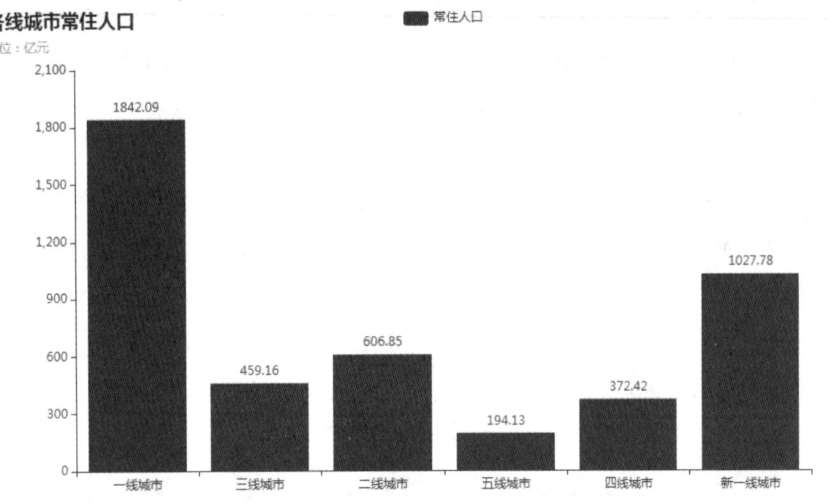

图 2-1-24 各线城市内常住人口平均值对比

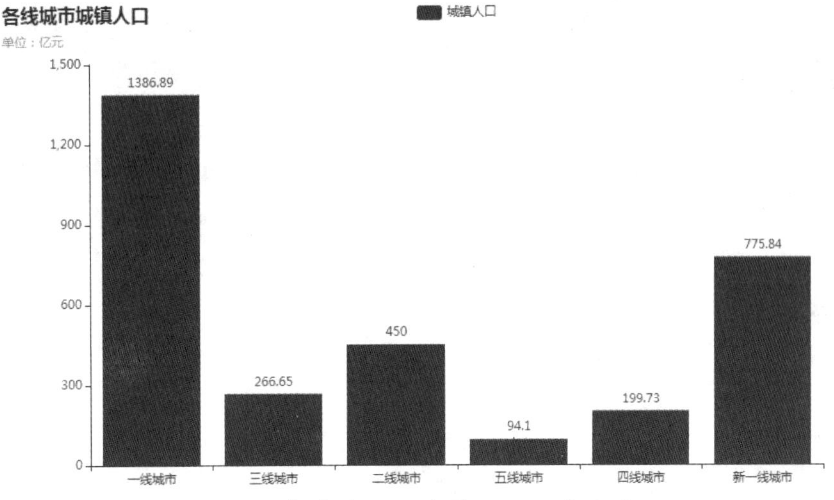

图 2-1-25 各线城市内城镇人口平均值对比

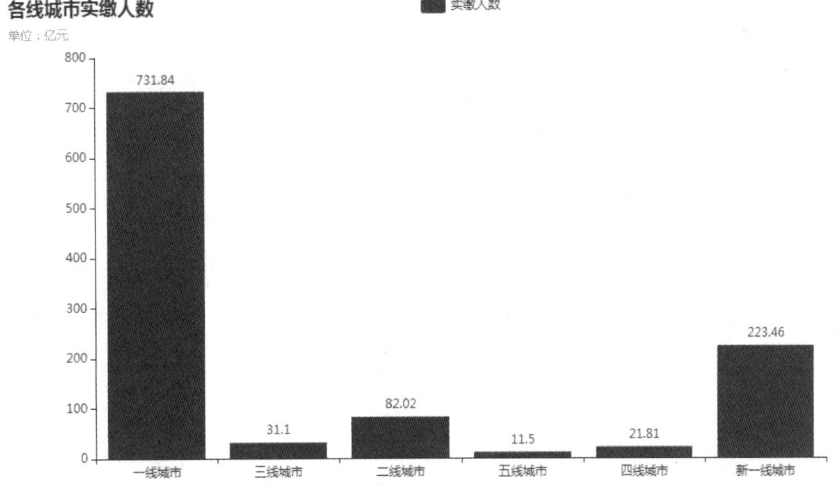

图 2-1-26 各线城市内实缴人数平均值对比

常住人口、城镇人口、公积金缴存人数平均值均是由一线城市向五线城市逐线减少。对比图2-1-24、图2-1-25，可以看到图形基本一致，侧面反映了城镇化率平均值离散程度不高。再结合图2-1-26，可以看到，趋势没有变化，但梯度相差较大。

4. 其他数据分析

现有数据中，人口类各项数据完整的有222个城市，职工养老保险参保人数超过住房公积金缴存人数的有212个城市，占总数的95.9%。职工养老保险参保人数为26114.83万人，为常住人口的27.82%，城镇人口的47.18%，是公积金实缴人数的258%。

职工医疗保险参保人数超过住房公积金缴存人数的有179个城市，占总数的87.74%，职工医疗保险参保总人数为22145.65万人，为常住人口的23.60%，城镇人口的40.01%，是住房公积金缴存人数的218%，为职工养老保险缴存人数的84.8%。

我们将住房公积金缴存人数占常住人口、城镇人口、养老保险缴存人数、职工医疗保险人数比重合并对比（图2-1-27），可以看到各线城市中实缴人数占常住人口、城镇人口折线基本一致，只是占比情况不同。

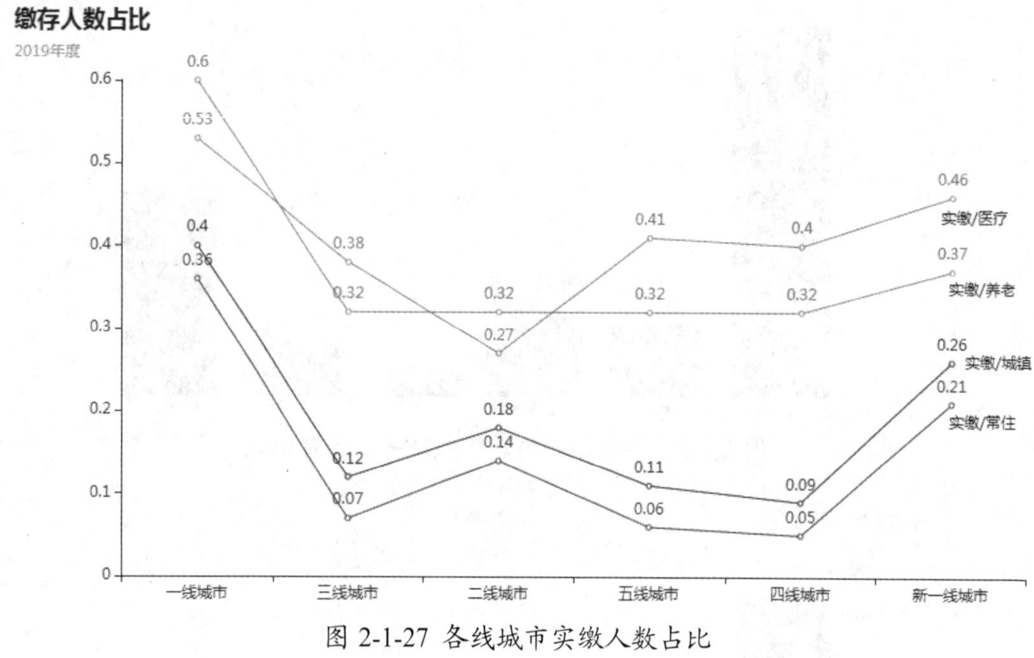

图2-1-27 各线城市实缴人数占比

但从养老、医疗、公积金缴存人数平均值对比图（图2-1-28）中，我们可以清晰地看到：在各线城市中除一线城市住房公积金缴存人数平均值大于职工医疗保险人数外，其他各线城市中养老保险缴存人数平均值大于医疗保险缴存人数，医疗保险缴存人数大于住房公积金缴存人数。

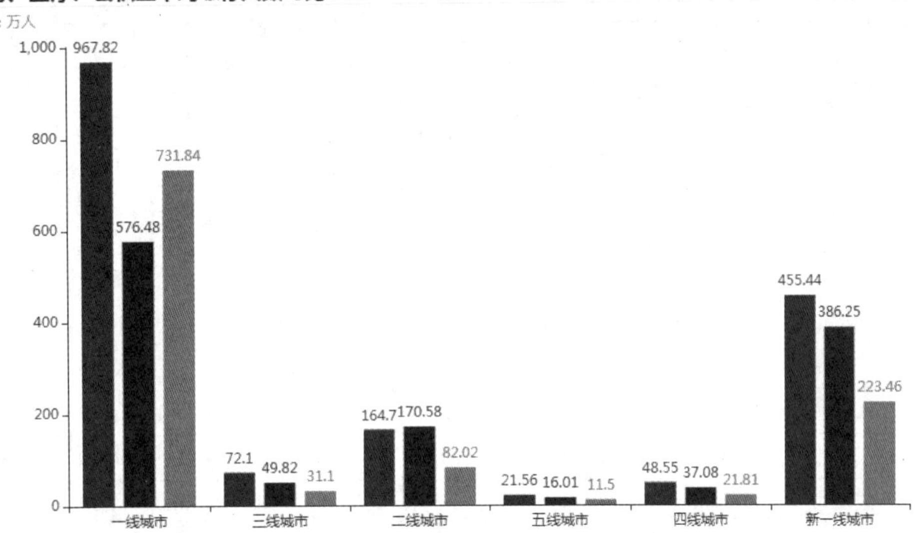

图 2-1-28 各线城市公积金实缴人数与养老、医疗保险人数对比

（四）住房公积金与房地产发展指标对比

表 2-1-14 住房公积金与房地产发展指标对比表

序号	省级	城市级别	城市	生产总值（亿元）	房地产开发投资（亿元）	商品房销售面积（万平方米）	商品房销售额（亿元）	提取额			贷款额			个贷市场占有率（%）
								提取额（亿元）	占商品房销售额比重	占房地产开发投资比重	贷款额（亿元）	占商品房销售额比重	占房地产开发投资比重	
1	安徽省	三线城市	安庆市	2380.5	228.47	392.18	264.86	31.81	0.12	0.14	21.51	0.08	0.09	19
2	安徽省	三线城市	蚌埠市	2057.17	653.21	818.29	489.78	20.27	0.04	0.03	10.54	0.02	0.02	11.24
3	安徽省	四线城市	亳州市	1749	415.3	672.4	419.3	18.96	0.05	0.05	12.76	0.03	0.03	10.47
4	安徽省	五线城市	池州市	831.7	79.9	180.2	112.8	10.73	0.1	0.13	7.72	0.07	0.1	14.8
5	安徽省	三线城市	滁州市	2909.1	—	957.2	604.8	25.52	0.04	—	9.65	0.02	—	9.15
6	安徽省	三线城市	阜阳市	2705	—	1144	761	27.41	0.04	—	21.27	0.03	—	12.37
7	安徽省	二线城市	合肥市	9409.4	1556.08	1321.87	1766.62	146.54	0.08	0.09	120.22	0.07	0.08	10.54
8	安徽省	五线城市	淮北市	1077.9	—	229.2	—	29.51	—	—	21.72	—	—	32.87
9	安徽省	四线城市	淮南市	1296.2	—	336.2	206.1	38.32	0.19	—	32.69	0.16	—	27.09
10	安徽省	四线城市	黄山市	818	161.1	195.15	130.7	12.32	0.09	0.08	6.98	0.05	0.04	14.66
11	安徽省	四线城市	六安市	1620.1	385.9	652.1	404.9	23.15	0.06	0.06	134.79	0.33	0.35	9.12
12	安徽省	三线城市	马鞍山市	2111	—	—	—	33.55	—	—	18.04	—	—	20.31
13	安徽省	四线城市	铜陵市	960.2	—	250.3	—	17.93	—	—	11.9	—	—	24.15
14	安徽省	三线城市	芜湖市	3618.26	—	—	—	38.16	—	—	22.07	—	—	13.33
15	安徽省	四线城市	宿州市	1978.75	—	—	—	17.64	—	—	15.63	—	—	12.39
16	安徽省	四线城市	宣城市	1561.3	—	425.1	—	19.99	—	—	16.46	—	—	11.4

（续表）

序号	省级	城市级别	城市	生产总值（亿元）	房地产开发投资（亿元）	商品房销售面积（万平方米）	商品房销售额（亿元）	提取额			贷款额			个贷市场占有率（%）
								提取额（亿元）	占商品房销售额比重	占房地产开发投资比重	贷款额（亿元）	占商品房销售额比重	占房地产开发投资比重	
17	北京市	一线城市	北京市	35371.3	—	—	—	1612.64	—	—	557.56	—	—	29.2
18	福建省	二线城市	福州市	9392.3	1812.77	—	—	139.93	—	0.08	96.96	—	0.05	11.33
19	福建省	三线城市	龙岩市	2678.96	278.55	—	—	28.24	—	0.1	23.36	—	0.08	12.59
20	福建省	三线城市	南平市	1991.57	217.53	342.08	—	23.86	—	0.11	14.89	—	0.07	18.62
21	福建省	三线城市	宁德市	2451.7	—	269.94	—	23.13	—	—	20.79	—	—	14.08
22	福建省	三线城市	莆田市	2595.39	417.66	—	—	18.68	—	0.04	11.99	—	0.03	13.43
23	福建省	二线城市	泉州市	9946.66	916.64	1541.61	1273.6	64.01	0.05	0.07	27.78	0.02	0.03	13.74
24	福建省	三线城市	三明市	2601.56	135.63	—	—	30.72	—	0.23	5.13	—	0.04	29.12
25	福建省	二线城市	厦门市	5995.04	—	—	—	117.73	—	—	90	—	—	14.29
26	福建省	三线城市	漳州市	4741.83	—	865.71	—	33.22	—	—	39.46	—	—	12.55
27	甘肃省	五线城市	白银市	486.33	—	65.89	—	10.34	—	—	7.73	—	—	34
28	甘肃省	五线城市	定西市	416.38	—	—	—	9.1	—	—	13.27	—	—	34.25
29	甘肃省	五线城市	甘南州	218.33	—	—	—	9.93	—	—	9.81	—	—	82.89
30	甘肃省	五线城市	嘉峪关市	283.4	25.15	60.24	24.38	7.04	0.29	0.28	6.25	0.26	0.25	33.44
31	甘肃省	五线城市	酒泉市	618.2	—	—	—	11.93	—	—	9.89	—	—	33.07
32	甘肃省	二线城市	兰州市	2837.36	—	731.25	—	85.05	—	—	69.5	—	—	24.49
33	甘肃省	五线城市	临夏州	303.5	—	18.04	7.9	7.31	0.93	—	9.95	1.26	—	35.75
34	甘肃省	五线城市	陇南市	445.09	—	—	—	10.59	—	—	11.73	—	—	42.86
35	甘肃省	五线城市	平凉市	456.58	—	135.47	60.25	10.27	0.17	—	16.95	0.28	—	4.4
36	甘肃省	五线城市	庆阳市	742.94	—	71.7	—	8.91	—	—	7.15	—	—	36.74
37	甘肃省	五线城市	天水市	632.67	—	129.72	—	14.7	—	—	14.05	—	—	27.04
38	甘肃省	五线城市	武威市	488.46	—	55.79	—	9.24	—	—	9.09	—	—	32.32
39	甘肃省	五线城市	张掖市	448.73	56.48	127.53	—	7.4	—	0.13	6.52	—	0.12	31.39
40	广东省	三线城市	潮州市	1080.94	91.5	—	—	9.02	—	0.1	9.91	—	0.11	24.55
41	广东省	新一线城市	东莞市	9482.5	—	739.42	1385.15	100.67	0.07	—	126.08	0.09	—	7.48
42	广东省	二线城市	佛山市	10751.02	—	—	—	113.82	—	—	88.1	—	—	6.9
43	广东省	一线城市	广州市	23628.6	3102.26	—	—	628.49	—	0.2	266.06	—	0.09	14.62
44	广东省	四线城市	河源市	1080.03	258.83	462.19	300.36	20.2	0.07	0.08	9.36	0.03	0.04	6.42
45	广东省	二线城市	惠州市	4177.41	1149.94	1724.71	1876.94	64.8	0.03	0.06	38.64	0.02	0.03	4.5
46	广东省	三线城市	江门市	3146.64	717.45	666.92	514.57	45.69	0.09	0.06	16.18	0.03	0.02	8.26
47	广东省	三线城市	揭阳市	2101.77	172.04	—	—	12.33	—	0.07	13.1	—	0.08	21.33
48	广东省	四线城市	茂名市	3252.34	—	—	—	31.08	—	—	16.54	—	—	15.09

（续表）

序号	省级	城市级别	城市	生产总值（亿元）	房地产开发投资（亿元）	商品房销售面积（万平方米）	商品房销售额（亿元）	提取额			贷款额			个贷市场占有率（%）
								提取额（亿元）	占商品房销售额比重	占房地产开发投资比重	贷款额（亿元）	占商品房销售额比重	占房地产开发投资比重	
49	广东省	三线城市	梅州市	1187.06	253.89	368.45	237.61	26.71	0.11	0.11	17	0.07	0.07	13.23
50	广东省	三线城市	清远市	1698.2	424.6	718.6	570.2	36.03	0.06	0.08	16.69	0.03	0.04	8.8
51	广东省	三线城市	汕头市	2694.08	340.65	388.07	348.63	27	0.08	0.08	29.96	0.09	0.09	21.86
52	广东省	四线城市	汕尾市	1080.3	169.01	224.15	—	8.49	—	0.05	12.58	—	0.07	9.16
53	广东省	四线城市	韶关市	1318.4	—	336.98	210.65	30.77	0.15	—	14.34	0.07	—	16.91
54	广东省	一线城市	深圳市	26927.09	—	—	—	461.28	—	—	343.39	—	—	8.43
55	广东省	四线城市	阳江市	1292.18	—	339.35	204.99	15.2	0.07	—	11.69	0.06	—	8.14
56	广东省	五线城市	云浮市	921.96	125.18	—	—	16.39	—	0.13	13.85	—	0.11	14.55
57	广东省	三线城市	湛江市	3064.72	498.2	529.95	—	48.05	—	0.1	17.44	—	0.04	16.76
58	广东省	三线城市	肇庆市	2248.8	362.42	676.46	—	31.2	—	0.09	14.63	—	0.04	9.42
59	广东省	二线城市	中山市	3101.1	—	—	—	40.39	—	—	58.96	—	—	5.11
60	广东省	二线城市	珠海市	3435.89	564.83	437.61	—	70.06	—	0.12	39.24	—	0.07	6.1
61	广西壮族自治区	四线城市	百色市	1257.78	—	363.27	—	22.74	—	—	14.81	—	—	24.98
62	广西壮族自治区	五线城市	防城港市	701.23	—	311.5	—	7.13	—	—	4.76	—	—	9.96
63	广西壮族自治区	三线城市	桂林市	2105.56	—	701.77	450.8	35.3	0.08	—	23.69	0.05	—	15.53
64	广西壮族自治区	五线城市	河池市	878.1	46	134.15	—	18.47	—	0.4	14.91	—	0.32	31.02
65	广西壮族自治区	三线城市	柳州市	3128.35	368.3	651.8	511.2	42.71	0.08	0.12	24.42	0.05	0.07	11.62
66	广西壮族自治区	二线城市	南宁市	4506.56	1461.08	1805.23	1517.49	74.26	0.05	0.05	21.77	0.01	0.01	5.29
67	广西壮族自治区	四线城市	梧州市	991.4	—	358.6	176.1	16.02	0.09	—	15.73	0.09	—	14.39
68	广西壮族自治区	四线城市	玉林市	1679.77	—	—	—	21.65	—	—	18.07	—	—	14.43
69	广西壮族自治区	五线城市	崇左市	760.46	82.74	200.75	—	9.46	—	0.11	11.53	—	0.14	21.98
70	广西壮族自治区	五线城市	钦州市	1356.27	—	361	174.61	14.46	0.08	—	9.27	0.05	—	15.66
71	贵州省	四线城市	安顺市	923.94	—	276.25	—	13.15	—	—	12.87	—	—	31.63
72	贵州省	四线城市	毕节市	1901.36	—	615.4	270.76	21.43	0.08	—	34.02	0.13	—	39.32
73	贵州省	二线城市	贵阳市	4039.6	—	1099.95	1152.75	89.17	0.08	—	57.14	0.05	—	14.93

（续表）

序号	省级	城市级别	城市	生产总值（亿元）	房地产开发投资（亿元）	商品房销售面积（万平方米）	商品房销售额（亿元）	提取额			贷款额			个贷市场占有率（%）
								提取额（亿元）	占商品房销售额比重	占房地产开发投资比重	贷款额（亿元）	占商品房销售额比重	占房地产开发投资比重	
74	贵州省	四线城市	六盘水市	1265.97	—	211.91	107.74	16.19	0.15	—	12.47	0.12	—	28.85
75	贵州省	四线城市	黔东南州	1123.04	—	16.1	—	22.03	—	—	27.54	—	—	37.68
76	贵州省	四线城市	黔南州	1518.04	—	810.83	429.41	23.57	0.05	—	28.15	0.07	—	44.97
77	贵州省	五线城市	黔西南州	1272.8	—	429.46	192.26	—	—	—	—	—	—	41.45
78	贵州省	四线城市	铜仁市	1249	—	—	—	23.22	—	—	25.31	—	—	31.74
79	贵州省	三线城市	遵义市	3483.32	—	1144.08	573.79	43.71	0.08	—	45.99	0.08	—	22.26
80	海南省	五线城市	儋州市	357.64	101.61	29.11	26.11	—	—	—	—	—	—	—
81	海南省	二线城市	海口市	1671.93	—	440.56	677.82	—	—	—	—	—	—	—
82	海南省	三线城市	三亚市	677.86	531.73	121.15	—	—	—	—	—	—	—	—
83	河北省	三线城市	保定市	3224	546.8	—	—	39.06	—	0.07	35.45	—	0.06	10.4
84	河北省	三线城市	沧州市	3588	—	432.4	—	51.45	—	—	33.5	—	—	13.94
85	河北省	四线城市	承德市	1471	181.6	237.4	—	19.32	—	0.11	13.73	—	0.08	13.98
86	河北省	三线城市	邯郸市	3486	425.9	452.7	—	25.98	—	0.06	41.57	—	0.1	18.33
87	河北省	五线城市	衡水市	1504.9	—	—	—	15.18	—	—	15.49	—	—	12.39
88	河北省	三线城市	秦皇岛市	1612.02	198.9	317.5	299	29.54	0.1	0.15	21.71	0.07	0.11	14.2
89	河北省	二线城市	石家庄市	5809.9	—	710.6	—	97.86	—	—	65.71	—	—	11.02
90	河北省	三线城市	唐山市	6890	—	—	—	62.13	—	—	68.6	—	—	37.72
91	河北省	四线城市	邢台市	2119.96	—	337.8	—	22.56	—	—	25.02	—	—	11.94
92	河北省	四线城市	张家口市	1551.06	291.6	306.2	198.9	19.11	0.1	0.07	20.8	0.1	0.07	13.09
93	河南省	四线城市	安阳市	2229.3	—	483.3	—	18.32	—	—	7.66	—	—	10
94	河南省	五线城市	鹤壁市	988.69	93.66	238.49	110.25	8.21	0.07	0.09	11.32	0.1	0.12	16.57
95	河南省	四线城市	焦作市	2761.1	105.4	239.13	—	13.23	—	0.13	15.78	—	0.15	26.21
96	河南省	四线城市	开封市	2364.14	310.77	—	—	10.23	—	0.03	6.18	—	0.02	7.22
97	河南省	三线城市	洛阳市	5034.9	366.5	934.8	604	56.04	0.09	0.15	48.28	0.08	0.13	23.1
98	河南省	五线城市	漯河市	1578.4	146.1	334.3	—	9.4	—	0.06	10.91	—	0.07	15.7
99	河南省	三线城市	南阳市	3814.98	—	—	—	17.08	—	—	25.32	—	—	33.76
100	河南省	四线城市	平顶山市	2372.64	—	—	—	27	—	—	37.72	—	—	30.53
101	河南省	五线城市	濮阳市	1581.49	240.63	449.97	—	26.16	—	0.11	22.25	—	0.09	26.7
102	河南省	五线城市	三门峡市	1443.82	—	285.47	116.52	12.33	0.11	—	9.01	0.08	—	44.25
103	河南省	三线城市	商丘市	2911.2	—	—	—	13.44	—	—	16.64	—	—	10.04
104	河南省	三线城市	新乡市	2918.18	—	—	—	20.07	—	—	24.18	—	—	11.4
105	河南省	三线城市	信阳市	2758.47	—	935.02	473.23	18.76	0.04	—	15.02	0.03	—	12

（续表）

序号	省级	城市级别	城市	生产总值（亿元）	房地产开发投资（亿元）	商品房销售面积（万平方米）	商品房销售额（亿元）	提取额			贷款额			个贷市场占有率（%）
								提取额（亿元）	占商品房销售额比重	占房地产开发投资比重	贷款额（亿元）	占商品房销售额比重	占房地产开发投资比重	
106	河南省	四线城市	许昌市	3395.7	—	638.3	—	19.1	—	—	16.85	—	—	12.6
107	河南省	新一线城市	郑州市	11589.7	—	3593.3	3403.6	175.91	0.05	—	98.05	0.03	—	16.42
108	河南省	四线城市	周口市	3198.49	293.96	823.23	393.21	6.9	0.02	0.02	15.9	0.04	0.05	17.31
109	河南省	四线城市	驻马店市	2742.06	380.29	1435.72	690.92	16.24	0.02	0.04	20.98	0.03	0.06	12.12
110	黑龙江省	三线城市	大庆市	2568.3	—	87.3	43.1	59.26	1.37	—	35.24	0.82	—	57.82
111	黑龙江省	五线城市	大兴安岭地区	138.6	—	2.09	0.6	—	—	—	—	—	—	—
112	黑龙江省	二线城市	哈尔滨市	5249.4	—	964.8	957.1	158.09	0.17	—	97.23	0.1	—	17.51
113	黑龙江省	五线城市	黑河市	578.9	—	64.4	24.6	9.78	0.4	—	7.68	0.31	—	39.86
114	黑龙江省	五线城市	鸡西市	552	12.7	37.1	12.6	7.39	0.59	0.58	3.6	0.29	0.28	35.12
115	黑龙江省	四线城市	佳木斯市	762.9	—	—	—	12.9	—	—	12.87	—	—	48.86
116	黑龙江省	四线城市	牡丹江市	825	62.5	168.5	82.8	12.48	0.15	0.2	19.02	0.23	0.3	31.28
117	黑龙江省	四线城市	齐齐哈尔市	1128.9	205.5	114.8	—	22.33	—	0.11	22.08	—	0.11	33.27
118	黑龙江省	五线城市	伊春市	298.8	—	14.8	—	5.09	—	—	2.76	—	—	62.56
119	湖北省	五线城市	鄂州市	1140.07	—	157.07	123.32	8.01	0.06	—	9.56	0.08	—	10.72
120	湖北省	四线城市	恩施州	1159.37	—	341.67	181.4	19.85	0.11	—	22.4	0.12	—	23.9
121	湖北省	四线城市	黄冈市	2322.73	268.18	—	—	22.65	—	0.08	22.43	—	0.08	17.84
122	湖北省	四线城市	黄石市	1767.19	170.57	391.69	—	17.87	—	0.1	23.1	—	0.14	27.87
123	湖北省	五线城市	荆门市	2033.77	140.38	392.18	190.15	23.29	0.12	0.17	20.47	0.11	0.15	19.31
124	湖北省	三线城市	荆州市	2516.48	—	468.72	—	23.29	—	—	20.47	—	—	19.31
125	湖北省	四线城市	十堰市	2012.7	—	279.6	—	22.42	—	—	29.34	—	—	30.13
126	湖北省	五线城市	随州市	1162.23	—	187	—	6.54	—	—	10.21	—	—	17.78
127	湖北省	新一线城市	武汉市	16223.21	—	—	—	260.09	—	—	273.86	—	—	16.04
128	湖北省	四线城市	咸宁市	1594.98	—	459.66	—	14.49	—	—	15.15	—	—	24.16
129	湖北省	三线城市	襄阳市	4812.8	—	665	—	28.55	—	—	28.1	—	—	21.05
130	湖北省	四线城市	孝感市	2301.4	—	—	—	18.01	—	—	12.85	—	—	15.6
131	湖北省	三线城市	宜昌市	4460.82	—	519.81	—	38.46	—	—	20.04	—	—	17.86
132	湖南省	四线城市	常德市	3624.2	325	621.4	328.4	—	—	—	—	—	—	—
133	湖南省	三线城市	郴州市	2410.9	187.4	766.6	399.2	23.35	0.06	0.12	31.72	0.08	0.17	27.58
134	湖南省	三线城市	衡阳市	3372.68	290.92	577.27	282.5	21.92	0.08	0.08	18.23	0.06	0.06	15.03
135	湖南省	四线城市	怀化市	1616.64	—	7.7	383.93	19.58	0.05	—	21.07	0.05	—	18.81
136	湖南省	四线城市	娄底市	1640.58	115.24	327.4	173.45	13.76	0.08	0.12	16.62	0.1	0.14	27.7
137	湖南省	四线城市	邵阳市	2152.48	218.8	468.2	—	22.1	—	0.1	25.12	—	0.11	6.37

（续表）

序号	省级	城市级别	城市	生产总值（亿元）	房地产开发投资（亿元）	商品房销售面积（万平方米）	商品房销售额（亿元）	提取额			贷款额			个贷市场占有率（%）
								提取额（亿元）	占商品房销售额比重	占房地产开发投资比重	贷款额（亿元）	占商品房销售额比重	占房地产开发投资比重	
138	湖南省	三线城市	湘潭市	2257.6	—	440.1	251.7	20.81	0.08	—	19.97	0.08	—	21.85
139	湖南省	五线城市	湘西州	705.71	—	—	—	11.44	—	—	1.1	—	—	35.23
140	湖南省	四线城市	益阳市	1792.46	—	—	—	22.04	—	—	26.1	—	—	28.96
141	湖南省	四线城市	永州市	2016.86	—	680.27	352.43	19.92	0.06	—	27.33	0.08	—	21.02
142	湖南省	三线城市	岳阳市	3780.41	205.38	622.03	366.25	20.36	0.06	0.1	24.23	0.07	0.12	23.32
143	湖南省	五线城市	张家界市	552.1	—	152.4	97	8.89	0.09	—	6.95	0.07	—	19.35
144	湖南省	新一线城市	长沙市	11574.22	—	2334.86	2021.08	136	0.07	—	139.55	0.07	—	14.32
145	湖南省	三线城市	株洲市	3003.13	402.9	684.5	419.6	23.51	0.06	0.06	26.08	0.06	0.06	16.71
146	吉林省	五线城市	白山市	362.64	—	—	—	6.67	—	—	2.65	—	—	25.96
147	吉林省	五线城市	白城市	491.55	22.73	16.86	6.8	5.09	0.75	0.22	5.73	0.84	0.25	34.7
148	吉林省	三线城市	吉林市	1416.6	—	13.4	8.9	40.59	4.56	—	25.22	2.83	—	32.59
149	吉林省	五线城市	四平市	796.2	78.7	139.6	59.9	8.26	0.14	0.1	17.34	0.29	0.22	30.72
150	吉林省	四线城市	延边州	723.37	—	113.22	56.71	20.39	0.36	—	19.67	0.35	—	33.88
151	吉林省	二线城市	长春市	5904.1	—	1342.4	1178.3	137.26	0.12	—	97.52	0.08	—	19.1
152	江苏省	二线城市	常州市	7400.9	—	—	—	102.35	—	—	88.85	—	—	18.34
153	江苏省	三线城市	淮安市	3871.21	—	—	—	44.74	—	—	34.49	—	—	9.87
154	江苏省	三线城市	连云港市	3139.29	—	—	—	41.56	—	—	26.71	—	—	11.95
155	江苏省	新一线城市	南京市	14030.15	2501.26	—	—	315.27	—	0.13	326.7	—	0.13	—
156	江苏省	二线城市	南通市	9383.4	914.4	1744.5	—	109.15	—	0.12	96.26	—	0.11	15.96
157	江苏省	新一线城市	苏州市	19235.8	2686.5	2178.2	—	378.08	—	0.14	225.09	—	0.08	9.68
158	江苏省	三线城市	泰州市	5133.36	352.58	659.59	—	43.44	—	0.12	35.24	—	0.1	12.01
159	江苏省	二线城市	无锡市	11852.32	1358.29	1380.42	1929.41	169.81	0.09	0.13	235.72	0.12	0.17	21.34
160	江苏省	三线城市	宿迁市	3099.23	—	858.8	—	23.75	—	—	29.73	—	—	8.84
161	江苏省	二线城市	徐州市	7000	—	1474.07	—	86.26	—	—	50.43	—	—	14.72
162	江苏省	三线城市	盐城市	5702.3	—	850.2	—	56.36	—	—	25.83	—	—	12.97
163	江苏省	二线城市	扬州市	5850.08	—	—	—	66.7	—	—	28.9	—	—	14.1
164	江苏省	三线城市	镇江市	4127.32	403.37	584.12	575.22	42.52	0.07	0.11	22.06	0.04	0.05	16.62
165	江西省	四线城市	抚州市	1510.92	—	—	—	13.22	—	—	15.1	—	—	12.94
166	江西省	三线城市	赣州市	3474.34	328.4	1103.1	764.1	31.65	0.04	0.1	28.07	0.04	0.09	3.43
167	江西省	四线城市	吉安市	2085.41	—	278.39	—	18.66	—	—	21.7	—	—	4.19
168	江西省	四线城市	景德镇市	926.11	—	—	—	9.13	—	—	8.48	—	—	10.33
169	江西省	三线城市	九江市	3121.05	151.42	737.37	454.61	30.12	0.07	0.2	22.7	0.05	0.15	11.96

（续表）

序号	省级	城市级别	城市	生产总值（亿元）	房地产开发投资（亿元）	商品房销售面积（万平方米）	商品房销售额（亿元）	提取额			贷款额			个贷市场占有率（%）
								提取额（亿元）	占商品房销售额比重	占房地产开发投资比重	贷款额（亿元）	占商品房销售额比重	占房地产开发投资比重	
170	江西省	二线城市	南昌市	5596.18	—	—	—	112.18	—	—	62.16	—	—	8.83
171	江西省	五线城市	萍乡市	930.02	—	219.5	121.9	14.08	0.12	—	16.46	0.14	—	26.53
172	江西省	三线城市	上饶市	2513.1	203.9	637.7	410.4	18.5	0.05	0.09	24.22	0.06	0.12	14.72
173	江西省	五线城市	新余市	971.58	—	191.93	—	9.78	—	—	7.59	—	—	14.86
174	江西省	四线城市	宜春市	2687.57	—	579.85	355.91	23.69	0.07	—	18.03	0.05	—	10.87
175	江西省	四线城市	鹰潭市	941.26	—	140.66	—	7.27	—	—	6.95	—	—	20.57
176	辽宁省	三线城市	鞍山市	1745.3	—	242.7	124.5	29.27	0.24	—	19.47	0.16	—	23.73
177	辽宁省	五线城市	本溪市	781.1	—	43.8	24.5	12.29	0.5	—	8.44	0.34	—	50.27
178	辽宁省	五线城市	朝阳市	843.1	—	119.5	48.1	12.63	0.26	—	15.68	0.33	—	38.15
179	辽宁省	二线城市	大连市	7001.7	—	658.9	788.8	189.23	0.24	—	116.69	0.15	—	26.41
180	辽宁省	四线城市	丹东市	768	—	180.2	96.8	12.6	0.13	—	12.48	0.13	—	18.88
181	辽宁省	五线城市	抚顺市	847.1	65.4	127.9	65.9	21.15	0.32	0.32	12.58	0.19	0.19	48.17
182	辽宁省	五线城市	阜新市	488.1	—	74.7	26.6	7.99	0.3	—	5.38	0.2	—	39.68
183	辽宁省	五线城市	葫芦岛市	807.1	140.2	251.4	—	13.09	—	0.09	19.36	—	0.14	33
184	辽宁省	四线城市	锦州市	1073	—	95.4	49	18.25	0.37	—	18.3	0.37	—	43.39
185	辽宁省	四线城市	盘锦市	1280.9	—	100.4	42.7	19.18	0.45	—	10.27	0.24	—	34.2
186	辽宁省	新一线城市	沈阳市	6470.3	1174.8	1453.5	1481.5	205.83	0.14	0.18	127.64	0.09	0.11	19.56
187	辽宁省	五线城市	铁岭市	640	—	63.4	27.1	12.33	0.45	—	5.86	0.22	—	32.14
188	辽宁省	四线城市	营口市	1328.2	—	225.2	108.4	13.78	0.13	—	16.92	0.16	—	37.47
189	辽宁省	五线城市	辽阳市	831	—	59.4	27.9	13.48	0.48	—	11.67	0.42	—	26.28
190	内蒙古自治区	五线城市	巴彦淖尔市	875	—	134.9	62.9	13.41	0.21	—	14.93	0.24	—	34.9
191	内蒙古自治区	三线城市	包头市	2714.5	224.8	—	—	34.75	—	0.15	32.51	—	0.14	23.39
192	内蒙古自治区	四线城市	赤峰市	1708.4	—	366.6	239.4	27.16	0.11	—	37.7	0.16	—	24.41
193	内蒙古自治区	四线城市	鄂尔多斯市	3605	—	—	—	23.42	—	—	30.79	—	—	60.63
194	内蒙古自治区	三线城市	呼和浩特市	2791.5	175.2	326	327.4	72.48	0.22	0.41	46.7	0.14	0.27	33.67
195	内蒙古自治区	五线城市	呼伦贝尔市	1193.03	72.03	157.82	63.05	21.73	0.34	0.3	20.54	0.33	0.29	57.27
196	内蒙古自治区	五线城市	通辽市	1267.26	—	—	—	19.74	—	—	12.89	—	—	35.21

（续表）

序号	省级	城市级别	城市	生产总值（亿元）	房地产开发投资（亿元）	商品房销售面积（万平方米）	商品房销售额（亿元）	提取额			贷款额			个贷市场占有率（%）
								提取额（亿元）	占商品房销售额比重	占房地产开发投资比重	贷款额（亿元）	占商品房销售额比重	占房地产开发投资比重	
197	内蒙古自治区	五线城市	乌海市	550.95	26.01	39.21	18.84	5.69	0.3	0.22	4.02	0.21	0.15	36.56
198	内蒙古自治区	五线城市	乌兰察布市	808.4	56.6	83.2	39.5	8.85	0.22	0.16	15.52	0.39	0.27	60.92
199	内蒙古自治区	五线城市	锡林郭勒盟	798.59	32.93	90.47	30.56	13.17	0.43	0.4	14.57	0.48	0.44	60.72
200	内蒙古自治区	五线城市	兴安盟	520.06	—	—	—	11.79	—	—	11.68	—	—	42.73
201	宁夏回族自治区	五线城市	固原市	322.66	41.91	80.4	36	7.16	0.2	0.17	7.75	0.22	0.18	39.05
202	宁夏回族自治区	五线城市	吴忠市	580.2	51.1	—	—	7.91	—	0.15	7.07	—	0.14	24.96
203	宁夏回族自治区	三线城市	银川市	—	—	679.38	—	46.91	—	—	44.55	—	—	21.7
204	宁夏回族自治区	五线城市	中卫市	437.65	32.89	—	—	5.34	—	0.16	4.84	—	0.15	27.51
205	青海省	五线城市	果洛州	46.18	—	—	—	2.5	—	—	1.95	—	—	80.25
206	青海省	五线城市	海东市	487.73	—	—	—	—	—	—	—	—	—	—
207	青海省	五线城市	海西州	672.16	—	—	—	8.7	—	—	7.28	—	—	75.26
208	青海省	四线城市	西宁市	—	290.99	321.24	288.77	61.36	0.21	0.21	39.29	0.14	0.14	35.93
209	山东省	四线城市	滨州市	2457.19	192.7	382.83	—	19.91	—	0.1	29.08	—	0.15	21.07
210	山东省	四线城市	德州市	3022.27	353.62	752.47	—	24.2	—	0.07	35.36	—	0.1	12.66
211	山东省	四线城市	东营市	2916.19	185.41	264.45	—	54.72	—	0.3	16.71	—	0.09	15.91
212	山东省	四线城市	菏泽市	3409.98	—	—	—	19.69	—	—	45.52	—	—	17.09
213	山东省	二线城市	济南市	9443.37	1576.9	1246.5	1380.8	185.81	0.13	0.12	114.71	0.08	0.07	14.78
214	山东省	三线城市	济宁市	4370.17	457.13	991.34	616.89	65.11	0.11	0.14	59.84	0.1	0.13	25.27
215	山东省	四线城市	聊城市	2259.82	360	535.6	—	23.7	—	0.07	46.8	—	0.13	17.95
216	山东省	三线城市	临沂市	4600.25	595.5	1327.1	878	53.87	0.06	0.09	59.68	0.07	0.1	9.11
217	山东省	新一线城市	青岛市	11741.31	1803.8	1651.8	—	178.61	—	0.1	78.49	—	0.04	9.59
218	山东省	四线城市	日照市	1949.38	192.06	301.98	—	26.06	—	0.14	21.5	—	0.11	14.79
219	山东省	三线城市	泰安市	2663.6	205.9	411	—	31.15	—	0.15	28.72	—	0.14	12.86
220	山东省	三线城市	威海市	2963.73	383.22	628.57	—	26.11	—	0.07	12.9	—	0.03	14.86
221	山东省	三线城市	潍坊市	5688.5	762.6	—	—	51.38	—	0.07	43.64	—	0.06	13.66
222	山东省	二线城市	烟台市	7653.45	—	1174.94	949.77	74.2	0.08	—	46.38	0.05	—	20.8
223	山东省	四线城市	枣庄市	1693.91	257.49	439.72	275.01	29.36	0.11	0.11	27.4	0.1	0.11	22

（续表）

序号	省级	城市级别	城市	生产总值（亿元）	房地产开发投资（亿元）	商品房销售面积（万平方米）	商品房销售额（亿元）	提取额			贷款额			个贷市场占有率（%）
								提取额（亿元）	占商品房销售额比重	占房地产开发投资比重	贷款额（亿元）	占商品房销售额比重	占房地产开发投资比重	
224	山东省	三线城市	淄博市	3642.4	313.3	525.3	437	46.05	0.11	0.15	50.67	0.12	0.16	26.58
225	山西省	四线城市	大同市	1318.8	147.5	225.4	—	21.28	—	0.14	30.21	—	0.2	38.69
226	山西省	五线城市	晋城市	1362.4	77.2	69.5	37.7	12.89	0.34	0.17	11.88	0.32	0.15	33.7
227	山西省	四线城市	晋中市	1460	208	—	—	12.33	—	0.06	23	—	0.11	22.37
228	山西省	四线城市	临汾市	1452.6	108.8	—	—	16	—	0.15	21.98	—	0.2	32.32
229	山西省	五线城市	吕梁市	1512.1	44.3	—	—	9.83	—	0.22	3.65	—	0.08	21.02
230	山西省	二线城市	太原市	4028.51	—	—	829.45	81.33	0.1	—	113.13	0.14	—	20.09
231	山西省	五线城市	忻州市	1001.6	—	—	—	9.61	—	—	10.89	—	—	46.38
232	山西省	五线城市	阳泉市	718.9	—	—	—	6.94	—	—	3.82	—	—	22.64
233	山西省	四线城市	运城市	1562.9	150.1	—	—	12.73	—	0.08	16.37	—	0.11	26.8
234	山西省	五线城市	长治市	1652.1	128.3	272.4	—	13.5	—	0.11	18.18	—	0.14	31.11
235	陕西省	五线城市	安康市	1182.06	162.77	182.7	—	7.89	—	0.05	11.46	—	0.07	25.18
236	陕西省	四线城市	宝鸡市	2223.81	—	261.18	—	17.95	—	—	24.2	—	—	23.95
237	陕西省	五线城市	汉中市	1547.59	—	—	119.96	12.2	0.1	—	17.53	0.15	—	28.23
238	陕西省	五线城市	商洛市	837.21	27.38	72.28	27.33	5.8	0.21	0.21	6.07	0.22	0.22	39.25
239	陕西省	五线城市	铜川市	354.72	—	60.33	—	6.72	—	—	3.22	—	—	33.09
240	陕西省	四线城市	渭南市	1828.47	284.88	330.79	—	17.31	—	0.06	23.55	—	0.08	19.89
241	陕西省	新一线城市	西安市	9321.19	—	—	—	159.09	—	—	193.84	—	—	14.13
242	陕西省	三线城市	咸阳市	2195.33	186.95	201.02	151.27	17.2	0.11	0.09	21.72	0.14	0.12	14.39
243	陕西省	五线城市	延安市	1663.89	—	138.22	—	18.56	—	—	15.86	—	—	34.01
244	陕西省	四线城市	榆林市	4136.28	—	—	—	28.85	—	—	25.37	—	—	44.11
245	上海市	一线城市	上海市	38155.32	—	1696.34	5203.82	907.06	0.17	—	939.18	0.18	—	23.97
246	四川省	五线城市	阿坝州	390.08	2.12	1.81	—	13.81	—	6.51	4.81	—	2.27	97.2
247	四川省	五线城市	巴中市	754.29	—	348.35	—	9.18	—	—	17.26	—	—	26.12
248	四川省	新一线城市	成都市	17012.65	—	3531.4	3844.8	318.1	0.08	—	238.88	0.06	—	13.62
249	四川省	五线城市	达州市	2041.5	—	567.59	—	17.88	—	—	17.91	—	—	16.2
250	四川省	四线城市	德阳市	2335.9	—	467.5	266.1	24.07	0.09	—	16.79	0.06	—	22.72
251	四川省	五线城市	甘孜州	388.46	—	6.55	4.1	12.76	3.11	—	11.92	2.91	—	93.19
252	四川省	五线城市	广安市	1250.4	199.9	—	—	11.45	—	0.06	17.59	—	0.09	14.31
253	四川省	五线城市	广元市	941.85	88.04	223.95	—	11.56	—	0.13	15.22	—	0.17	31.22
254	四川省	四线城市	乐山市	1863.31	—	—	—	25.27	—	—	23.25	—	—	21.27
255	四川省	四线城市	泸州市	2081.26	—	928.43	577.2	23.57	0.04	—	8.6	0.01	—	14.3

（续表）

序号	省级	城市级别	城市	生产总值（亿元）	房地产开发投资（亿元）	商品房销售面积（万平方米）	商品房销售额（亿元）	提取额			贷款额			个贷市场占有率（%）
								提取额（亿元）	占商品房销售额比重	占房地产开发投资比重	贷款额（亿元）	占商品房销售额比重	占房地产开发投资比重	
256	四川省	四线城市	眉山市	1380.2	—	601.85	—	20.03	—	—	11.62	—	—	14.59
257	四川省	三线城市	绵阳市	2856.2	264.12	712.9	—	35	—	0.13	30.52	—	0.12	19.97
258	四川省	四线城市	南充市	2322.22	—	1240.92	—	25.85	—	—	16.47	—	—	10.89
259	四川省	五线城市	内江市	1433.3	—	469.39	—	14.46	—	—	14.81	—	—	19.11
260	四川省	五线城市	遂宁市	1345.73	176.05	—	—	11.24	—	0.06	10.31	—	0.06	13.93
261	四川省	五线城市	雅安市	723.79	—	148.85	—	12.74	—	—	8.79	—	—	34.72
262	四川省	四线城市	宜宾市	2601.89	—	858.74	—	36.37	—	—	23.49	—	—	19.47
263	四川省	五线城市	资阳市	777.8	—	259.2	—	9.33	—	—	10.4	—	—	20.75
264	四川省	五线城市	自贡市	1428.49	—	409.51	—	13.08	—	—	14.45	—	—	19.23
265	天津市	新一线城市	天津市	14104.28	—	1478.68	—	390.7	—	—	228.9	—	—	18.1
266	西藏自治区	四线城市	拉萨市	617.88	—	93	—	7.63	—	—	—	—	—	—
267	西藏自治区	五线城市	林芝市	133.31	—	—	—	4.1	—	—	5.39	—	—	81.28
268	西藏自治区	五线城市	日喀则市	279.49	—	—	—	—	—	—	—	—	—	—
269	西藏自治区	五线城市	山南市	187.77	—	13.7	—	5.15	—	—	7.94	—	—	90.57
270	新疆维吾尔自治区	五线城市	博尔塔拉州	354.29	26.92	55.7	19.7	5.92	0.3	0.22	5.39	0.27	0.2	40.09
271	新疆维吾尔自治区	五线城市	哈密市	536.61	6.06	29.16	12	13.71	1.14	2.26	8.84	0.74	1.46	54.57
272	新疆维吾尔自治区	五线城市	克拉玛依市	972.9	—	43.7	—	29.17	—	—	13.68	—	—	90.99
273	新疆维吾尔自治区	五线城市	塔城地区	696.58	—	—	—	9.21	—	—	7.72	—	—	36.99
274	新疆维吾尔自治区	五线城市	伊犁州	2226.45	—	—	—	26.23	—	—	23.98	—	—	27.58
275	新疆维吾尔自治区	五线城市	克州	159.05	1.33	—	—	4.15	—	3.12	1.44	—	1.08	76.9
276	云南省	五线城市	楚雄州	1251.9	—	373.3	140.99	—	—	—	—	—	—	—
277	云南省	四线城市	大理州	1374.9	—	180.24	148.14	20.58	0.14	—	18.54	0.13	—	18.64
278	云南省	四线城市	德宏州	513.66	—	110.53	58.59	7.6	0.13	—	10.3	0.18	—	36.03
279	云南省	五线城市	迪庆州	251.2	8.94	—	—	4.58	—	0.51	5.35	—	0.6	75.61
280	云南省	五线城市	怒江州	192.51	—	—	—	5.03	—	—	4.8	—	—	43.04

（续表）

序号	省级	城市级别	城市	生产总值（亿元）	房地产开发投资（亿元）	商品房销售面积（万平方米）	商品房销售额（亿元）	提取额			贷款额			个贷市场占有率（%）
								提取额（亿元）	占商品房销售额比重	占房地产开发投资比重	贷款额（亿元）	占商品房销售额比重	占房地产开发投资比重	
281	云南省	五线城市	普洱市	875.28	87.3	109.6	70.2	12.35	0.18	0.14	15.76	0.22	0.18	69.95
282	云南省	四线城市	曲靖市	2637.59	—	272.85	—	34.97	—	—	27.84	—	—	34.69
283	云南省	五线城市	文山州	1081.6	—	—	—	16.42	—	—	19.26	—	—	22.97
284	云南省	五线城市	玉溪市	1949.7	—	—	—	25.77	—	—	18.4	—	—	34.51
285	云南省	五线城市	昭通市	1194.2	—	235.32	—	21.88	—	—	20.37	—	—	42.28
286	浙江省	新一线城市	杭州市	15373	—	1514	—	435.8	—	—	278.9	—	—	14.2
287	浙江省	三线城市	湖州市	3122.4	586.3	823.8	984.1	43.48	0.04	0.07	34.71	0.04	0.06	17.27
288	浙江省	二线城市	嘉兴市	5370.32	—	—	—	86.78	—	—	41.79	—	—	8.94
289	浙江省	二线城市	金华市	4559.91	—	551.63	—	65.19	—	—	34.04	—	—	12.79
290	浙江省	三线城市	丽水市	1476.61	215.49	250.46	288.81	35.02	0.12	0.16	19.45	0.07	0.09	21.3
291	浙江省	新一线城市	宁波市	11985	—	1714.6	—	212.47	—	—	114.47	—	—	13.81
292	浙江省	四线城市	衢州市	1573.51	220.45	209.34	239.83	37.79	0.16	0.17	16.11	0.07	0.07	15.39
293	浙江省	二线城市	绍兴市	5781	825	1105	1338	79.82	0.06	0.1	44.52	0.03	0.05	12.72
294	浙江省	二线城市	台州市	5134.05	—	850.81	—	70.08	—	—	46.98	—	—	15.59
295	浙江省	二线城市	温州市	6606.1	—	1139.9	—	108.58	—	—	54.23	—	—	21.29
296	浙江省	三线城市	舟山市	1371.6	—	150	—	26.42	—	—	13.16	—	—	14.93
297	重庆市	新一线城市	重庆市	23605.77	4439.3	—	—	322.63	—	0.07	236.12	—	0.05	11.57

1. **数据综述**

297 个城市中，发布房地产开发投资数据的有 125 个，发布商品房销售面积的有 213 个城市，发布房地产销售额的有 122 个城市。现有数据中，房地产开发投资总计为 52049.75 亿元，商品房销售面积总计为 11314.96 万平方米，商品房销售额总计 60257.71 亿元。

国家统计局发布数据显示，2019 年全国国内生产总值为 990865 亿元，房地产开发投资为 132194 亿元，占生产总值的 13.34%。现有数据中，房地产投资占 GDP 的平均比重约为 11%，相差不大。由于缺失数据较多，我们采取分位数获取数据分布情况，详细见下表。

表 2-1-15 房地产投资销售数据分布情况表

	房地产开发投资	商品房销售面积	商品房销售额
城市数量	125	125	125
平均数	416.39	422.65	229.20
标准差	636.19	470.40	414.84

（续表）

	房地产开发投资	商品房销售面积	商品房销售额
最小值	1.33	0	0
25%	108.8	55.7	0
50%	215.49	272.4	12
75%	385.9	637.7	300.36
最大值	4439.3	2178.2	1929.41

提取额占房地产开发投资比重平均值为 10.6%，发放贷款额为 8%，公积金使用额占 18.6%。在现有的商品房销售数据中，提取额占商品房销售额比重为 9.3%，发放贷款额为 8%，公积金使用额比重为 17.3%。详见表 2-1-16、表 2-1-17。

表 2-1-16 住房公积金提取占比数据分布情况表

	提取额	占商品房销售额比重	占房地产开发投资比重
城市数量	125	124	125
平均数	44.15	0.07	0.22
标准差	79.79	0.15	0.66
最小值	0	0	0
25%	12.33	0	0.07
50%	21.73	0.01	0.11
75%	37.79	0.1	0.15
最大值	628.49	1.14	6.51

表 2-1-17 住房公积金贷款占比数据分布情况表

	发放贷款额	占商品房销售额比重	占房地产开发投资比重
城市数量	125	124	125
平均数	34.42	0.07	0.15
标准差	52.41	0.13	0.25
最小值	0	0	0
25%	11.99	0	0.07
50%	19.45	0.005	0.11
75%	30.21	0.08	0.15
最大值	326.7	0.84	2.27

2. 其他数据分析

从省级层面看，现有数据中，房地产开发投资的平均值区间为 [0.66，4439.3] 亿元，商品房销售额为 [12.6，5203.82] 亿元，相应提取额占房地产开发投资比重为 [3%，16%]，占房地产销售额

比重为 [2%，28%]，发放贷款额占房地产投资比重为 [3%，15%]，发放贷款额占商品房销售额比重为 [2%，32%]。

现有数据中，房地产投资占国民生产总值比重前五位的省份分别为海南省、安徽省、重庆市、辽宁省、广东省，分别为 28%，20%，19%，17%，16%。所有城市中房地产投资占国民生产总值比重排名前五位的为三亚、南宁、蚌埠、儋州、惠州，分别为 78%，32%，32%，28%，28%。

海南省政府已多次出台严厉调控政策，对房地产的依赖正在逐渐下降，但房地产开发投资对于全市的经济贡献依然较高，三亚市更是高达超过七成。而其他几个城市近年来在大力推进城镇化进程，棚户区改造货币安置比例逐年提高，这是房地产开发投资占 GDP 比重较高的重要原因。

公积金使用额度（含提取和贷款）占房地产投资比重约为 18.8%。比重较大的地市有阿坝、哈密、迪庆、鸡西、锡林郭勒等，占比为 878%，372%，111%，87%，84%，基本上与城市个贷市场占有率排位一样。由于缺失数据较多，省内数据对比偏差较大，参考价值不高，此处略过。

以阿坝州为例，2019 年该州房地产投资为 2.12 亿元，住房公积金提取 13.81 亿元，发放贷款 4.81 亿元，其个贷市场占有率高达 97.20%，其他地市情况也基本一致，不再赘述。

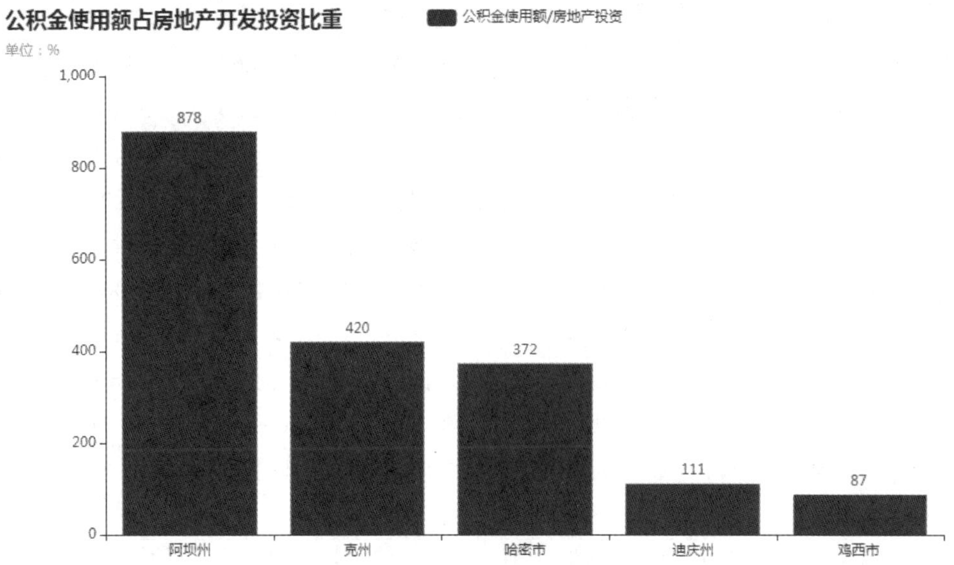

图 2-1-29 住房公积金使用额占房地产开发投资比重

（五）住房公积金与金融发展指标对比

1. 存款类

表 2-1-18 住房公积金与金融存款对比表

序号	省级	城市级别	城市	金融机构存款余额（亿元）	缴存余额	
					缴存余额（亿元）	金融机构存款余额比重
1	安徽省	三线城市	安庆市	3377.10	112.78	0.03
2	安徽省	三线城市	蚌埠市	2263.80	80.77	0.04
3	安徽省	四线城市	亳州市	2288.20	70.25	0.03

（续表）

序号	省级	城市级别	城市	金融机构存款余额（亿元）	缴存余额	
					缴存余额（亿元）	金融机构存款余额比重
4	安徽省	五线城市	池州市	1089.40	33.05	0.03
5	安徽省	三线城市	滁州市	2795.00	79.74	0.03
6	安徽省	三线城市	阜阳市	4342.30	115.20	0.03
7	安徽省	二线城市	合肥市	16417.25	487.93	0.03
8	安徽省	五线城市	淮北市	1570.90	108.56	0.07
9	安徽省	四线城市	淮南市	2153.10	150.00	0.07
10	安徽省	四线城市	黄山市	1339.45	42.94	0.03
11	安徽省	四线城市	六安市	2944.20	90.10	0.03
12	安徽省	三线城市	马鞍山市	2467.92	108.63	0.04
13	安徽省	四线城市	铜陵市	1436.30	58.02	0.04
14	安徽省	三线城市	芜湖市	4160.04	135.04	0.03
15	安徽省	四线城市	宿州市	2499.61	75.13	0.03
16	安徽省	四线城市	宣城市	1942.20	52.68	0.03
17	北京市	一线城市	北京市	171062.30	4844.99	0.03
18	福建省	二线城市	福州市	15757.34	500.01	0.03
19	福建省	三线城市	龙岩市	2104.40	86.48	0.04
20	福建省	三线城市	南平市	2032.53	88.84	0.04
21	福建省	三线城市	宁德市	2056.22	91.64	0.04
22	福建省	三线城市	莆田市	2036.43	90.50	0.04
23	福建省	二线城市	泉州市	—	237.71	—
24	福建省	三线城市	三明市	1899.52	107.29	0.06
25	福建省	二线城市	厦门市	11609.56	405.02	0.03
26	福建省	三线城市	漳州市	3179.77	122.62	0.04
27	甘肃省	五线城市	白银市	804.53	60.34	0.08
28	甘肃省	五线城市	定西市	962.49	63.56	0.07
29	甘肃省	五线城市	甘南州	389.58	33.89	0.09
30	甘肃省	五线城市	嘉峪关市	383.04	30.84	0.08
31	甘肃省	五线城市	酒泉市	1054.90	51.91	0.05
32	甘肃省	二线城市	兰州市	8875.50	368.54	0.04
33	甘肃省	五线城市	临夏州	649.02	39.46	0.06
34	甘肃省	五线城市	陇南市	975.74	59.04	0.06
35	甘肃省	五线城市	平凉市	916.49	76.92	0.08
36	甘肃省	五线城市	庆阳市	1152.16	61.16	0.05
37	甘肃省	五线城市	天水市	1480.86	65.69	0.04

（续表）

序号	省级	城市级别	城市	金融机构存款余额（亿元）	缴存余额	
					缴存余额（亿元）	金融机构存款余额比重
38	甘肃省	五线城市	武威市	951.19	50.19	0.05
39	甘肃省	五线城市	张掖市	753.22	45.09	0.06
40	广东省	三线城市	潮州市	1489.43	41.18	0.03
41	广东省	新一线城市	东莞市	16426.44	360.00	0.02
42	广东省	二线城市	佛山市	16948.10	320.72	0.02
43	广东省	一线城市	广州市	59131.20	1846.11	0.03
44	广东省	四线城市	河源市	1448.09	51.58	0.04
45	广东省	二线城市	惠州市	6558.61	189.59	0.03
46	广东省	三线城市	江门市	4946.81	120.80	0.02
47	广东省	三线城市	揭阳市	2429.00	76.42	0.03
48	广东省	四线城市	茂名市	3012.91	121.12	0.04
49	广东省	三线城市	梅州市	2251.36	87.10	0.04
50	广东省	三线城市	清远市	2564.40	95.50	0.04
51	广东省	三线城市	汕头市	3861.01	128.27	0.03
52	广东省	四线城市	汕尾市	1002.60	33.29	0.03
53	广东省	四线城市	韶关市	1944.00	92.98	0.05
54	广东省	一线城市	深圳市	83942.45	1855.26	0.02
55	广东省	四线城市	阳江市	1486.24	51.34	0.03
56	广东省	五线城市	云浮市	1329.49	52.31	0.04
57	广东省	三线城市	湛江市	3651.54	168.61	0.05
58	广东省	三线城市	肇庆市	2642.47	76.40	0.03
59	广东省	二线城市	中山市	6345.05	134.17	0.02
60	广东省	二线城市	珠海市	9047.24	121.22	0.01
61	广西壮族自治区	四线城市	百色市	1361.94	76.14	0.06
62	广西壮族自治区	五线城市	防城港市	779.23	23.93	0.03
63	广西壮族自治区	三线城市	桂林市	3624.70	136.99	0.04
64	广西壮族自治区	五线城市	河池市	1213.81	62.64	0.05
65	广西壮族自治区	三线城市	柳州市	3916.71	138.70	0.04
66	广西壮族自治区	二线城市	南宁市	10718.32	245.40	0.02
67	广西壮族自治区	四线城市	梧州市	1361.20	52.94	0.04
68	广西壮族自治区	四线城市	玉林市	2204.61	—	—
69	广西壮族自治区	五线城市	崇左市	915.99	35.38	0.04
70	广西壮族自治区	五线城市	钦州市	1184.89	49.00	0.04
71	贵州省	四线城市	安顺市	1088.77	59.09	0.05

（续表）

序号	省级	城市级别	城市	金融机构存款余额（亿元）	缴存余额	
					缴存余额（亿元）	金融机构存款余额比重
72	贵州省	四线城市	毕节市	—	95.60	—
73	贵州省	二线城市	贵阳市	—	329.55	—
74	贵州省	四线城市	六盘水市	1312.38	73.67	0.06
75	贵州省	四线城市	黔东南州	1462.70	126.25	0.09
76	贵州省	四线城市	黔南州	1605.92	95.02	0.06
77	贵州省	五线城市	黔西南州	1474.83	80.10	0.05
78	贵州省	四线城市	铜仁市	1371.17	85.72	0.06
79	贵州省	三线城市	遵义市	5012.93	189.40	0.04
80	海南省	五线城市	儋州市	361.07	—	—
81	海南省	二线城市	海口市	4949.36	—	—
82	海南省	三线城市	三亚市	1530.96	—	—
83	河北省	三线城市	保定市	7241.00	234.23	0.03
84	河北省	三线城市	沧州市	5670.30	207.00	0.04
85	河北省	四线城市	承德市	2907.50	115.62	0.04
86	河北省	三线城市	邯郸市	6459.20	193.04	0.03
87	河北省	五线城市	衡水市	3566.90	80.49	0.02
88	河北省	三线城市	秦皇岛市	3656.61	120.87	0.03
89	河北省	二线城市	石家庄市	14956.80	504.06	0.03
90	河北省	三线城市	唐山市	10138.00	366.18	0.04
91	河北省	四线城市	邢台市	4703.92	117.49	0.02
92	河北省	四线城市	张家口市	3998.20	143.16	0.04
93	河南省	四线城市	安阳市	2916.50	86.72	0.03
94	河南省	五线城市	鹤壁市	761.30	40.15	0.05
95	河南省	四线城市	焦作市	2034.31	92.81	0.05
96	河南省	四线城市	开封市	2244.83	67.22	0.03
97	河南省	三线城市	洛阳市	6147.60	222.01	0.04
98	河南省	五线城市	漯河市	1263.70	61.38	0.05
99	河南省	三线城市	南阳市	4648.29	179.08	0.04
100	河南省	四线城市	平顶山市	3055.78	167.17	0.05
101	河南省	五线城市	濮阳市	1877.65	100.83	0.05
102	河南省	五线城市	三门峡市	1373.80	71.59	0.05
103	河南省	三线城市	商丘市	3255.00	123.18	0.04
104	河南省	三线城市	新乡市	3117.02	103.15	0.03
105	河南省	三线城市	信阳市	3482.62	101.83	0.03
106	河南省	四线城市	许昌市	2516.80	79.86	0.03

（续表）

序号	省级	城市级别	城市	金融机构存款余额（亿元）	缴存余额	
					缴存余额（亿元）	金融机构存款余额比重
107	河南省	新一线城市	郑州市	23356.10	772.28	0.03
108	河南省	四线城市	周口市	3410.18	86.58	0.03
109	河南省	四线城市	驻马店市	3431.71	97.07	0.03
110	黑龙江省	三线城市	大庆市	2829.80	283.07	0.1
111	黑龙江省	五线城市	大兴安岭地区	378.11	—	—
112	黑龙江省	二线城市	哈尔滨市	12353.10	578.26	0.05
113	黑龙江省	五线城市	黑河市	896.20	60.44	0.07
114	黑龙江省	五线城市	鸡西市	1192.00	54.58	0.05
115	黑龙江省	四线城市	佳木斯市	1483.23	65.59	0.04
116	黑龙江省	四线城市	牡丹江市	1653.00	67.79	0.04
117	黑龙江省	四线城市	齐齐哈尔市	2270.50	116.37	0.05
118	黑龙江省	五线城市	伊春市	791.60	34.69	0.04
119	湖北省	五线城市	鄂州市	772.14	35.91	0.05
120	湖北省	四线城市	恩施州	1505.76	93.92	0.06
121	湖北省	四线城市	黄冈市	3610.43	131.93	0.04
122	湖北省	四线城市	黄石市	1875.12	108.86	0.06
123	湖北省	五线城市	荆门市	2159.69	112.91	0.05
124	湖北省	三线城市	荆州市	3395.27	112.91	0.03
125	湖北省	四线城市	十堰市	2533.60	159.70	0.06
126	湖北省	五线城市	随州市	1465.23	36.83	0.03
127	湖北省	新一线城市	武汉市	28658.90	1283.25	0.04
128	湖北省	四线城市	咸宁市	1594.70	70.07	0.04
129	湖北省	三线城市	襄阳市	3797.10	152.37	0.04
130	湖北省	四线城市	孝感市	2594.32	100.66	0.04
131	湖北省	三线城市	宜昌市	3898.77	174.66	0.04
132	湖南省	四线城市	常德市	3301.30	128.71	0.04
133	湖南省	三线城市	郴州市	2508.90	124.13	0.05
134	湖南省	三线城市	衡阳市	3937.91	138.11	0.04
135	湖南省	四线城市	怀化市	2100.36	100.73	0.05
136	湖南省	四线城市	娄底市	1967.70	88.95	0.05
137	湖南省	四线城市	邵阳市	3011.32	129.76	0.04
138	湖南省	三线城市	湘潭市	2203.70	78.79	0.04
139	湖南省	五线城市	湘西州	1208.10	62.05	0.05
140	湖南省	四线城市	益阳市	2051.10	88.26	0.04
141	湖南省	四线城市	永州市	2313.00	113.70	0.05

（续表）

序号	省级	城市级别	城市	金融机构存款余额（亿元）	缴存余额	
					缴存余额（亿元）	金融机构存款余额比重
142	湖南省	三线城市	岳阳市	2759.00	153.03	0.06
143	湖南省	五线城市	张家界市	869.60	35.51	0.04
144	湖南省	新一线城市	长沙市	21048.45	737.29	0.04
145	湖南省	三线城市	株洲市	3274.10	159.33	0.05
146	吉林省	五线城市	白山市	801.70	37.90	0.05
147	吉林省	五线城市	白城市	907.00	34.99	0.04
148	吉林省	三线城市	吉林市	2904.30	170.52	0.06
149	吉林省	五线城市	四平市	1602.10	63.55	0.04
150	吉林省	四线城市	延边州	1838.58	106.49	0.06
151	吉林省	二线城市	长春市	12681.90	609.41	0.05
152	江苏省	二线城市	常州市	11176.90	344.29	0.03
153	江苏省	三线城市	淮安市	4137.49	138.96	0.03
154	江苏省	三线城市	连云港市	3621.56	163.13	0.05
155	江苏省	新一线城市	南京市	35536.08	1218.89	0.03
156	江苏省	二线城市	南通市	13725.30	312.61	0.02
157	江苏省	新一线城市	苏州市	31652.10	993.45	0.03
158	江苏省	三线城市	泰州市	6879.13	159.29	0.02
159	江苏省	二线城市	无锡市	17605.46	589.51	0.03
160	江苏省	三线城市	宿迁市	3084.45	97.52	0.03
161	江苏省	二线城市	徐州市	8036.56	358.85	0.04
162	江苏省	三线城市	盐城市	7038.20	156.82	0.02
163	江苏省	二线城市	扬州市	6700.46	224.30	0.03
164	江苏省	三线城市	镇江市	5546.64	142.65	0.03
165	江西省	四线城市	抚州市	2249.67	88.63	0.04
166	江西省	三线城市	赣州市	5429.91	195.69	0.04
167	江西省	四线城市	吉安市	3141.43	114.62	0.04
168	江西省	四线城市	景德镇市	1294.69	53.48	0.04
169	江西省	三线城市	九江市	3809.01	113.38	0.03
170	江西省	二线城市	南昌市	12096.80	396.99	0.03
171	江西省	五线城市	萍乡市	1330.99	51.58	0.04
172	江西省	三线城市	上饶市	3910.00	142.60	0.04
173	江西省	五线城市	新余市	1282.58	40.92	0.03
174	江西省	四线城市	宜春市	3606.93	104.44	0.03
175	江西省	四线城市	鹰潭市	893.71	36.96	0.04
176	辽宁省	三线城市	鞍山市	4006.10	147.86	0.04

（续表）

序号	省级	城市级别	城市	金融机构存款余额（亿元）	缴存余额	
					缴存余额（亿元）	金融机构存款余额比重
177	辽宁省	五线城市	本溪市	1582.20	77.18	0.05
178	辽宁省	五线城市	朝阳市	1998.90	82.88	0.04
179	辽宁省	二线城市	大连市	14633.60	659.37	0.05
180	辽宁省	四线城市	丹东市	2344.90	66.12	0.03
181	辽宁省	五线城市	抚顺市	2027.70	96.37	0.05
182	辽宁省	五线城市	阜新市	1247.10	44.75	0.04
183	辽宁省	五线城市	葫芦岛市	2296.30	89.51	0.04
184	辽宁省	四线城市	锦州市	3634.30	94.72	0.03
185	辽宁省	四线城市	盘锦市	2223.20	132.00	0.06
186	辽宁省	新一线城市	沈阳市	18869.50	877.69	0.05
187	辽宁省	五线城市	铁岭市	1552.10	84.47	0.05
188	辽宁省	四线城市	营口市	3391.60	84.09	0.02
189	辽宁省	五线城市	辽阳市	2881.60	79.31	0.03
190	内蒙古自治区	五线城市	巴彦淖尔市	1086.00	77.35	0.07
191	内蒙古自治区	三线城市	包头市	3292.30	177.01	0.05
192	内蒙古自治区	四线城市	赤峰市	2421.50	162.99	0.07
193	内蒙古自治区	四线城市	鄂尔多斯市	4015.80	149.36	0.04
194	内蒙古自治区	三线城市	呼和浩特市	5876.40	354.29	0.06
195	内蒙古自治区	五线城市	呼伦贝尔市	1713.51	112.38	0.07
196	内蒙古自治区	五线城市	通辽市	1195.09	123.57	0.1
197	内蒙古自治区	五线城市	乌海市	845.89	33.39	0.04
198	内蒙古自治区	五线城市	乌兰察布市	1255.33	62.89	0.05
199	内蒙古自治区	五线城市	锡林郭勒盟	862.44	58.78	0.07
200	内蒙古自治区	五线城市	兴安盟	693.33	50.11	0.07
201	宁夏回族自治区	五线城市	固原市	496.83	33.13	0.07
202	宁夏回族自治区	五线城市	吴忠市	729.97	38.25	0.05
203	宁夏回族自治区	三线城市	银川市	4013.77	199.59	0.05
204	宁夏回族自治区	五线城市	中卫市	558.77	25.73	0.05
205	青海省	五线城市	果洛州	126.68	7.35	0.06
206	青海省	五线城市	海东市	601.30	—	—
207	青海省	五线城市	海西州	488.46	35.36	0.07
208	青海省	四线城市	西宁市	4020.89	199.78	0.05
209	山东省	四线城市	滨州市	2957.96	102.00	0.03
210	山东省	四线城市	德州市	3782.43	116.93	0.03
211	山东省	四线城市	东营市	3865.71	156.39	0.04

（续表）

序号	省级	城市级别	城市	金融机构存款余额（亿元）	缴存余额	
					缴存余额（亿元）	金融机构存款余额比重
212	山东省	四线城市	菏泽市	4340.16	142.57	0.03
213	山东省	二线城市	济南市	18646.10	793.17	0.04
214	山东省	三线城市	济宁市	5927.23	249.56	0.04
215	山东省	四线城市	聊城市	3881.86	134.77	0.03
216	山东省	三线城市	临沂市	7058.40	242.88	0.03
217	山东省	新一线城市	青岛市	17876.30	623.51	0.03
218	山东省	四线城市	日照市	2727.21	96.83	0.04
219	山东省	三线城市	泰安市	4093.80	130.04	0.03
220	山东省	三线城市	威海市	4250.95	148.96	0.04
221	山东省	三线城市	潍坊市	8750.60	232.14	0.03
222	山东省	二线城市	烟台市	9115.84	292.12	0.03
223	山东省	四线城市	枣庄市	2197.58	125.88	0.06
224	山东省	三线城市	淄博市	4970.90	259.01	0.05
225	山西省	四线城市	大同市	3180.60	98.51	0.03
226	山西省	五线城市	晋城市	2631.30	96.77	0.04
227	山西省	四线城市	晋中市	2976.10	73.04	0.02
228	山西省	四线城市	临汾市	2708.61	106.75	0.04
229	山西省	五线城市	吕梁市	2536.10	74.90	0.03
230	山西省	二线城市	太原市	13117.20	424.67	0.03
231	山西省	五线城市	忻州市	2357.90	55.35	0.02
232	山西省	五线城市	阳泉市	1736.60	51.46	0.03
233	山西省	四线城市	运城市	2488.50	90.44	0.04
234	山西省	五线城市	长治市	2965.00	90.90	0.03
235	陕西省	五线城市	安康市	1532.04	53.53	0.03
236	陕西省	四线城市	宝鸡市	3183.22	100.32	0.03
237	陕西省	五线城市	汉中市	2297.34	76.76	0.03
238	陕西省	五线城市	商洛市	1139.49	45.59	0.04
239	陕西省	五线城市	铜川市	567.34	22.86	0.04
240	陕西省	四线城市	渭南市	2589.65	85.79	0.03
241	陕西省	新一线城市	西安市	23340.84	870.99	0.04
242	陕西省	三线城市	咸阳市	3426.58	101.09	0.03
243	陕西省	五线城市	延安市	1674.88	89.06	0.05
244	陕西省	四线城市	榆林市	4178.20	135.46	0.03
245	上海市	一线城市	上海市	132820.27	4721.13	0.04
246	四川省	五线城市	阿坝州	664.60	56.20	0.08

（续表）

序号	省级	城市级别	城市	金融机构存款余额（亿元）	缴存余额	
					缴存余额（亿元）	金融机构存款余额比重
247	四川省	五线城市	巴中市	1298.15	67.28	0.05
248	四川省	新一线城市	成都市	39828.00	1375.87	0.03
249	四川省	五线城市	达州市	3187.16	102.75	0.03
250	四川省	四线城市	德阳市	2924.80	126.05	0.04
251	四川省	五线城市	甘孜州	705.57	76.08	0.11
252	四川省	五线城市	广安市	1982.70	54.07	0.03
253	四川省	五线城市	广元市	1560.42	85.06	0.05
254	四川省	四线城市	乐山市	2483.56	106.19	0.04
255	四川省	四线城市	泸州市	2822.52	99.77	0.04
256	四川省	四线城市	眉山市	2325.61	65.44	0.03
257	四川省	三线城市	绵阳市	4457.80	173.56	0.04
258	四川省	四线城市	南充市	3540.73	102.36	0.03
259	四川省	五线城市	内江市	1802.12	75.58	0.04
260	四川省	五线城市	遂宁市	1650.51	60.84	0.04
261	四川省	五线城市	雅安市	1206.49	45.75	0.04
262	四川省	四线城市	宜宾市	3376.98	136.85	0.04
263	四川省	五线城市	资阳市	1470.40	49.03	0.03
264	四川省	五线城市	自贡市	2068.48	75.34	0.04
265	天津市	新一线城市	天津市	31788.78	1473.90	0.05
266	西藏自治区	四线城市	拉萨市	2888.54	41.71	0.01
267	西藏自治区	五线城市	林芝市	339.08	20.38	0.06
268	西藏自治区	五线城市	日喀则市	564.86	—	—
269	西藏自治区	五线城市	山南市	376.85	27.82	0.07
270	新疆维吾尔自治区	五线城市	博尔塔拉州	425.89	18.83	0.04
271	新疆维吾尔自治区	五线城市	哈密市	638.72	64.79	0.1
272	新疆维吾尔自治区	五线城市	克拉玛依市	1687.90	99.06	0.06
273	新疆维吾尔自治区	五线城市	塔城地区	628.32	38.85	0.06
274	新疆维吾尔自治区	五线城市	伊犁州	2853.85	91.12	0.03
275	新疆维吾尔自治区	五线城市	克州	244.79	29.93	0.12
276	云南省	五线城市	楚雄州	1268.64	—	—
277	云南省	四线城市	大理州	1780.00	87.42	0.05
278	云南省	四线城市	德宏州	658.49	45.18	0.07
279	云南省	五线城市	迪庆州	359.23	36.05	0.1
280	云南省	五线城市	怒江州	265.21	19.69	0.07
281	云南省	五线城市	普洱市	928.04	76.67	0.08

（续表）

序号	省级	城市级别	城市	金融机构存款余额（亿元）	缴存余额	
					缴存余额（亿元）	金融机构存款余额比重
282	云南省	四线城市	曲靖市	2484.98	144.80	0.06
283	云南省	五线城市	文山州	1081.88	75.79	0.07
284	云南省	五线城市	玉溪市	1956.80	81.83	0.04
285	云南省	五线城市	昭通市	1772.49	110.41	0.06
286	浙江省	新一线城市	杭州市	45287.00	1180.7	0.03
287	浙江省	三线城市	湖州市	5229.40	170.62	0.03
288	浙江省	二线城市	嘉兴市	9511.54	253.93	0.03
289	浙江省	二线城市	金华市	9906.43	238.73	0.02
290	浙江省	三线城市	丽水市	3039.86	112.08	0.04
291	浙江省	新一线城市	宁波市	—	563.87	—
292	浙江省	四线城市	衢州市	2765.13	102.59	0.04
293	浙江省	二线城市	绍兴市	9582.00	231.46	0.02
294	浙江省	二线城市	台州市	9457.39	248.72	0.03
295	浙江省	二线城市	温州市	13379.70	389.69	0.03
296	浙江省	三线城市	舟山市	2282.10	81.47	0.04
297	重庆市	新一线城市	重庆市	39483.20	1081.97	0.03

（1）数据综述

现有数据中，金融机构存款总计为1744207.69亿元，住房公积金缴存余额总计为61136.52亿元，住房公积金缴存余额占金融机构存款余额比重为3.4%。

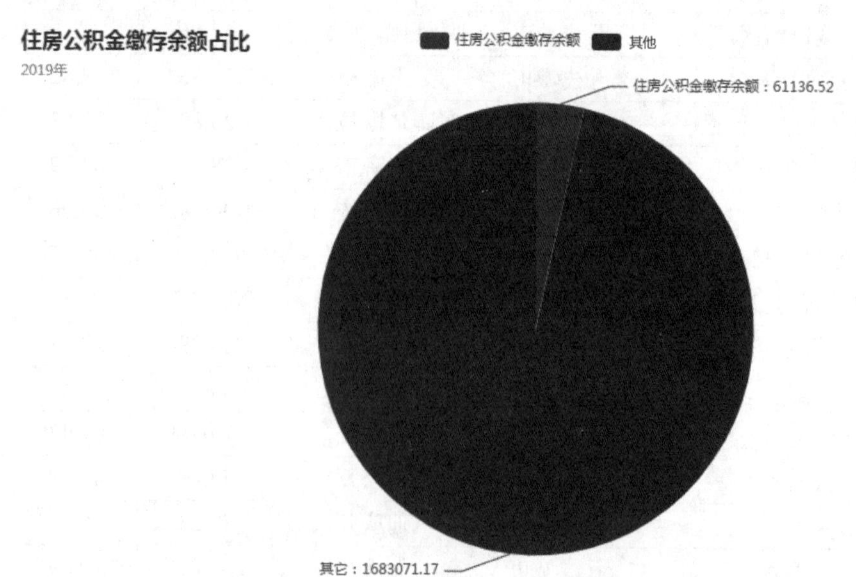

图2-1-30 住房公积金缴存余额占金融机构存款比重

（2）省级数据分析

从省级层面看，省内城市金融机构存款平均值区间为[470.86，171062.3]亿元，存款余额较大的省份有北京、上海、重庆、天津、浙江、江苏、河北、山东等，存款余额较小的有西藏、青海、宁夏、甘肃、云南等省份。

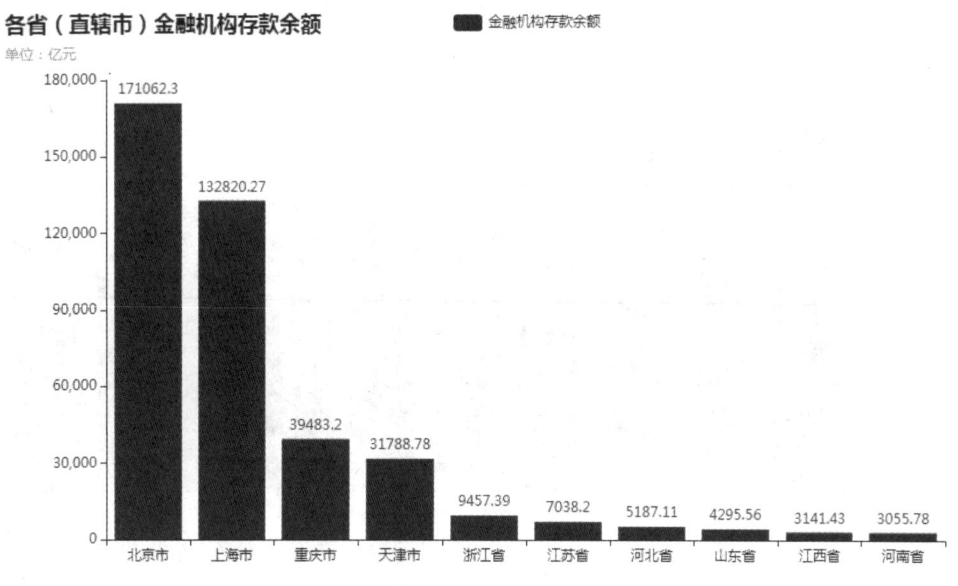

图2-1-31 省内城市金融机构存款余额较大的省份

省内城市缴存余额平均值区间为[21.36，4844.99]亿元。缴存余额较高的有北京、上海、天津、重庆、浙江、江苏、河北、山东等省份，缴存余额较低的有青海、西藏、宁夏、新疆、广西等省份。

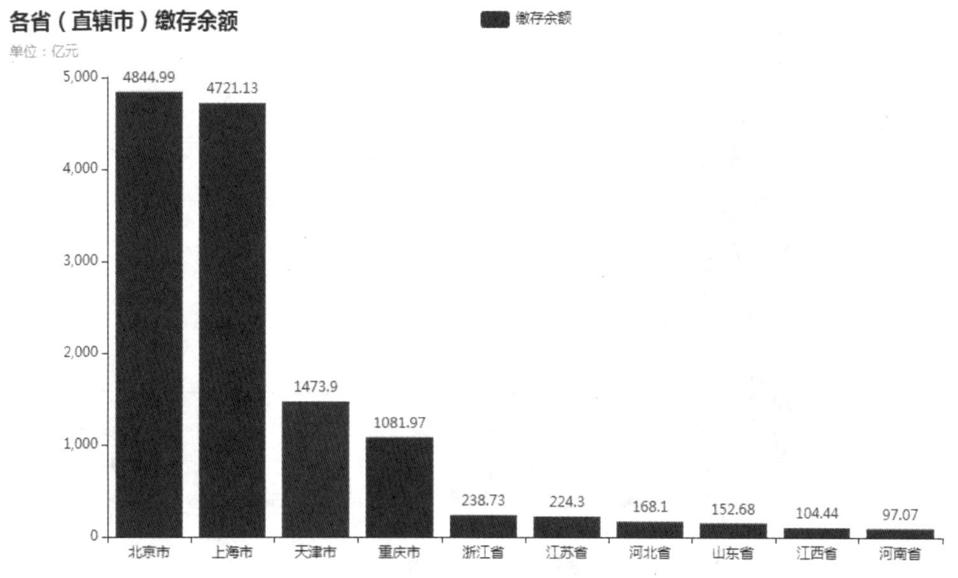

图2-1-32 省内城市住房公积金缴存余额较大的省份

缴存余额占金融机构存款余额比重区间为 [3%，7%]。比重较高的省份有内蒙古、云南、新疆、甘肃、青海等省份，比重均高于 5.5%，比重较低的省份有陕西、重庆、浙江、河北、江苏等省份，比重均低于 3%。

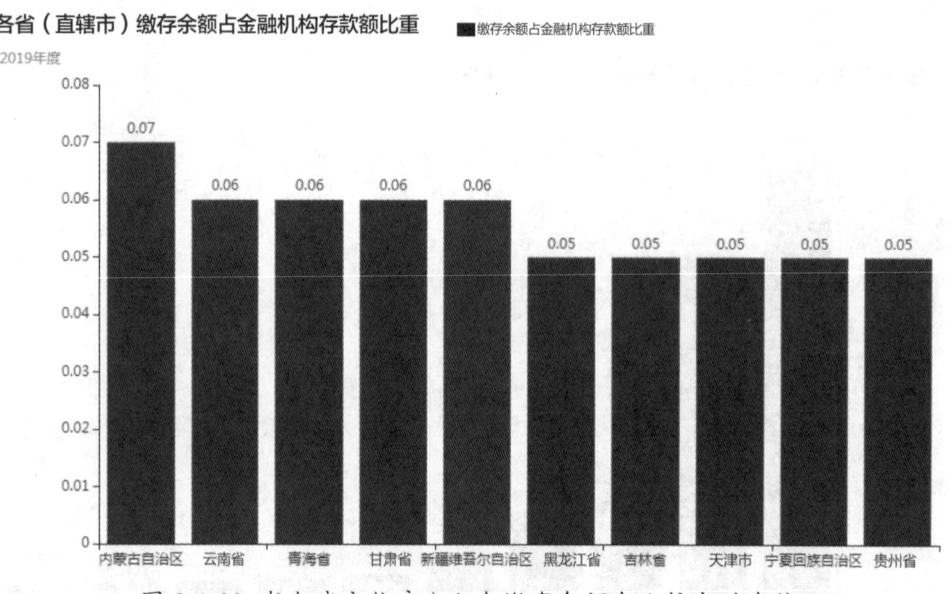

图 2-1-33 省内城市住房公积金缴存余额占比较大的省份

（3）各线城市数据分析

各线城市内城市金融机构存款余额平均值区间 [1184.89，108381.36] 亿元，缴存额区间为 [55.35，3288.2] 亿元，两组数据图形基本一致，均是由一线城市向五线城市梯次递减。一线与新一线，新一线与二线城市的平均值差别巨大，三、四、五线城市之间差距低于上述两类城市之间的差别。

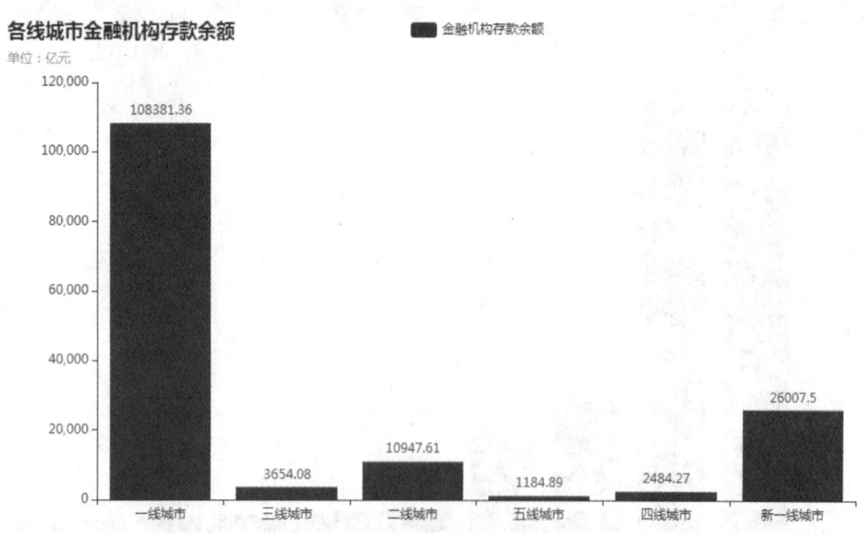

图 2-1-34 各线城市金融机构存款余额平均值对比

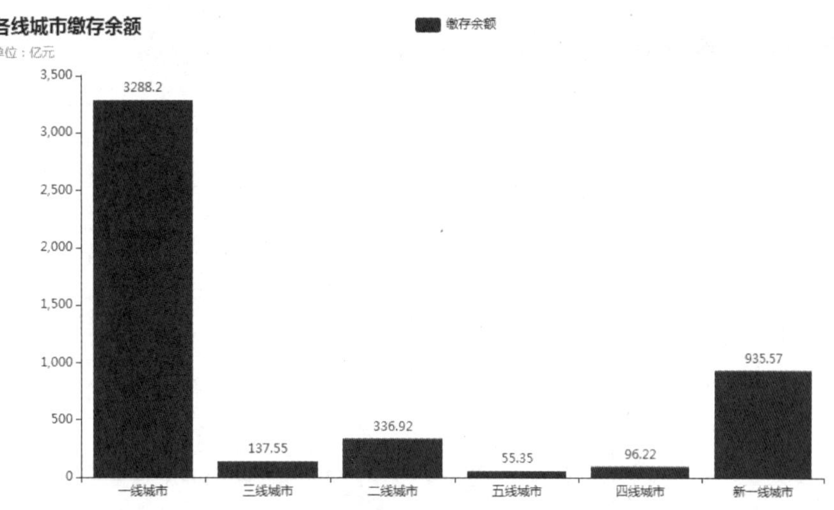

图 2-1-35 各线城市住房公积金缴存余额平均值对比

缴存余额占金融机构存款余额比重区间为 [3%，5%]。一线、新一线、二线城市比重均为 3%，三、四线城市为 4%，五线城市为 5%，梯次比较明显，基本上是与城市经济水平呈反比，城市经济越发达，缴存余额占金融机构存款余额比重越低。

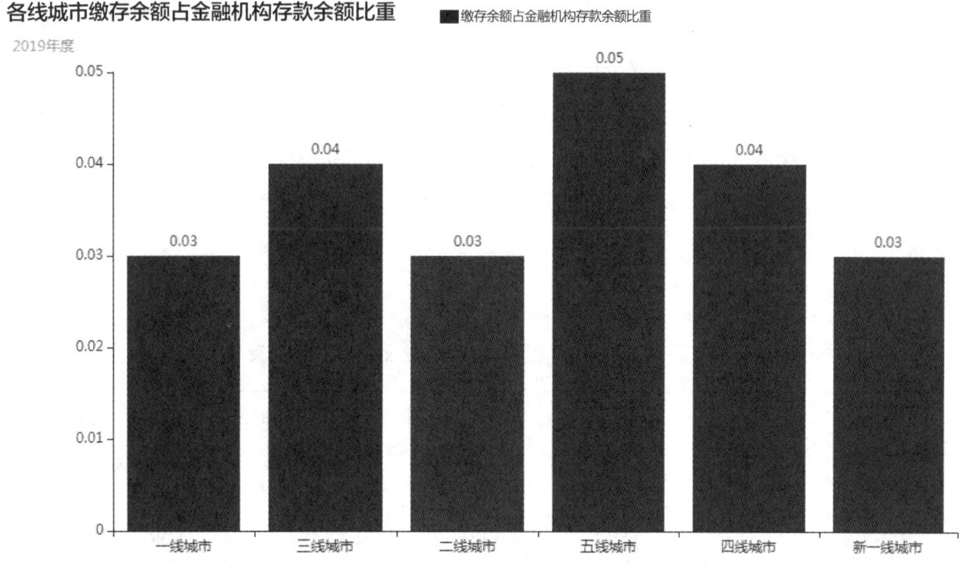

图 2-1-36 各线城市住房公积金缴存余额平均值占比柱状图

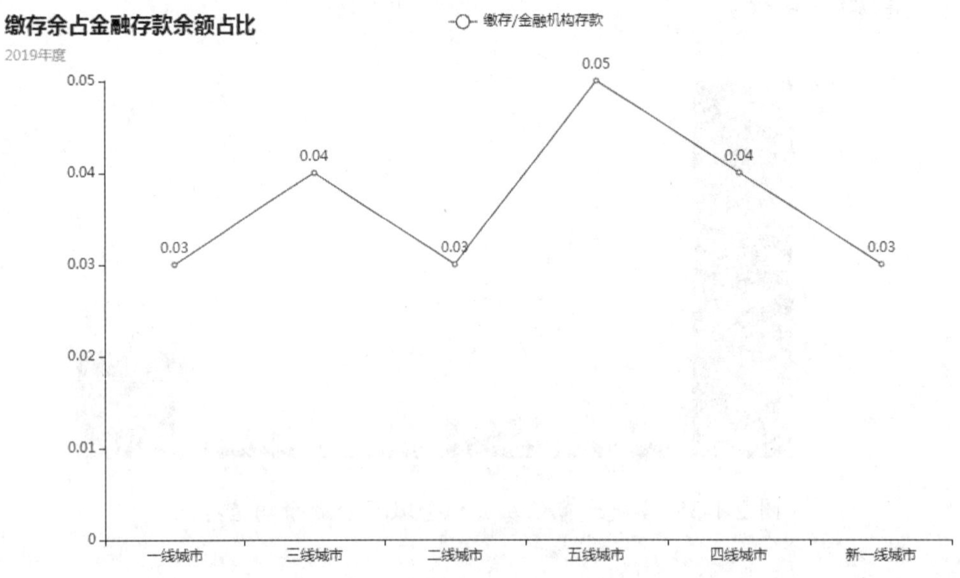

图 2-1-37 各线城市住房公积金缴存余额平均值占比折线图

（4）其他数据分析

具体到城市级别，金融机构存款余额基本上仍是按照一线、新一线、二线……城市规模顺序而来，存款数额最高的是北京、上海、深圳、广州、杭州、重庆、南京等城市，存款数额较少的为果洛、克州、怒江、林芝、迪庆、儋州等城市。缴存余额最多的为北京、上海、深圳、广州、天津、成都、武汉等城市，缴存余额较少的有果洛、博尔塔拉、怒江、林芝、铜川等城市。

缴存余额占金融机构存款余额比重较大的城市有克州、甘孜州、哈密、通辽、大庆、迪庆等，占比均在 10% 以上。缴存余额占比较低的城市有珠海、拉萨、营口、东莞、佛山等，占比均在 2% 以下。

2. 贷款类

表 2-1-19 住房公积金与金融贷款对比表

序号	省级	城市级别	城市	金融机构贷款余额（亿元）	贷款余额	
					贷款余额（亿元）	占金融机构贷款余额比重
1	安徽省	三线城市	安庆市	2237.50	108.66	0.05
2	安徽省	三线城市	蚌埠市	2082.74	85.32	0.04
3	安徽省	四线城市	亳州市	1990.00	63.84	0.03
4	安徽省	五线城市	池州市	685.70	31.44	0.05
5	安徽省	三线城市	滁州市	2421.10	87.97	0.04
6	安徽省	三线城市	阜阳市	3195.20	139.11	0.04
7	安徽省	二线城市	合肥市	15854.83	492.19	0.03
8	安徽省	五线城市	淮北市	1079.90	91.37	0.08

（续表）

序号	省级	城市级别	城市	金融机构贷款余额（亿元）	贷款余额	
					贷款余额（亿元）	占金融机构贷款余额比重
9	安徽省	四线城市	淮南市	1565.10	125.63	0.08
10	安徽省	四线城市	黄山市	952.45	39.19	0.04
11	安徽省	四线城市	六安市	2200.10	83.18	0.04
12	安徽省	三线城市	马鞍山市	1845.68	90.13	0.05
13	安徽省	四线城市	铜陵市	1211.30	54.93	0.05
14	安徽省	三线城市	芜湖市	3767.87	135.35	0.04
15	安徽省	四线城市	宿州市	1895.87	74.64	0.04
16	安徽省	四线城市	宣城市	1504.40	62.13	0.04
17	北京市	一线城市	北京市	76875.60	4292.83	0.06
18	福建省	二线城市	福州市	17443.72	448.03	0.03
19	福建省	三线城市	龙岩市	2166.75	98.44	0.05
20	福建省	三线城市	南平市	1533.83	85.13	0.06
21	福建省	三线城市	宁德市	2006.73	90.13	0.04
22	福建省	三线城市	莆田市	1977.77	71.82	0.04
23	福建省	二线城市	泉州市	—	246.64	—
24	福建省	三线城市	三明市	1523.66	90.15	0.06
25	福建省	二线城市	厦门市	11800.90	373.02	0.03
26	福建省	三线城市	漳州市	2921.94	115.81	0.04
27	甘肃省	五线城市	白银市	670.50	41.20	0.06
28	甘肃省	五线城市	定西市	770.63	49.08	0.06
29	甘肃省	五线城市	甘南州	244.46	27.81	0.11
30	甘肃省	五线城市	嘉峪关市	535.66	16.85	0.03
31	甘肃省	五线城市	酒泉市	769.70	33.20	0.04
32	甘肃省	二线城市	兰州市	12272.83	323.99	0.03
33	甘肃省	五线城市	临夏州	452.97	29.50	0.07
34	甘肃省	五线城市	陇南市	698.20	41.22	0.06
35	甘肃省	五线城市	平凉市	656.44	62.18	0.09
36	甘肃省	五线城市	庆阳市	714.92	45.01	0.06
37	甘肃省	五线城市	天水市	1080.92	61.28	0.06
38	甘肃省	五线城市	武威市	848.07	36.16	0.04
39	甘肃省	五线城市	张掖市	645.05	35.24	0.05
40	广东省	三线城市	潮州市	467.17	39.35	0.08
41	广东省	新一线城市	东莞市	10132.14	290.34	0.03
42	广东省	二线城市	佛山市	12175.18	309.27	0.03
43	广东省	一线城市	广州市	47103.31	1340.13	0.03

（续表）

序号	省级	城市级别	城市	金融机构贷款余额（亿元）	贷款余额	
					贷款余额（亿元）	占金融机构贷款余额比重
44	广东省	四线城市	河源市	1346.12	39.13	0.03
45	广东省	二线城市	惠州市	5848.89	145.87	0.02
46	广东省	三线城市	江门市	3667.71	108.29	0.03
47	广东省	三线城市	揭阳市	1182.07	61.89	0.05
48	广东省	四线城市	茂名市	1582.35	108.86	0.07
49	广东省	三线城市	梅州市	1352.38	73.20	0.05
50	广东省	三线城市	清远市	1886.20	83.58	0.04
51	广东省	三线城市	汕头市	2168.92	115.94	0.05
52	广东省	四线城市	汕尾市	521.64	26.83	0.05
53	广东省	四线城市	韶关市	1111.00	87.67	0.08
54	广东省	一线城市	深圳市	59461.39	1211.61	0.02
55	广东省	四线城市	阳江市	1173.23	50.03	0.04
56	广东省	五线城市	云浮市	878.74	51.48	0.06
57	广东省	三线城市	湛江市	2508.25	137.05	0.05
58	广东省	三线城市	肇庆市	2156.79	85.87	0.04
59	广东省	二线城市	中山市	4912.91	108.95	0.02
60	广东省	二线城市	珠海市	6358.61	109.15	0.02
61	广西壮族自治区	四线城市	百色市	1148.49	69.78	0.06
62	广西壮族自治区	五线城市	防城港市	716.13	20.40	0.03
63	广西壮族自治区	三线城市	桂林市	2831.36	125.80	0.04
64	广西壮族自治区	五线城市	河池市	799.04	58.76	0.07
65	广西壮族自治区	三线城市	柳州市	3226.06	123.26	0.04
66	广西壮族自治区	二线城市	南宁市	13964.35	175.44	0.01
67	广西壮族自治区	四线城市	梧州市	1038.50	50.59	0.05
68	广西壮族自治区	四线城市	玉林市	1658.40	—	—
69	广西壮族自治区	五线城市	崇左市	593.46	40.91	0.07
70	广西壮族自治区	五线城市	钦州市	860.40	48.75	0.06
71	贵州省	四线城市	安顺市	1077.40	55.45	0.05
72	贵州省	四线城市	毕节市	—	100.55	—
73	贵州省	二线城市	贵阳市	—	308.11	—
74	贵州省	四线城市	六盘水市	1425.43	57.00	0.04
75	贵州省	四线城市	黔东南州	1439.49	122.68	0.09
76	贵州省	四线城市	黔南州	1810.06	108.87	0.06
77	贵州省	五线城市	黔西南州	1376.03	84.14	0.06

（续表）

序号	省级	城市级别	城市	金融机构贷款余额（亿元）	贷款余额	
					贷款余额（亿元）	占金融机构贷款余额比重
78	贵州省	四线城市	铜仁市	1484.43	83.41	0.06
79	贵州省	三线城市	遵义市	3904.06	187.77	0.05
80	海南省	五线城市	儋州市	234.69	—	—
81	海南省	二线城市	海口市	6220.53	—	—
82	海南省	三线城市	三亚市	1331.79	—	—
83	河北省	三线城市	保定市	4376.10	162.81	0.04
84	河北省	三线城市	沧州市	3271.70	150.12	0.05
85	河北省	四线城市	承德市	2470.20	77.54	0.03
86	河北省	三线城市	邯郸市	4167.90	154.28	0.04
87	河北省	五线城市	衡水市	2119.40	63.03	0.03
88	河北省	三线城市	秦皇岛市	2228.85	115.19	0.05
89	河北省	二线城市	石家庄市	11341.90	313.86	0.03
90	河北省	三线城市	唐山市	6084.80	320.29	0.05
91	河北省	四线城市	邢台市	3206.42	98.73	0.03
92	河北省	四线城市	张家口市	3321.20	93.15	0.03
93	河南省	四线城市	安阳市	1672.00	50.33	0.03
94	河南省	五线城市	鹤壁市	649.48	34.03	0.05
95	河南省	四线城市	焦作市	1515.27	90.10	0.06
96	河南省	四线城市	开封市	1704.45	40.92	0.02
97	河南省	三线城市	洛阳市	4852.50	200.12	0.04
98	河南省	五线城市	漯河市	908.90	50.06	0.06
99	河南省	三线城市	南阳市	2643.84	98.78	0.04
100	河南省	四线城市	平顶山市	2070.33	130.96	0.06
101	河南省	五线城市	濮阳市	1022.43	91.35	0.09
102	河南省	五线城市	三门峡市	840.17	50.18	0.06
103	河南省	三线城市	商丘市	1980.67	75.08	0.04
104	河南省	三线城市	新乡市	2027.78	95.85	0.05
105	河南省	三线城市	信阳市	1908.58	70.55	0.04
106	河南省	四线城市	许昌市	1992.90	76.10	0.04
107	河南省	新一线城市	郑州市	25364.30	569.95	0.02
108	河南省	四线城市	周口市	1502.06	70.26	0.05
109	河南省	四线城市	驻马店市	1923.24	73.63	0.04
110	黑龙江省	三线城市	大庆市	1120.70	243.71	0.22
111	黑龙江省	五线城市	大兴安岭地区	136.63	—	—

（续表）

序号	省级	城市级别	城市	金融机构贷款余额（亿元）	贷款余额	
					贷款余额（亿元）	占金融机构贷款余额比重
112	黑龙江省	二线城市	哈尔滨市	12181.80	484.58	0.04
113	黑龙江省	五线城市	黑河市	500.70	29.22	0.06
114	黑龙江省	五线城市	鸡西市	836.50	19.91	0.02
115	黑龙江省	四线城市	佳木斯市	1790.98	51.38	0.03
116	黑龙江省	四线城市	牡丹江市	669.10	62.32	0.09
117	黑龙江省	四线城市	齐齐哈尔市	1449.00	100.38	0.07
118	黑龙江省	五线城市	伊春市	164.90	14.30	0.09
119	湖北省	五线城市	鄂州市	596.60	28.44	0.05
120	湖北省	四线城市	恩施州	1166.36	82.71	0.07
121	湖北省	四线城市	黄冈市	1859.50	91.14	0.05
122	湖北省	四线城市	黄石市	1379.73	102.92	0.07
123	湖北省	五线城市	荆门市	1255.26	83.36	0.07
124	湖北省	三线城市	荆州市	1902.62	83.36	0.04
125	湖北省	四线城市	十堰市	1520.70	95.66	0.06
126	湖北省	五线城市	随州市	767.46	34.13	0.04
127	湖北省	新一线城市	武汉市	32114.31	1078.28	0.03
128	湖北省	四线城市	咸宁市	1107.48	44.77	0.04
129	湖北省	三线城市	襄阳市	2506.50	116.15	0.05
130	湖北省	四线城市	孝感市	—	64.39	—
131	湖北省	三线城市	宜昌市	7434.75	132.38	0.02
132	湖南省	四线城市	常德市	2102.80	129.21	0.06
133	湖南省	三线城市	郴州市	1656.00	110.25	0.07
134	湖南省	三线城市	衡阳市	2425.71	108.71	0.04
135	湖南省	四线城市	怀化市	1279.67	94.73	0.07
136	湖南省	四线城市	娄底市	1172.54	72.03	0.06
137	湖南省	四线城市	邵阳市	1633.86	111.71	0.07
138	湖南省	三线城市	湘潭市	2026.30	88.02	0.04
139	湖南省	五线城市	湘西州	868.40	51.53	0.06
140	湖南省	四线城市	益阳市	1264.03	96.50	0.08
141	湖南省	四线城市	永州市	1556.89	108.69	0.07
142	湖南省	三线城市	岳阳市	1993.80	125.09	0.06
143	湖南省	五线城市	张家界市	780.90	28.20	0.04
144	湖南省	新一线城市	长沙市	21248.71	644.45	0.03
145	湖南省	三线城市	株洲市	2166.30	132.27	0.06

（续表）

序号	省级	城市级别	城市	金融机构贷款余额（亿元）	贷款余额	
					贷款余额（亿元）	占金融机构贷款余额比重
146	吉林省	五线城市	白山市	508.72	9.15	0.02
147	吉林省	五线城市	白城市	737.00	29.18	0.04
148	吉林省	三线城市	吉林市	2201.60	161.00	0.07
149	吉林省	五线城市	四平市	956.60	55.84	0.06
150	吉林省	四线城市	延边州	1126.24	83.38	0.07
151	吉林省	二线城市	长春市	13096.40	561.96	0.04
152	江苏省	二线城市	常州市	8593.50	361.33	0.04
153	江苏省	三线城市	淮安市	3861.80	127.66	0.03
154	江苏省	三线城市	连云港市	3460.22	138.42	0.04
155	江苏省	新一线城市	南京市	33585.88	1158.62	0.03
156	江苏省	二线城市	南通市	10211.90	374.75	0.04
157	江苏省	新一线城市	苏州市	30116.70	913.89	0.03
158	江苏省	三线城市	泰州市	5493.92	155.90	0.03
159	江苏省	二线城市	无锡市	13556.67	684.11	0.05
160	江苏省	三线城市	宿迁市	3082.20	97.63	0.03
161	江苏省	二线城市	徐州市	5777.28	259.59	0.04
162	江苏省	三线城市	盐城市	5871.10	178.29	0.03
163	江苏省	二线城市	扬州市	5374.85	194.40	0.04
164	江苏省	三线城市	镇江市	5256.00	149.34	0.03
165	江西省	四线城市	抚州市	1882.04	74.26	0.04
166	江西省	三线城市	赣州市	4824.34	193.34	0.04
167	江西省	四线城市	吉安市	2221.87	114.16	0.05
168	江西省	四线城市	景德镇市	952.47	42.05	0.04
169	江西省	三线城市	九江市	2933.19	94.59	0.03
170	江西省	二线城市	南昌市	14047.32	317.62	0.02
171	江西省	五线城市	萍乡市	996.58	54.76	0.05
172	江西省	三线城市	上饶市	3133.00	118.69	0.04
173	江西省	五线城市	新余市	967.57	32.45	0.03
174	江西省	四线城市	宜春市	2699.08	88.32	0.03
175	江西省	四线城市	鹰潭市	776.28	32.63	0.04
176	辽宁省	三线城市	鞍山市	2612.40	103.63	0.04
177	辽宁省	五线城市	本溪市	1520.20	52.91	0.03
178	辽宁省	五线城市	朝阳市	1104.80	67.16	0.06
179	辽宁省	二线城市	大连市	12526.30	687.22	0.05

（续表）

序号	省级	城市级别	城市	金融机构贷款余额（亿元）	贷款余额	
					贷款余额（亿元）	占金融机构贷款余额比重
180	辽宁省	四线城市	丹东市	1360.00	63.82	0.05
181	辽宁省	五线城市	抚顺市	1041.30	78.09	0.07
182	辽宁省	五线城市	阜新市	1017.00	33.53	0.03
183	辽宁省	五线城市	葫芦岛市	1479.20	81.44	0.06
184	辽宁省	四线城市	锦州市	3292.10	77.37	0.02
185	辽宁省	四线城市	盘锦市	1166.10	47.49	0.04
186	辽宁省	新一线城市	沈阳市	16811.90	768.50	0.05
187	辽宁省	五线城市	铁岭市	893.20	40.81	0.05
188	辽宁省	四线城市	营口市	2333.80	79.85	0.03
189	辽宁省	五线城市	辽阳市	2418.60	35.57	0.01
190	内蒙古自治区	五线城市	巴彦淖尔市	923.40	65.90	0.07
191	内蒙古自治区	三线城市	包头市	2971.50	160.12	0.05
192	内蒙古自治区	四线城市	赤峰市	2008.10	145.95	0.07
193	内蒙古自治区	四线城市	鄂尔多斯市	3251.10	96.57	0.03
194	内蒙古自治区	三线城市	呼和浩特市	8513.80	252.13	0.03
195	内蒙古自治区	五线城市	呼伦贝尔市	1150.93	98.79	0.09
196	内蒙古自治区	五线城市	通辽市	1034.55	89.87	0.09
197	内蒙古自治区	五线城市	乌海市	666.40	19.04	0.03
198	内蒙古自治区	五线城市	乌兰察布市	783.99	44.95	0.06
199	内蒙古自治区	五线城市	锡林郭勒盟	776.03	58.82	0.08
200	内蒙古自治区	五线城市	兴安盟	637.78	46.22	0.07
201	宁夏回族自治区	五线城市	固原市	392.83	26.81	0.07
202	宁夏回族自治区	五线城市	吴忠市	626.29	23.63	0.04
203	宁夏回族自治区	三线城市	银川市	5150.67	182.11	0.04
204	宁夏回族自治区	五线城市	中卫市	451.68	18.59	0.04
205	青海省	五线城市	果洛州	32.05	4.04	0.13
206	青海省	五线城市	海东市	410.80	—	—
207	青海省	五线城市	海西州	527.91	19.44	0.04
208	青海省	四线城市	西宁市	5347.69	157.37	0.03
209	山东省	四线城市	滨州市	2682.70	98.16	0.04
210	山东省	四线城市	德州市	2600.56	107.27	0.04
211	山东省	四线城市	东营市	3252.15	104.07	0.03
212	山东省	四线城市	菏泽市	2625.98	141.39	0.05
213	山东省	二线城市	济南市	18768.70	558.82	0.03

（续表）

序号	省级	城市级别	城市	金融机构贷款余额（亿元）	贷款余额	
					贷款余额（亿元）	占金融机构贷款余额比重
214	山东省	三线城市	济宁市	4080.88	250.18	0.06
215	山东省	四线城市	聊城市	2645.35	131.66	0.05
216	山东省	三线城市	临沂市	5916.30	205.59	0.03
217	山东省	新一线城市	青岛市	18209.90	470.12	0.03
218	山东省	四线城市	日照市	2545.10	89.66	0.04
219	山东省	三线城市	泰安市	2696.40	113.62	0.04
220	山东省	三线城市	威海市	2884.00	123.08	0.04
221	山东省	三线城市	潍坊市	6538.80	206.08	0.03
222	山东省	二线城市	烟台市	5813.26	276.96	0.05
223	山东省	四线城市	枣庄市	1557.78	113.30	0.07
224	山东省	三线城市	淄博市	3577.00	241.23	0.07
225	山西省	四线城市	大同市	1560.20	91.31	0.06
226	山西省	五线城市	晋城市	1547.10	51.88	0.03
227	山西省	四线城市	晋中市	2042.00	70.12	0.03
228	山西省	四线城市	临汾市	1649.35	82.48	0.05
229	山西省	五线城市	吕梁市	1199.40	23.47	0.02
230	山西省	二线城市	太原市	14063.12	398.31	0.03
231	山西省	五线城市	忻州市	1049.80	37.53	0.04
232	山西省	五线城市	阳泉市	1134.70	19.60	0.02
233	山西省	四线城市	运城市	1270.90	59.65	0.05
234	山西省	五线城市	长治市	1743.00	69.81	0.04
235	陕西省	五线城市	安康市	855.21	43.75	0.05
236	陕西省	四线城市	宝鸡市	1800.83	89.56	0.05
237	陕西省	五线城市	汉中市	960.53	63.30	0.07
238	陕西省	五线城市	商洛市	572.47	25.39	0.04
239	陕西省	五线城市	铜川市	273.84	15.74	0.06
240	陕西省	四线城市	渭南市	1239.83	66.57	0.05
241	陕西省	新一线城市	西安市	22436.65	758.54	0.03
242	陕西省	三线城市	咸阳市	1746.04	86.21	0.05
243	陕西省	五线城市	延安市	1319.43	56.55	0.04
244	陕西省	四线城市	榆林市	2122.75	64.87	0.03
245	上海市	一线城市	上海市	79843.01	4450.05	0.06
246	四川省	五线城市	阿坝州	336.97	32.56	0.1
247	四川省	五线城市	巴中市	804.30	63.02	0.08

（续表）

序号	省级	城市级别	城市	金融机构贷款余额（亿元）	贷款余额	
					贷款余额（亿元）	占金融机构贷款余额比重
248	四川省	新一线城市	成都市	36464.40	1062.25	0.03
249	四川省	五线城市	达州市	1713.16	86.56	0.05
250	四川省	四线城市	德阳市	1662.20	97.75	0.06
251	四川省	五线城市	甘孜州	418.25	65.44	0.16
252	四川省	五线城市	广安市	930.20	49.28	0.05
253	四川省	五线城市	广元市	920.87	58.78	0.06
254	四川省	四线城市	乐山市	1726.83	97.64	0.06
255	四川省	四线城市	泸州市	2001.33	91.14	0.05
256	四川省	四线城市	眉山市	1257.40	65.44	0.05
257	四川省	三线城市	绵阳市	2476.18	127.37	0.05
258	四川省	四线城市	南充市	2268.61	81.84	0.04
259	四川省	五线城市	内江市	1021.42	73.15	0.07
260	四川省	五线城市	遂宁市	1171.96	47.63	0.04
261	四川省	五线城市	雅安市	764.79	45.55	0.06
262	四川省	四线城市	宜宾市	1976.50	125.27	0.06
263	四川省	五线城市	资阳市	817.60	46.58	0.06
264	四川省	五线城市	自贡市	1198.43	73.58	0.06
265	天津市	新一线城市	天津市	36141.27	1390.10	0.04
266	西藏自治区	四线城市	拉萨市	3303.94	—	—
267	西藏自治区	五线城市	林芝市	392.53	11.89	0.03
268	西藏自治区	五线城市	日喀则市	235.27	—	—
269	西藏自治区	五线城市	山南市	296.84	23.05	0.08
270	新疆维吾尔自治区	五线城市	博尔塔拉州	293.68	15.88	0.05
271	新疆维吾尔自治区	五线城市	哈密市	590.52	34.37	0.06
272	新疆维吾尔自治区	五线城市	克拉玛依市	754.50	70.20	0.09
273	新疆维吾尔自治区	五线城市	塔城地区	420.76	26.48	0.06
274	新疆维吾尔自治区	五线城市	伊犁州	—	82.13	—
275	新疆维吾尔自治区	五线城市	克州	100.57	8.97	0.09
276	云南省	五线城市	楚雄州	923.84	—	—
277	云南省	四线城市	大理州	1481.10	75.51	0.05
278	云南省	四线城市	德宏州	491.53	38.72	0.08
279	云南省	五线城市	迪庆州	274.36	19.31	0.07
280	云南省	五线城市	怒江州	178.70	11.21	0.06
281	云南省	五线城市	普洱市	850.92	67.58	0.08

（续表）

序号	省级	城市级别	城市	金融机构贷款余额（亿元）	贷款余额	
					贷款余额（亿元）	占金融机构贷款余额比重
282	云南省	四线城市	曲靖市	1654.91	115.09	0.07
283	云南省	五线城市	文山州	947.60	64.26	0.07
284	云南省	五线城市	玉溪市	1340.60	82.70	0.06
285	云南省	五线城市	昭通市	1055.15	97.61	0.09
286	浙江省	新一线城市	杭州市	42245.20	1106.70	0.03
287	浙江省	三线城市	湖州市	4840.20	179.58	0.04
288	浙江省	二线城市	嘉兴市	8117.48	206.90	0.03
289	浙江省	二线城市	金华市	8402.70	219.36	0.03
290	浙江省	三线城市	丽水市	2247.07	127.22	0.06
291	浙江省	新一线城市	宁波市	—	529.53	—
292	浙江省	四线城市	衢州市	2554.75	112.90	0.04
293	浙江省	二线城市	绍兴市	8568.00	216.91	0.03
294	浙江省	二线城市	台州市	8543.19	245.96	0.03
295	浙江省	二线城市	温州市	11608.80	372.95	0.03
296	浙江省	三线城市	舟山市	2435.70	89.94	0.04
297	重庆市	新一线城市	重庆市	37105.02	1251.94	0.03

（1）数据综述

现有数据中，金融机构贷款余额总计为1358730.79亿元，住房公积金个人贷款余额为52974.8亿元，公积金个人住房贷款余额占金融机构贷款余额比重为3.9%。

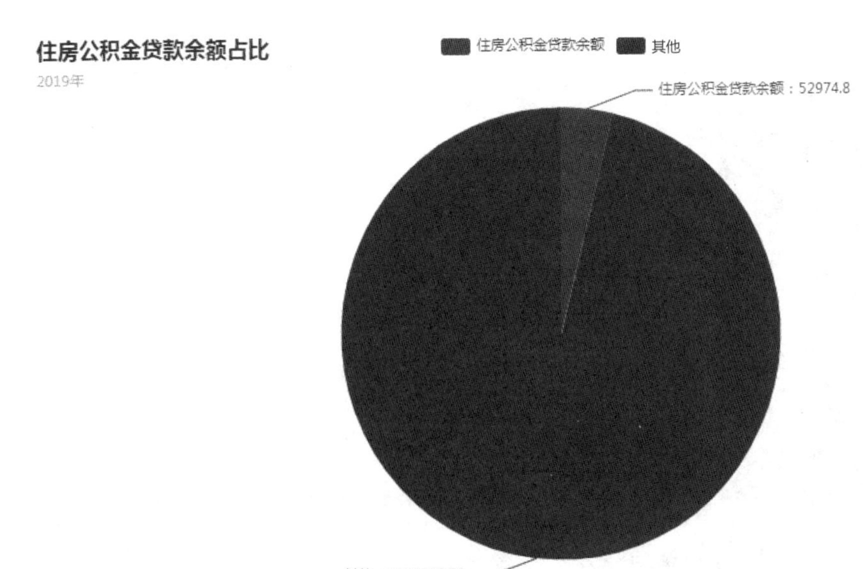

图 2-1-38 住房公积金贷款余额占金融机构贷款比重

(2) 省级数据分析

从省级层面看，省内城市金融机构贷款余额平均值区间为 [344.68，79843.01] 亿元，余额平均值较大的有上海、北京、重庆、天津、浙江、江苏、河北、山东、江西等省份，余额平均值较小的有西藏、新疆、青海、宁夏、甘肃等省份。

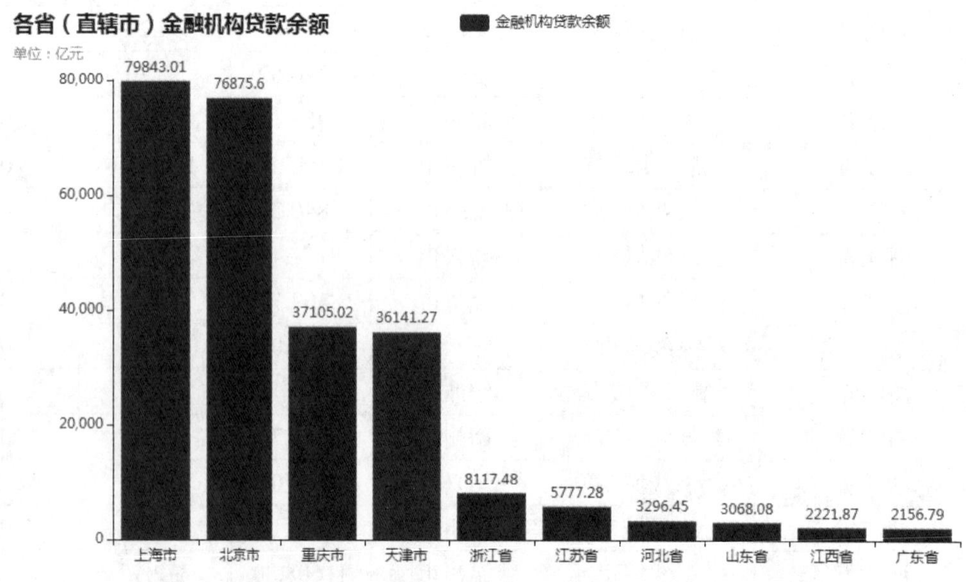

图 2-1-39 省内城市金融机构贷款余额平均值较大的省份

住房公积金个人贷款余额区间为 [5.94，4450.05] 亿元，贷款余额平均值较大的有上海、北京、天津、重庆、浙江、江苏、山东、河北等省份，贷款余额平均值较小的有西藏、青海、宁夏、新疆、甘肃等省份。

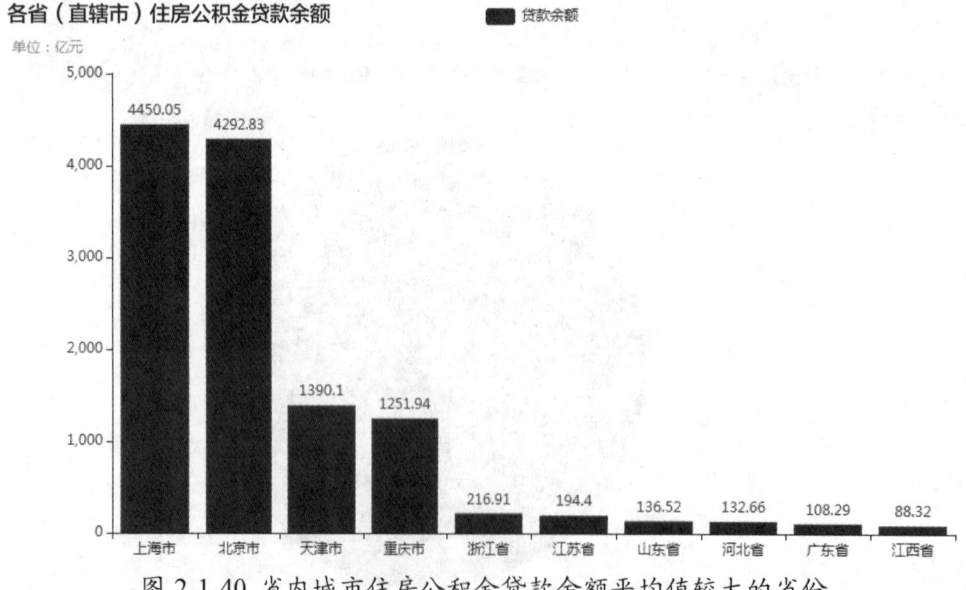

图 2-1-40 省内城市住房公积金贷款余额平均值较大的省份

住房公积金个人贷款余额占金融机构贷款余额比重平均值为 [2%，7%]。比重较大的有云南、内蒙古、上海、北京、四川、新疆、湖南等省份，均在 6% 以上；比重较小的有西藏、重庆、浙江、江苏、青海等省份，均在 3% 以下。

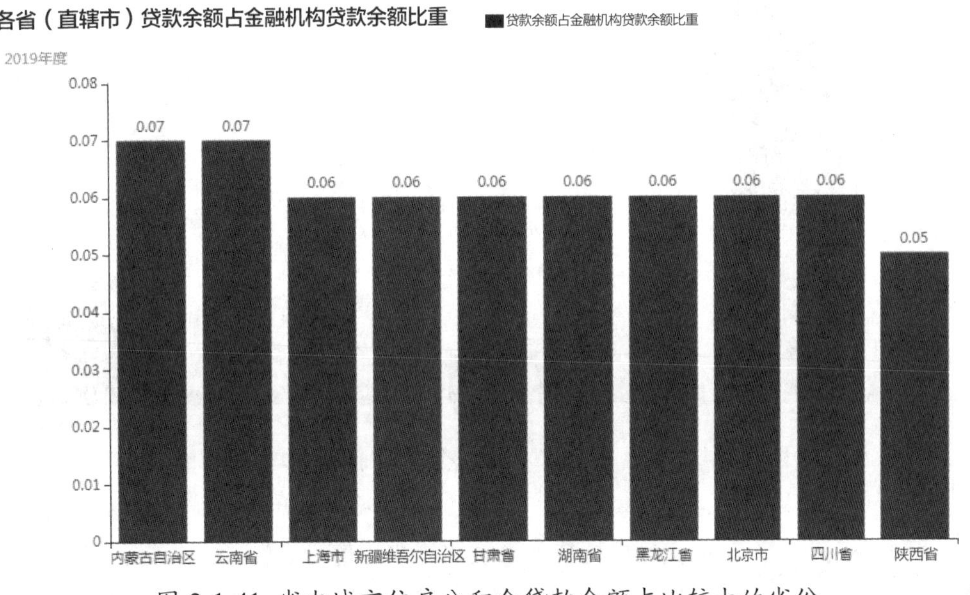

图 2-1-41 省内城市住房公积金贷款余额占比较大的省份

（3）各线城市数据分析

在各线城市中，金融机构贷款余额平均值区间为 [783.99，68168.5] 亿元，住房公积金个人贷款余额区间为 [41.22，2816.48] 亿元，与存款及缴存余额情况基本一样，两组图形也基本一致。由一线城市向五线城市梯次递减。住房公积金个人贷款余额占金融机构贷款余额比重平均值为 [3%，6%]。

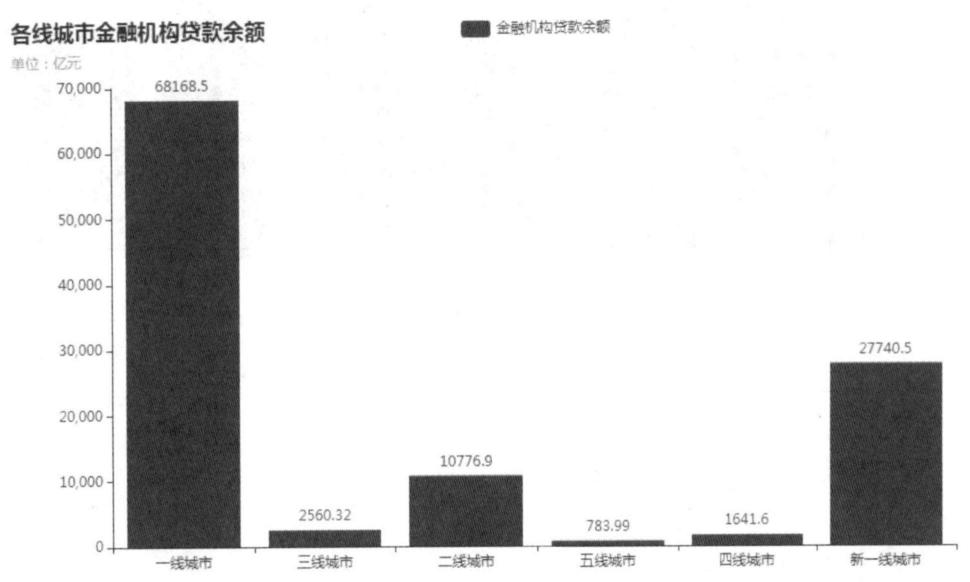

图 2-1-42 各线城市金融机构贷款余额平均值对比

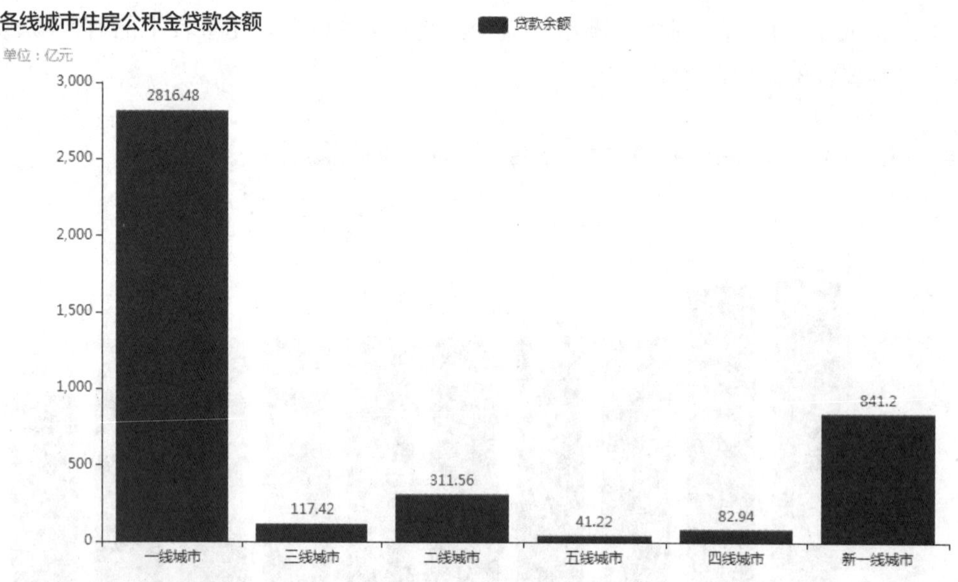

图 2-1-43 各线城市住房公积金贷款余额平均值对比

住房公积金个人贷款余额占金融机构贷款余额比重平均值为 [3%，6%]。新一线城市、二线城市占比最低为 3%，一线城市、三线城市占比为 4%，四线城市为 5%，五线城市为 6%。

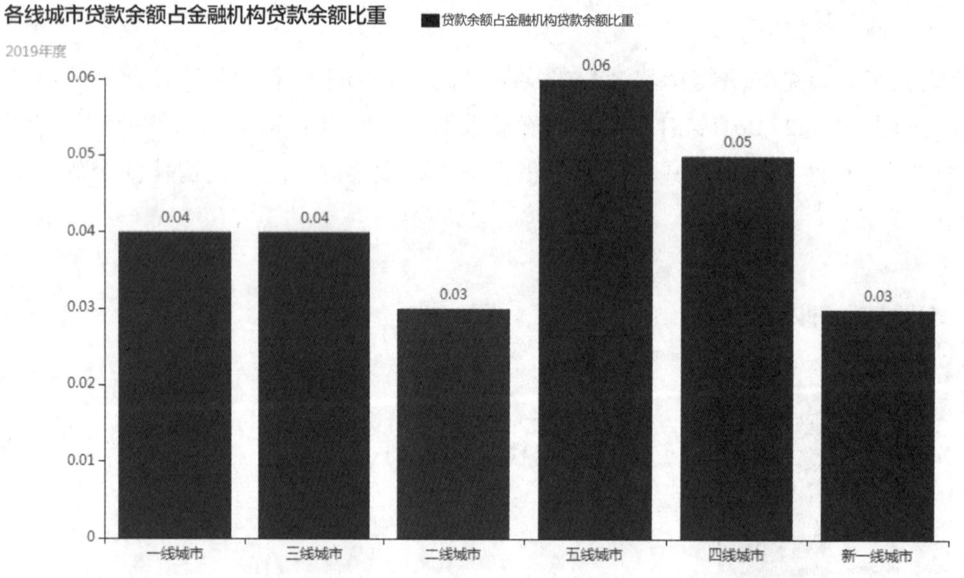

图 2-1-44 各线城市住房公积金贷款余额平均值占比柱状图

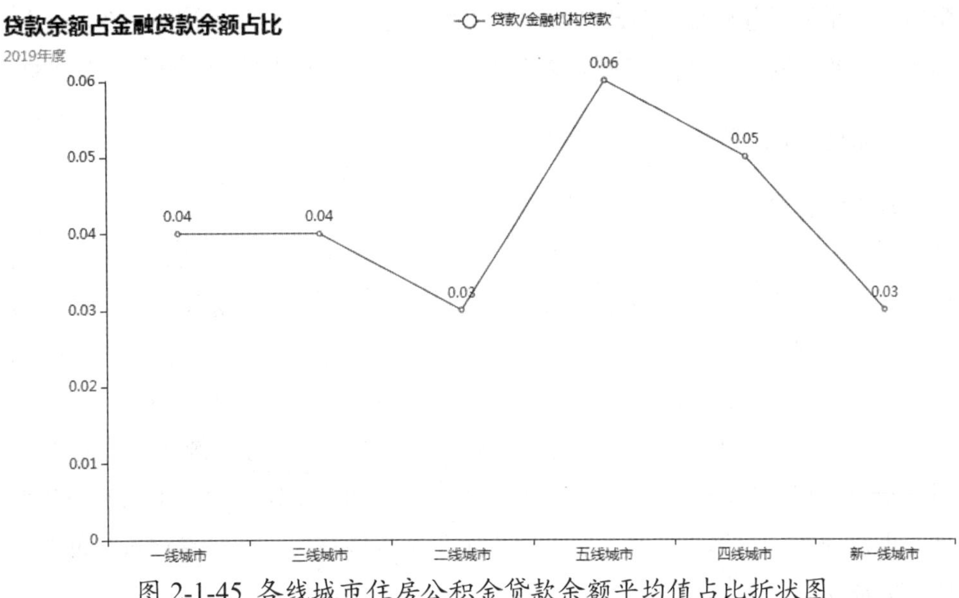

图 2-1-45 各线城市住房公积金贷款余额平均值占比折状图

（4）其他数据分析

具体到城市级别，数据结构基本与存款数据一致，资金规模仍是按照一线、新一线……城市规模顺序递减。金融机构贷款余额较高的是上海、北京、深圳、广州、杭州等城市，金融机构贷款余额较低的城市有果洛、克州、大兴安岭地区、伊春、怒江等。住房公积金贷款余额较高的有上海、北京、天津、广州、重庆等城市。

住房公积金贷款余额占金融机构贷款余额比重较高的城市有大庆、甘孜、果洛、甘南、阿坝等，占比均在 10% 以上，大庆市超过 20%。比重较低的有辽阳、南宁、阳泉、惠州、锦州、吕梁等城市，占比均在 2% 以下。

（梁成武）

二、住房公积金与商业银行发展指标比较

我国住房公积金制度从 20 世纪 90 年代初建立以来，经过 30 年持续发展，已经建成现有 1.49 亿人参缴的世界最大住房互助保障体系。住房公积金按照“房住不炒”基本要求，以“保基本、促改善、控三套”为原则，运用政策性金融工具积极介入个人住房市场，其运营模式与银行业金融机构有一定的同质性，不论是公积金归集（储蓄）、支取使用、发放个人住房贷款及回收、贷款风险管理控制，还是在利润、经营效益的核算等方面都有一定可比性。燕山大学住房公积金研究中心曾经在 2016 年发布过《2015 年度住房公积金行业与商业银行发展指标比较》，四年来，中国经济快速发展，日新月异。时隔四年后，本课题组再次选择中国工商银行、中国建设银行、中国农业银行、中国银行 4 家国有银行和交通银行、招商银行、民生银行、中信银行、光大银行、平安银行 6 家股份制银行共 10 个银行为研究对象，以 2019 年相关银行有关发展指标与住房公积金行业有关发展指标进行比较研究，以期客观反映当前我国住房公积金行业的发展现状、运营质量、

效益水平及存在的问题。

数据资料主要来源于住建部、财政部、中国人民银行公开发布的《全国住房公积金2019年年度报告》和各相关商业银行2019年年报，以及中国人民银行、银保监会官网等公布的相关数据。

（一）总量指标比较分析

1. 资产总量比较分析

银行的总资产包括：（1）现金资产。包括库存现金、在中央银行的法定存款准备金、同业存款（存放于其他商业银行，或者存放在中央银行的超额储备）。（2）贷款资产。即发放出去的贷款。（3）证券资产。商业银行持有的流动性强、易于变现的证券。（4）固定资产。如房产、机器、设备等。（5）汇差资金。商业银行在联行清算之前，代收代付款项差额所占用的资金。

住房公积金总资产为统计时点（2019年12月31日）的全国缴存余额（归集余额）。包括个人住房按揭贷款资产、保障房项目贷款资产、国债资产、活期和定期存款，不包括当年职工以住房消费和其他非购房原因提取出去的现金资产，也不包括各级住房公积金管理机构的增值收益、固定资产、风险准备金、贷款保证金。

从表2-2-1中看出，全国住房公积金资产规模虽然不能与四大老牌国有银行相比，但与股份制银行相比基本处于一个数量级，比中信银行、民生银行稍低，但体量远大于光大银行和平安银行，比2015年净增长了2.46万亿元，增幅趋势明显。但年度报告也显示，2019年全国住房公积金当年提取额占当年缴存额的68.67%，高提取率影响了资产规模增速。与2015年相比，住房公积金资产规模与中信银行、民生银行差距大幅缩小，有继续超越的趋势，与光大银行、平安银行的资产总规模距离进一步拉大。

表2-2-1 主要银行及住房公积金资产总量对比表

单位：万亿元

机构名称	工商银行	建设银行	农业银行	中国银行	交通银行	招商银行
资产总额	30.11	25.43	24.88	22.78	9.91	7.42
机构名称	中信银行	民生银行	住房公积金	光大银行	平安银行	
资产总额	6.75	6.68	6.53	4.73	3.94	

2. 经办机构数量比较分析

由于各家银行发表的机构分类数不一致，有的数据缺失，对机构数不进行归类分级处理，所有机构（包括海外机构）统一归并到机构总数中比较。

从表2-2-2中可以看出，四大国有银行机构庞大，都在万数级别，其中农业银行机构数达23149个，已经覆盖到每个县域甚至乡镇。交通银行机构数与住房公积金部门相当，其他股份制银行机构数量相对较少。

目前，我国在设区市和地区、州、盟共设立住房公积金管理中心341个，各县（市）设立了分中心、管理部、办事处等服务网点，全国住房公积金机构共3350个。

机构数量与2015年相比总体稳定，四大银行除农业银行略有增加外，其他均有小幅减少。

表 2-2-2 主要银行及住房公积金机构数量对比表

单位：个

机构名称	工商银行	建设银行	农业银行	中国银行	公积金	交通银行	民生银行
机构总数	16177	14912	23149	11699	3350	3345	2610
机构名称	招商银行	光大银行	中信银行	平安银行			
机构数量	1833	1292	1405	1058			

3. 从业人员总量比较分析

从业人员数包括在编人员、非在编人员（劳务派遣人员）和驻外机构人员。

从表 2-2-3 中可以看出，农业银行人数最多，与农业银行面向基层、点多面广的工作性质有关。工商银行有员工 44.51 万人，建设银行和中国银行均超过 30 万人，国有银行队伍庞大。交通银行有员工 8.78 万人，民生银行不到 6 万人，光大银行与住房公积金人数相当。住房公积金机构数量与交通银行网点数相当，但员工总数只是其二分之一左右。

与 2015 年比较，从业人员数四大银行和交通、招商、民生银行等均有所下降，其中农业银行下降了 50359 人，下降人数最多。住房公积金人数略有增加，主要是因非公企业业务增长等增加了编制外人员。

表 2-2-3 主要银行及住房公积金人员数量对比表

单位：人

机构名称	农业银行	工商银行	建设银行	中国银行	交通银行	招商银行	中信银行
员工人数	464011	445106	347156	309384	87828	84683	57045
机构名称	民生银行	光大银行	公积金	平安银行			
员工人数	56295	45618	44200	34253			

4. 个人住房贷款发放量对比分析

从表 2-2-4 中看出，住房公积金部门的个人住房贷款余额继续远超各家商业银行，比建设银行还多 2832.16 亿元，是交通银行的 5 倍多，继续保持个人住房贷款业务“老大”的地位。在当年净增个人住房贷款金额上也是最多的，住房公积金部门比放贷款额最多的建设银行都多出 500 多亿元，比交通银行高出近 5 倍，是光大银行净增发放量的近 20 倍。

根据中国人民银行发布的 2019 年第四季度《中国货币政策执行报告》数据显示：全国发放个人住房贷款同比增长了 16.7%，年末个人住房贷款余额 30.2 万亿元。2019 年，全国住房公积金行业共发放个人住房按揭贷款 1.21 万亿元，住房公积金行业年末贷款余额为 5.59 万亿元，其个人住房贷款市场占比达 18.51%，继续保持了较高比例，说明住房公积金贷款具有较强竞争优势，但与 2015 年 20% 的市场占比比较略有下降，这与国家宽松货币政策和近年来商业银行持续在房地产上投入过多信贷资金有关，而住房公积金部门由于不可融资、拆借，决定了其贷款额度不能持续快速放大，甚至一些房地产热点地区出现流动性严重不足。

表 2-2-4 主要银行及住房公积金个人住房贷款发放量对比表

单位：亿元

机构名称	住房公积金	建设银行	工商银行	农业银行	交通银行
年末个贷余额	55883.11	53050.95	51662.79	41624.31	11354.28
当年净增金额	6037.33	5515.00	5763.18	5018.57	1278.60
机构名称	中信银行	民生银行	光大银行	平安银行	招商银行
年末个贷余额	7766.57	4199.07	4142.11	4110.66	11081.48
当年净增金额	1332.50	844.05	324.39	1002.73	1793.88
机构名称	中国银行				
年末个贷余额	39932.71				
当年净增金额	4897.08				

（二）运行效率比较分析

下面从不同角度分析银行业及住房公积金行业运行效率。

1. 人均净利润对比分析

商业银行的净利润为营业收入减去营业支出和税金，也包括各商业银行（集团）境内外全部收益结余。住房公积金行业的净利润额为增值收益减去提取的贷款风险准备金、管理费用的差额，即上缴各级城市人民政府财政部门的纯结余资金。住房公积金 2019 年上缴设区市政府财政净利润合计 588.7 亿元，历年累计已经上缴了 3952.73 亿元。

从表 2-2-5 中可以看出，全国住房公积金行业的年度净利润少于交通银行，高于其他五家股份制银行。根据中国银行业协会发布的《中国银行业 100 强榜单》数据分析比较，住房公积金行业的净利润可排全国金融业前十位，其净利润是光大银行的 1.57 倍，平安银行的 2.08 倍。从年人均净利润贡献对比分析，可以看出住房公积金行业是最高的，为人均 133.19 万元，分别是工商银行和农业银行的 1.89 倍和 2.9 倍。人均净利润超出同资金规模的中信银行 22.87 万元和民生银行 41.63 万元。

当然，应当客观评价住房公积金部门的经营效益，它也具有各商业银行所不具有的管理优势，比如归集扩面工作除了非公企业外，主要是通过政策性强制募集来的，这部分业务成本支出相对较低，不需要像银行一样去竞争揽储，也没有同业拆借、再贷款、投资业务、中间业务等成本支出。住房公积金行业有些业务是借助委托银行平台便利来完成的，这也是社保、医保等社会保障性资金归集的基本模式，一些业务只需要支付一定的手续费就可以完成。另外，住房公积金行业的员工成本、固定资产支出、贷款风险支出等相比商业银行来说都是很低的，这些都减少了总成本支出，相应增加了利润额。

表 2-2-5 主要银行及公积金部门净利润额及人均净利润对比表

机构名称	工商银行	建设银行	农业银行	中国银行	交通银行	住房公积金
净利润额（亿元）	3133.61	2692.22	2129.24	2018.91	780.62	588.70
人均净利润（万元）	70.40	77.55	45.89	65.26	88.88	133.19
机构名称	招商银行	民生银行	中信银行	光大银行	平安银行	
净利润额（亿元）	934.23	549.24	489.94	374.41	281.95	
人均净利率（万元）	110.32	97.56	85.88	82.07	82.31	

2. 人均管理资产对比分析

从某种意义上来说，人均管理资产越高说明管理效率越好，相对人员成本可能更低，从表 2-2-6 中可以看出，住房公积金人均管理资产为 1.48 亿元，在所列单位中是最高的，住房公积金人均管理资产分别是农业银行、工商银行和建设银行的 2.74 倍、2.2 倍和 2 倍。这一数据从一定程度上也反映了各行业的工作量和管理效率，也体现了管理成本节约原则。

表 2-2-6 主要银行及住房公积金人均管理资产对比表

单位：亿元 / 人

机构名称	工商银行	建设银行	农业银行	中国银行	招商银行	民生银行
人均管理资产	0.67	0.73	0.54	0.74	0.88	1.19
机构名称	中信银行	平安银行	光大银行	交通银行	住房公积金	
人均管理资产	1.18	1.15	1.04	1.13	1.48	

3. 平均资产回报率对比分析

该指标是年净利润与年平均资产总额的比值。从表 2-2-7 中可以看出，住房公积金年报没有披露 2019 年平均资产额，我们根据 2018 年和 2019 年相关数据推算大约为 61654 亿元，计算出 2019 年住房公积金的平均资产回报率约为 0.95%，这个平均资产回报率要远远高于各股份制银行，与中国银行、农业银行相当。而且住房公积金部门没有留成，净利润每年全额上缴财政部门，累计已上缴 3952.73 亿元，专项用于城市公租房建设，为持续改善低收入群众住房条件作出了巨大贡献。

表 2-2-7 主要银行及住房公积金资产回报率对比表

单位：%

机构名称	住房公积金	工商银行	建设银行	招商银行	民生银行	中国银行
资产回报率	0.95	1.08	1.11	1.26	0.87	0.92
机构名称	农业银行	交通银行	光大银行	中信银行	平安银行	
资产回报率	0.90	0.80	0.82	0.76	0.77	

3. 不良贷款率对比分析

从表2-2-8中可以看出，四大国有银行中，工商银行不良贷款率最高为1.42%，中国银行1.37%为最低的；股份制银行中平安银行和中信银行均为1.65%，招商银行1.16%为最低的。而住房公积金贷款不良率要远远低于各家商业银行，2019年为0.03%，2015年是0.01%，长期保持了极低的不良贷款率，体现了很好的风险控制性。当然，这与公积金贷款对象面向工薪阶层、客户优质稳定有关，也与公积金贷款业务品种较为单一有关。据银保监会资料显示，2019年全国银行业平均不良贷款率为1.86%，2015年平均只有1.67%，呈逐年增高趋势。值得说明的是，表中所列各家银行的不良贷款率为全部贷款不良率，如果仅统计个人住房贷款不良率的话，数值可能要低些。比如，招商银行明确披露的个人住房贷款不良率为0.25%，工商银行披露的个人贷款（含住房贷款）不良率是0.61%，比值也分别是住房公积金的8.3倍和20倍，说明我国现行住房公积金管理体制和运行机制有着良好的规避风险能力，能够把老百姓的“私房钱”管好用好。

表2-2-8 主要银行及住房公积金不良贷款率对比表

单位：%

机构名称	农业银行	工商银行	招商银行	光大银行	民生银行	建设银行
不良贷款率	1.40	1.43	1.16	1.56	1.56	1.42
机构名称	交通银行	平安银行	中信银行	中国银行	住房公积金	
不良贷款率	1.47	1.65	1.65	1.37	0.03	

4. 贷款拨备覆盖率对比分析

贷款拨备覆盖率指的是实际提取的拨备准备金与不良贷款余额的比率。根据银保监会相关数据披露，2019年全国金融机构平均贷款拨备覆盖率为186%，表2-2-9中招商银行贷款拨备覆盖率426.78%为最高，最低是民生银行155.50%，住房公积金年度报告没有发布贷款拨备覆盖率，但从该年度报告相关数据分析后其贷款拨备覆盖率为112%，这个比率与商业银行还有一定差距，但离银保监会规定的120%～150%区间率相差不大，可住房公积金行业并不是金融机构，上交大量净利润后还能达到如此比率并不容易。

表2-2-9 主要银行及住房公积金贷款拨备覆盖率对比表

单位：%

机构名称	工商银行	建设银行	农业银行	中国银行	交通银行	招商银行
贷款拨备覆盖率	199.32	227.69	288.75	182.86	171.77	426.78
机构名称	中信银行	民生银行	住房公积金	光大银行	平安银行	
贷款拨备覆盖率	175.25	155.50	112	181.62	183.12	

5. 贷款拨备率对比分析

贷款拨备率也是商业银行风险控制的重要指标，它是指计提的贷款损失准备金余额与贷款余额的比值，银保监会披露的2019年全国金融机构的平均贷款拨备率为3.46%，表2-2-10选取的10

个比较指标银行中，招商银行贷款拨备率 4.97% 为最高的，最低为民生银行 2.43%。住房公积金年报也没有用这个提法，但在年报有关“资产风险情况”中有个比率为 3.94%，计算取数方法与金融机构贷款拨备率相同，这个就是全国住房公积金行业的平均贷款拨备率，这个比值在表 2-2-10 中名列第三，说明住房公积金贷款准备金较充足，贷款资金安全管理总体良好。

表 2-2-10 主要银行及住房公积金贷款拨备率对比表

单位：%

机构名称	工商银行	建设银行	农业银行	中国银行	交通银行	招商银行
贷款拨备率	199.32	227.69	288.75	182.86	171.77	426.78
机构名称	中信银行	民生银行	住房公积金	光大银行	平安银行	
贷款拨备率	175.25	155.50	112	181.62	183.12	

（三）人均费用比较分析

1. 人均业务费比较分析

人员及相关管理费用各银行均在“业务及管理费用”中列示，各银行在年报中对业务及管理费用的分项构成略有不同，比如工商银行分为职工费用、固定资产折旧、资产摊销和业务费用，职工费用项下再分工资及奖金、职工福利、离职后福利——设定提存计划。建设银行只分为员工成本、物业及设备支出、其他共三大项披露。住房公积金部门与银行“业务及管理费用”相对应地叫管理费支出，组成项为人员经费、公用经费、专项经费。本比较中，由于多数银行和住房公积金没有单独分拨出物业费与设备支出，在此我们将“业务及管理费用”中有关人员工资、奖金、福利以外的经费开支全部计入业务费进行比较，人员工资、奖金、福利合计在表 2-2-12 的人均薪酬及福利项进行分析比较。

从表 2-2-11 中可以看出，四大国有银行的业务费支出与住房公积金部门相关支出不在一个数量级上，都是上百亿、数百亿的规模，工商银行、建设银行、农业银行和中国银行业务费总支出是住房公积金的 11 倍以上。这与四大国有银行体量大、业务种类多、人员多、管理成本大，甚至涉及国外经营项有关。可是体量、员工人数与住房公积金部门相当的中信银行、民生银行，其业务费总支出也是住房公积金部门的 3 ～ 4 倍。

如果从人均业务费比较分析，可以看出住房公积金行业的年人均业务费仅为每人 12.71 万元，招商银行、中信银行、民生银行人均数是住房公积金的 3 倍以上，平安银行接近了 5 倍，四大行员工基数大，可人均业务费用也远超住房公积金行业。

建设银行在年报“业务及管理费用”项中明确列出了物业费与设备支出数，金额为 336.75 亿元；与之相对应的住房公积金行业专项经费主要是固定资产购置和信息系统升级等支出，全年为 44.57 亿元。两相比较，建设银行是住房公积金部门的 7.56 倍。

表 2-2-11 主要银行与住房公积金人均业务费对比表

机构名称	工商银行	建设银行	农业银行	中国银行	交通银行	招商银行
业务费（亿元）	721.00	737.47	669.57	651.17	336.33	351.02
人均业务费（万元）	16.20	21.24	14.43	21.05	38.29	41.45
机构名称	光大银行	民生银行	中信银行	平安银行	公积金	
业务费（亿元）	178.17	204.93	223.28	207.81	56.18	
人均业务费（万元）	39.05	36.40	39.14	60.67	12.71	

2. 人均薪酬对比分析

住房公积金年报明确披露人员经费项包括：基本工资、补助工资、职工福利费、社会保障费、住房公积金、助学金等，经进一步了解也包括职工奖金和津补贴在内，与各商业银行员工成本涵盖内容基本类似。

住房公积金行业业务特点与银行业有一定的相似性，比如公积金的缴交、提取和个人按揭贷款业务，从工作业态、工作流程、后期管理、经营核算都有较高的同质性。但如果考察行业收入及福利水平，可谓大相径庭，极为悬殊，表 2-2-12 中显示招商银行人均薪酬及福利合计达 60.74 万元为最高，住房公积金行业平均收入水平只有招商银行的 20%，只有中信银行的四分之一，为建设银行、中国银行的 41%。如果比较管理层的收入水平，双方的差距就更大，根本不在一个数量级上。当然，这与住房公积金行业的事业单位性质有关，使得他们不能将经营成果与职工收入挂钩，业务的同质化和收入的差异化形成鲜明对比。

表 2-2-12 主要银行及住房公积金人均薪酬及福利对比表

机构名称	工商银行	建设银行	农业银行	中国银行	交通银行	招商银行
员工成本总费用（亿元）	1269.50	1057.84	1242.67	907.42	329.27	514.39
人均薪酬及福利费用（万元）	28.52	30.47	26.78	29.33	37.49	60.74
机构名称	中信银行	民生银行	光大银行	平安银行	公积金	
员工成本总费用（亿元）	296.36	277.51	184.01	200.72	56.32	
人均年薪酬及福利费用（万元）	51.95	49.30	40.34	58.60	12.70	

注：本表数据含职工医保、社保、年金、住房公积金等职工福利费用。

（四）结论

以上我们选取了三大类十二项基本指标，将住房公积金行业与 10 个银行作了分析比较，对各自资产状况、经营效率、风险管控、劳动强度、职工待遇等进行了基本分析，这对于正确认识我国住房公积金管理现状提供了客观依据，对其取长补短，对制度改革和发展无疑有一定的参考价值。

课题组通过对住房公积金行业与各银行机构比较分析得到如下结论：

（1）住房公积金行业与各金融机构相比，在资产总量、经办机构及从业人员方面与四大行相比有较大差距，和部分股份制银行在同一数量级，但是从 2019 年个人住房贷款发放量增量对比，以及拥有的个人住房贷款总量上看，住房公积金行业在支持个人住房消费、完善住房金融市场结构、加快新型城镇化和房地产业发展、发挥政策性金融的调控职能等方面，发挥了无可替代的作用，作出了重要贡献。但因受住房消费过快增长影响，近年来资金提取率上升较快，贷款需求旺盛，自身造血功能受限，造成信贷资金不足，规模效应受到一定的制约。

（2）在管理费用和薪酬方面，住房公积金行业的成本支出在总量和人均上都是很低的，这既反映了我国住房公积金行业性质和管理特点，也折射出该行业人员风险责任与薪酬待遇严重背离，存在持久提升工作动力不足、持久改善工作硬件乏力的现实困境，急需引入金融机构绩效考核机制等来促进其健康可持续发展。

（3）住房公积金行业的净利润总量低于四大行，但高于大多数股份制银行，人均实现净利润是最高的，资产回报率处于中上游水平，反映出该行业管理效率高、运营成本低、社会贡献率大的运营特点，说明我国住房公积金制度的运行是成功的，实现了制度初衷，其作用无可替代。

（4）住房公积金行业不良贷款率也是非常低的，反映出制度设计和运行机制具有良好的风险控制和防范能力。这方面也很好地回答了社会关切，回应了社会对住房公积金管理机构“能否管好公积金”“住房公积金收益率低”等诘问，表明我国目前对住房公积金的管理总体与市场经济发展、国民需求是基本相适应的，继续深化改革是能够发展得更好的。

（5）住房公积金行业要按照中央要求，不断深化改革，进一步改进完善管理和运行机制，在“双循环”大环境下充分发挥自身的能动作用。比如，从服务新型城镇化建设和“新市民”需求入手，大力拓展覆盖面，筹集更多资金，普惠更多民众，为“新市民”基本住房刚性需求和城镇居民改善性住房需求提供最简便、最优惠的支持；从“双向保障”入手，从住房消费和住房供给两端发力，积极介入保障房建设市场，提供持续不断的低息信贷资金；从提升管理层级、完善政策支持体系入手，赋予其更多的筹资融资手段，建立区域间和国家级内部资金调剂平台，解决流动性不足的矛盾；从区域一体化协同发展入手，逐步实现政策一致、信息互联共享、平台建设同化、业务通存通办，最大限度便利企业办事和老百姓住房需求，发挥住房公积金的互助集合效应，用机制优化来化解体制分割带来的弊端。在区域一体化协同发展的基础上，进而实现全国住房公积金统筹协同发展。

（罗胜基 李志江 李勇）